목공
짜맞춤
설계
교과서

이음부터 장부맞춤·연귀맞춤·주먹장까지
목공 명장도 탐내는 70가지 우드 조인트

테리 놀 지음 | 이동석·정철태 감수 | 이은경 옮김

보누스

Woodworker's Joint Book by Terrie Noll
Copyright © 2002 Quarto lnc.
All right reserved.
Korean edition © 2022 BONUS Publishing Co.
Korean translation right are arranged with Quarto Publishing plc through AMO Agency, Seoul, Korea

이 책의 한국어판 저작권은 AMO 에이전시를 통한 저작권자와의 독점 계약으로 보누스출판사에 있습니다.
저작권법에 의하여 보호를 받는 저작물이므로 무단전재와 무단복제를 금합니다.

감수자의 말

1970년대 미국을 중심으로 휴대용 전동 공구의 보급이 늘어났습니다. 이때를 기점으로 소위 개러지 크래프트(Garage Crafts)로 일컬어지는 DIY 문화가 급격히 성장하며 관련 기술도 많이 등장했습니다. 수많은 DIY 기술은 많은 사람이 연구하고 검증하는 과정을 거쳐 책으로 정리되었습니다. 그 덕분에 관련 기술이 끊김 없이 전해질 수 있었습니다. 그러나 현대에 들어 '자료의 홍수' 시대로 넘어오면서, 인터넷으로 자료를 접한 DIY 초보자들은 자료의 수준과 문제점을 제대로 파악하지 못한 채 기술이나 지식을 답습하고 있습니다.

목공 분야도 예외가 아닙니다. 특히 국내는 목공 기술과 용어가 통일되지 않아 혼란스러운 상황입니다. 전통 목공 분야와 건축 실무 분야에서 사용하는 기술과 용어가 서로 다르기 때문입니다. 여기에 다양한 언어권의 자료를 연구한 사람들이 저마다 지식을 설파하다 보니, 같은 분야에서 일하는 사람끼리도 용어의 개념과 설명이 제각각입니다. 다행히도 최근에는 개념 정립과 용어 통일의 필요성을 인지해 여러 협회나 연구 기관에서 표준 용어와 기술을 확립하려고 노력하고 있습니다.

때마침 보누스 출판사에서 《목공 짜맞춤 설계 교과서》 감수를 의뢰해 주었고 정말 즐거운 마음으로 작업에 임할 수 있었습니다. 제가 목공을 연구할 때 나라별 목공 기술과 사용 공구의 차이를 비교해 보며 차근차근 익혀 나갔습니다. 너무나도 많은 시간과 노력이 드는 작업이었지만, 그러한 과정이 있었기에 지금은 어떤 자료를 접하더라도 당황하지 않고 해당 자료를 쉽게 파악할 수 있게 되었지요. 그동안 쌓아왔던 지식으로 책에 도움을 줄 수 있어서 정말로 감사한 마음입니다. 이 책을 계기로 독자 여러분이 국내 업계에서 주로 쓰고 이해하는 기술과 용어를 파악하고, 자신의 짜맞춤 수준을 한 단계 끌어올렸으면 합니다.

한 가지 기법이 완성되어 명명될 때까지 얼마나 많은 시간과 사람들의 노력이 있었을까요? 이 같은 노력의 결과가 쌓여 한 권의 책이 되고, 또다시 여러 사람의 손을 거쳐 출판되었습니다. 이 책은 '짜맞춤'이라는 목공 기술의 기초를 훌륭하게 담았습니다. 취미 목공을 시작한 분은 물론이고 목공을 진지하게 생각하고 있는 분들에게 좋은 길라잡이가 될 것입니다. 목공의 외연을 넓히고 실력을 쌓아가면서 즐거움을 느끼길 바랍니다.

이동석

차 례

감수자의 말 3
이 책의 활용법 7
짜맞춤 선택하기 8

1 보조 공구 : 정확한 조립과 순서 지키기

측정선과 작업선 표시하기 14
직각자와 각도 16
정확하게 조립하고 조이기 18

2 짜맞춤 설계하기 : 나무 재료 선택과 짜맞춤 디자인

나무 부재를 연결하는 예 22
짜맞춤의 요소 24
나무 재료와 짜맞춤 디자인 26
짜맞춤 선택하기 30
접착제를 이용해 작업하기 32

3 이음과 짜임 : 부재의 길이 늘이기

측면이음에 대하여 38
접착제를 이용해 맞대기 이음 만들기 40
딴혀쪽매 43
제혀쪽매 45
빗이음에 대하여 47
마구리면을 결합한 빗이음 48
대각선으로 절단한 빗이음 50
엇턱이음 52

4 겹침이음과 감춤이음 : 교차 방향으로 결합하기

겹침이음에 대하여 56
겹침이음을 만들기 위한 보조 기구 59
판재의 끝에 반턱 만들기 61
판재 중앙에 반턱 만들기 64
각진 T자형 반턱맞춤 67
지그를 이용해 걸침턱맞춤 만들기 69
테이블 톱을 이용해 사개맞춤 만들기 71
감춤이음에 대하여 74
손으로 만드는 풀하우징 결합 방식 76
테이블 톱을 이용한 풀하우징 결합 방식 78
라우터 처리된 감춤 라벳 80
고정-라우터 처리된 감춤 라벳 82

5 장붓구멍과 장부 : 오래된 직각 결합 방식

장붓구멍과 장부에 대하여	86
장붓구멍과 장부를 선택하고 사용하기	90
기본 장붓구멍과 장부	94
레디얼 암쏘를 이용해 오픈 슬롯 장붓구멍 만들기	98
손으로 관통 장붓구멍 만들기	100
각진 장붓구멍과 장부	102
관통 쐐기 장부	105
목심을 이용해 장부 결합하기	107
각진 장부와 어깨	109
여유를 두고 재단된 장부	111
보강용 어깨가 있는 장부	114
경사진 보강용 어깨가 있는 장부	116
패널홈이 있는 장붓구멍과 장부	118
라벳 처리된 장붓구멍과 장부	120
가공된 틀이 있는 장붓구멍과 장부	122

6 연귀접합과 사선접합 : 부드러운 이음매를 더해주는 구조

연귀접합과 사선접합에 대하여	126
손으로 연귀맞춤 만들기	132
레디얼 암쏘를 이용해 딴혀연귀 만들기	134
반연귀맞춤	136
연귀촉을 이용해 사선접합 구조 만들기	138
보강을 위한 연귀촉맞춤(은촉연귀맞춤)	140
워터폴 조인트 (고하중 사선접합 작업 시 사용하는 방식)	142
라벳하여 사선접합 구조 만들기	144
기계를 이용해 복합 사선접합 구조 만들기	146
손으로 복합 사선접합 구조 만들기	148

7 주먹장 짜임 : 가장 견고한 짜맞춤의 대명사

주먹장 짜임 선택하고 사용하기	152
관통 주먹장	156
숨은 주먹장	160
연귀 숨은 주먹장	162
손으로 고정된 테이퍼형 주먹장 만들기	164
슬라이딩 주먹장으로 서랍맞춤 만들기	166
주먹장 키	168
은장	170
주먹장 딴혀	172

8 목심과 비스킷 :
간단하게 부재를 보강하기

목심에 대하여	176
목심 사용하기	179
목심을 이용해 연귀접합 보강하기	182
장식된 마감에 목심을 이용해 뼈대이음 만들기	184
목심을 이용해 틀이음 뼈대 만들기	186
비스킷 결합에 대하여	188
수평을 이루는 틀이음	190
비스킷을 이용한 T방향 결합 방식	192
단차를 둔 L형 이음	194

9 나사 기반의 고정 장치, 하드웨어 및 고하중 보강재 :
무거운 부재를 견디는 현대 작업 방식

나무 나사 사용하기	198
조립 고정 장치와 보강재	200
메뚜기 장부	204
쐐기가 있는 주먹장부	206
관련 공구 일람표	208
용어 사전	210
찾아보기	217

이 책의 활용법

이 책은 목공 작업을 즐겨 하고 중급 이상의 실력을 가진 목공인이 자신의 기술을 다듬고 실력을 높이기 위한 매뉴얼로 활용할 것을 권합니다. 각 장은 목가구 제작에 있어 기본이 되는 짜맞춤 기법에 대한 개념과 기본적인 수공구, 전동 공구에 대한 사용법, 단계별 제작 방법을 설명합니다.

8~11쪽의 짜맞춤 선택은 각각의 기법을 요약하여 소개하고 구조와 결합 방식에 대해 추가적으로 설명합니다. 해당 기법을 다루고 있는 본문 쪽수가 기재되어 있으니 필요에 따라 적절히 활용하시길 바랍니다.

책 뒷부분에는 관련 공구 일람표가 있습니다. 책에 나오는 목공 공구들이 미국 목공을 기준하여 현재 국내에서 쓰이지 않거나 대체되어 다른 공구를 사용하는 경우가 있습니다. 이를 대비하여 감수자의 경험을 담아 주석을 달았으며, 안내하는 쪽수로 이동하면 목공 공구에 대해 보다 자세한 설명과 자료 사진이 있습니다. 좋은 참고자료가 될 것입니다.

210쪽부터는 용어 사전입니다. 용어의 번역에 있어 오차를 줄이기 위해 부단히 노력했지만 우리말로 풀어서 설명하기에 무리가 있거나, 의미가 달라지는 경우 그대로 직역해 서술한 부분이 있습니다. 그리고 같은 방식을 몇 가지 용어로 다르게 표현하기 때문에 읽으면서 내용을 이해하기 어렵거나 용어가 헷갈릴 때 유의해서 찾아보면 이해를 도울 것입니다.

장인의 한마디
작업에 도움이 될 유용한 조언과 다양한 짜맞춤 기법을 소개합니다.

변형 방법
실제 작업에서 적용할 만한 변형 방법과 새로운 아이디어, 보강법 등을 설명합니다.

아이콘(—)은 작업에 들어가기에 앞서 알아두면 좋을 주의 사항과 지침이므로 꼭 읽고 넘어가길 권합니다.

일러두기
- 이 책의 표준 규격은 미국 목공을 기준으로 서술하되, 국제 표준 단위를 병기했습니다. 작업 시 유의하시길 바랍니다.
- 본문에 나오는 [ ] 표시는 역자 주와 감수자 주를 뜻합니다. 감수자 주의 경우 208~209쪽 관련 공구 일람표를 참고하시길 바랍니다.

짜맞춤 선택하기

측면이음과 빗이음

측면이음과 빗이음의 목적은 개별 판재를 더 넓고 긴 단위로 결합하는 것이다. 치수 충돌은 거의 없으며, 접합면의 평행한 결 방향이 목재 자체만큼 강한 결합을 만들기 때문에 맞물리는 접합부는 필요하지 않다. 특정 유형의 응력에 대비해 짜맞춤을 보강하고 미관을 개선하기 위해 접착면을 늘리고, 정렬하여 목재의 미끄러짐을 방지한다. 하지만 이러한 개선점은 이미 충분히 맛있는 음식에 고명을 올리는 일일 뿐이다.

접착제를 이용해 맞대기 이음 만들기 40쪽

딴혀쪽매 43쪽

제혀쪽매 45쪽

마구리면을 결합한 빗이음 48쪽

대각선으로 절단한 빗이음 50쪽

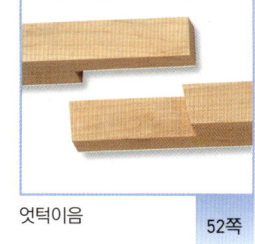
엇턱이음 52쪽

겹침이음과 감춤이음

겹침이음은 단순한 부류지만 결합 부재의 두께 또는 너비를 절반으로 줄이고 한 부재를 다른 부재 위에 겹치는 독특한 구조 방식이다.

이것은 덧댄이음 또는 반턱맞춤이라고도 불린다. 겹침 결합 방식은 L, T방향 및 교차 방향으로 나타난다. 하우징 결합 방식은 겹침 결합 방식과 동일하게 평평한 밀링 가공 작업을 하지만 특정 시공 방법을 사용하는 경우 한 부재는 L 또는 T 방향으로 다른 부분을 둘러싸거나 수용한다. 이러한 결합 방식은 수정 작업이 가능하다.

판재의 끝에 반턱 만들기 61쪽

판재 중앙에 반턱 만들기 64쪽

각진 T자형 반턱맞춤 67쪽

지그를 이용해 걸침턱맞춤 만들기 69쪽

테이블 톱을 이용해 사개맞춤 만들기 71쪽

손으로 만드는 풀하우징 결합 방식 76쪽

테이블 톱을 이용한 풀하우징 결합 방식 78쪽

라우터 처리된 감춤 라벳 80쪽

고정-라우터 처리된 감춤 라벳 82쪽

장붓구멍과 장부

장붓구멍과 장부는 고대부터 나무를 직각으로 결합하는 효과적인 방법이었다. 기본 형태와 변형은 프레임, 다리 조립품 및 구조물의 뼈대를 연결하는 방법으로 사용된다.

장부는 짝을 이루는 부분에서 주머니 또는 장붓구멍에 들어가는 긴 촉을 말한다. 겹침이음과 마찬가지로, 장붓구멍과 장부는 옆면을 맞댄다. 하지만 세로결 옆면을 다른 쪽 옆면에 맞대는 겹침이음과 달리 두 개의 장부 접합면의 옆면은 두 개의 세로결 장붓구멍의 옆면에 접착시켜 접착면을 두 배로 늘린다. 이때 옆면이 엇결로 접착되므로 장붓구멍과 장부에 치수가 충돌할 수 있다.

기본 장붓구멍과 장부 94쪽

레디얼 암쏘를 이용해 오픈 슬롯 장붓구멍 만들기 98쪽

손으로 관통 장붓구멍 만들기 100쪽

각진 장붓구멍과 장부 102쪽

관통 쐐기 장부 105쪽

목심을 이용해 장부 결합하기 107쪽

각진 장부와 어깨 109쪽

여유를 두고 재단된 장부 111쪽

보강용 어깨가 있는 장부 114쪽

경사진 보강용 어깨가 있는 장부 116쪽

패널홈이 있는 장붓구멍과 장부 118쪽

라벳 처리된 장붓구멍과 장부 120쪽

가공된 틀이 있는 장붓구멍과 장부 122쪽

연귀접합과 사선접합

연귀접합과 사선접합은 주위의 결을 그대로 이어서 시각적으로 통일성을 보여준다. 연귀접합은 구조적으로 부드러운 면을 더해준다. 종종 원어 그대로 'Miters and Bevels'라고 부르기도 한다. 중요한 차이점은 사선접합은 접합면에 수직이 아닌 반면, 연귀접합은 정확히 45도 절단면이거나 각진 절단면을 보여주는 것이다.

손으로 연귀맞춤 만들기　132쪽

레디얼 암쏘를 이용해 딴혀연귀 만들기　134쪽

반연귀맞춤　136쪽

연귀촉을 이용해 사선접합 구조 만들기　138쪽

보강을 위한 연귀촉맞춤 (은촉연귀맞춤)　140쪽

워터폴 조인트 (고하중 사선접합 작업 시 사용하는 방식)　142쪽

라벳하여 사선접합 구조 만들기　144쪽

기계를 이용해 복합 사선접합 구조 만들기　146쪽

손으로 복합 사선접합 구조 만들기　148쪽

주먹장 짜임

목공에서 가장 견고한 세공의 특징으로 여겨지는 주먹장은 엄청난 힘으로 접합부를 연결한다. 주먹장은 암장부에 맞는 각진 숫장부로 구성된다. 접합면의 모서리 끝에서 결합하는 방식 중 가장 잘 알려진 기법이다. 주먹장에서 암장부 사이의 부분을 숫장부라고 하며 이것은 암장부 사이의 공간에 착 들어맞는다. 면적이 넓은 암장부는 장부 사이의 세로결 접착 표면에 역학적인 강도를 추가해서 접합 부위에 장력 저항력을 더한다.

관통 주먹장　156쪽

숨은 주먹장　160쪽

연귀 숨은 주먹장　162쪽

손으로 고정된 테이퍼형 주먹장 만들기　164쪽

슬라이딩 주먹장으로 서랍맞춤 만들기 166쪽

주먹장 키 168쪽

은장 170쪽

주먹장 딴혀 172쪽

목심과 비스킷

현대에 들어 일반적으로 쓰이는 목심과 비스킷은 시간이 지남에 따라 제조 속도를 높이거나 새로운 부재를 수용하기 위해 개발되어 왔다. 목심을 이용한 접합과 비스킷을 이용한 짜맞춤 방식은 모두 산업의 부산물이다. 목심과 비스킷을 이용하면 작업 시간이 빨라진다. 그러므로 어떤 목공 작업을 하든 목심과 비스킷을 어디에 어떻게 이용할지 고심하고 방법을 찾아내야 한다.

목심을 이용해 연귀접합 보강하기 182쪽

장식된 마감에 목심을 이용해 뼈대이음 만들기 184쪽

목심을 이용해 틀이음 뼈대 만들기 186쪽

수평을 이루는 틀이음 190쪽

비스킷을 이용한 T방향 결합 방식 192쪽

단차를 둔 L형 이음 194쪽

나사 기반의 고정 장치, 하드웨어 및 고하중 보강재

크고 불안정한 고하중 가구는 짜맞춤을 임시로 설정하는 것이 더 편리하며, 구조물의 목적이나 상태에 따라 짜맞춤이 없는 구조가 더 적합한 경우도 있다. 현대 목공은 분해와 재조립이 가능한 결합 방식, 예비용 나사와 고정 장치, 접착제 없이 작업하거나 접착된 구조물을 보강하는 작업법을 통해 우발적인 사고를 예방한다.

메뚜기 장부 204쪽

쐐기가 있는 주먹장부 206쪽

보조 공구:
정확한 조립과 순서 지키기

1

측정선과 작업선 표시하기
Measuring and marking

주어진 거리를 측정하고 나무에 정확하게 표시하는 일은 몇 가지 규칙만 지키면 간단히 작업할 수 있다. 연필이나 송곳, 금긋기칼 같은 기본 도구만으로도 미세한 허용 오차(명함 한두 개 정도의 두께) 안에서 작업선을 정확하게 표시할 수 있다.

연필을 사용할 때 연필 끝이 무뎌지면 표시한 작업선이 넓어지고 정확도가 떨어진다. 송곳을 사용하면 일관성 있게 작업선을 표시할 수 있지만, 나무의 엇결에 표시할 때는 퍼지 라인[fuzzy line. 주변에 금이 가거나 벌어지는 공간]이 생기기도 한다. 금긋기칼은 가장 미세하게 선을 표시할 수 있으나, 나뭇결에 겹쳐 작업선이 묻히지 않도록 유의해야 한다.

금긋기칼로 엇결에 선을 그으면, 목재 섬유의 최상층을 명확하게 잘라낼 수 있으므로 목재의 찢어짐을 방지하는 데 도움이 된다. 또한 매우 깔끔하게 선을 그으면, 다른 공구들로 진행하는 공정에 도움이 된다.

하지만 가장 정밀하게 선을 그었다고 해도 정확한 곳에 작업하지 않았다면 소용이 없다. 눈금자에 아로새긴 증분(增分. 눈금자에서 일정하게 증가하는 부분)에 금긋기칼의 끝을 갖다대면 훨씬 정확한 지점에서 작업할 수 있다.

줄자와 눈금자는 품질이 다양하다. 되도록 같은 브랜드 제품을 구매하는 것이 좋고, 특히 규모가 큰 작업에 사용하는 줄자와 소규모 작업에 사용하는 짧고 가벼운 줄자를 구분해서 사용하면 좋다.

게이지의 종류(gauge)

마킹 게이지(marking gauge)와 커팅 게이지(cutting gauge)는 스틸 포인트[steel point. 철침 또는 촉]나 칼을 사용해 목재 가장자리에 평행하게 선을 긋는 도구다. 이 도구에는 움직일 수 있는 펜스(넓고 평평한 판)가 있어서 가장자리로부터 선까지의 거리를 조절할 수 있다. 또한 두 스틸 포인트 사이의 거리와 펜스도 조절할 수 있다. 이때 신중히 조절해야 부실한 설계로 인한 어려움이나 부정확한 설정을 방지할 수 있다. 특수 암장부 마킹 게이지는 장부맞춤이나 다른 짜맞춤을 배치하는 데 도움이 되도록 평행선을 두 개 긋는다.

증분 표시

목재 크기를 측정할 때는 눈금자의 증분을 목재의 가장자리에 닿게 한다. 그러면 시야각 때문에 증분이 부정확하게 표시되는 것을 피할 수 있다.

모든 줄자와 눈금자를 펼쳐, 자들의 증분이 나란히 있는지 그리고 전체 길이가 동일한지 비교한다.

마킹 도구

목재 혹은 부재에 가공이나 조립을 위해 표시를 하는 도구이며, 서로 다른 마킹 도구로 그은 선은 너비가 다양하다. 당연히 레이아웃의 정확도에도 영향을 줄 수 있다.

금긋기칼은 가장 섬세한 선을 만든다.

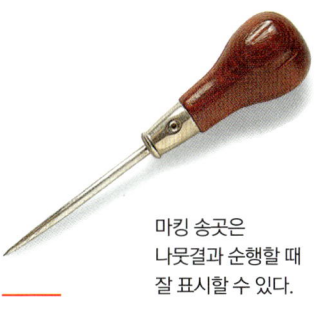

마킹 송곳은 나뭇결과 순행할 때 잘 표시할 수 있다.

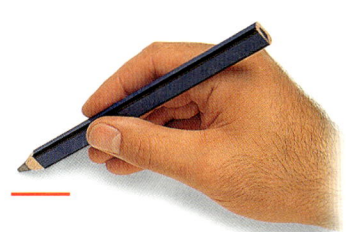

연필 선은 예리함의 정도가 다양하다.

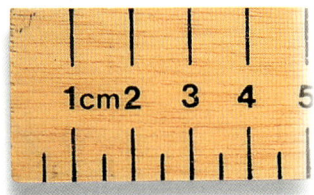

증분이 새겨져 있지 않고, 페인트로 그려진 나무자는 피하는 것이 좋다. 증분 자체가 너무 넓어서 정확성이 떨어지기 때문이다.

마킹 게이지와 커팅 게이지

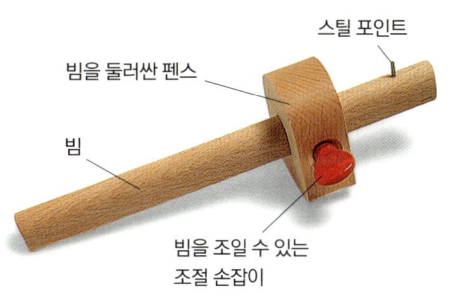

- 빔을 둘러싼 펜스
- 스틸 포인트
- 빔
- 빔을 조일 수 있는 조절 손잡이

기본 마킹 게이지는 목재 가장자리에서 일정한 거리를 설정하는 선을 표시하는 스틸 포인트와 목재의 가장자리를 두르고 있는 펜스로 구성된다. 펜스는 거리를 조절할 수 있다.

커팅 게이지에는 작은 칼이 빔[Beam. 마킹 게이지의 자 부위 또는 직각자의 두툼한 부위]에 끼워져 있어 좁은 베니어판을 절단하는 것 외에도 깔끔한 엇결 스코어링[길게 긁힌 홈 자국 모양의 선을 내는 것] 작업에도 유용하다.

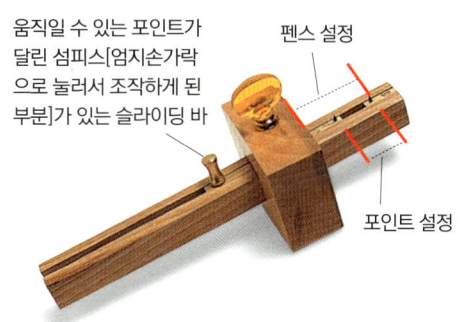

- 움직일 수 있는 포인트가 달린 섬피스[엄지손가락으로 눌러서 조작하게 된 부분]가 있는 슬라이딩 바
- 펜스 설정
- 포인트 설정

본래 암장부 게이지의 포인트[고정된 것도 있지만 움직이는 것도 있음]로 평행선을 표시하지만, 이 모델에서는 손잡이를 돌려 조인다. 그러면 펜스와 포인트가 설정된다.

나비나사[thumbscrew. 나비 모양의 두 귀가 달린 나사]를 사용해 스틸 포인트를 빔의 위아래로 이동시키며, 펜스를 조이려면 나사를 조이는 또 다른 도구가 필요하다.

게이지의 나비나사는 스틸 포인트들 사이의 거리를 조절하고, 두 번째 손잡이는 목재에서 정확한 평행선의 위치를 찾기 위해 설정하는 펜스를 조인다.

직각자와 각도
Squares and angles

목공에서 직각도[squareness. 한 평면상에 있는 모든 표면이 이상적인 평면으로부터 얼마나 벗어나 있는가를 나타내는 측정치]는 문이나 서랍이 매끄럽게 움직이는 데 꼭 필요하다. 또한 딱 맞는 짜맞춤을 만드는 작업에 있어 기본이다. 그래서 직각자는 목공업자에게 가장 중요한 도구다.

안타깝게도 '싼 게 비지떡.'이라는 말은 레이아웃 도구와 관련해서 특히 적절한 말이다. 목공업자는 저렴한 나무 직각자나 황동 직각자를 선택하거나, 값비싼 초정밀 기계 공구를 구매할 수 있다. 하지만 정밀도가 꽤 괜찮은 한두 개 브랜드를 제외하고는 목재나 황동으로 만든 직각자가 정확한 경우는 거의 없다. (안쪽 모서리만 직각일 수도 있다.)

'엔지니어 콤비네이션 스퀘어'는 비싸긴 하지만 12인치(30cm) 블레이드에서 오차가 1천분의 1 또는 2 이내에 불과한 정확성을 자랑한다. 또한 목공용 직각자보다 용도가 더욱 다양하고 유용성이 높다. 슬라이딩 블레이드가 있는 가장 단순한 도안가용 더블 스퀘어조차 마킹 게이지, 깊이 게이지, 미니 레벨 및 높이 게이지 기능을 갖고 있기 때문이다. 대부분 철물점에서는 공학 도구를 본떠 만든 콤비네이션 스퀘어를 적당한 가격에 판매한다.

다른 도구와 마찬가지로 직각자를 구매하기 전에 꼭 테스트하기를 바란다. 비싼 브랜드 제품인데 불량이라면(직각이 아니라면) 다시 공장으로 보내 고칠 수 있다. 하지만 저렴한 공구를 만드는 제조업체는 이런 서비스를 제공하지 않기 때문에 매장에서 고쳐야 하는 경우가 많다.

각도 도구

가장 기본적인 각도 도구에는 T-베벨과 자유각도자[감수자 주. 208쪽 참고]가 있다. 이들은 설계도에 맞춰 필요한 각도를 설정해 사용하거나 특정한 각도를 다른 부재나 기계에 적용하는 데 사용한다. 예를 들어 45도 경사로 나무를 잘라야 한다면 자유각도자를 45도로 설정하고, 베벨을 이용해 잘라야 할 나무에 45도 기울기를 표시한다.

베벨 디자인에도 여러 가지가 있는데, 베벨 스퀘어처럼 블레이드를 고정한 것은 물론이고 자유각도자같이 블레이드를 움직일 수 있는 것도 있

목공용 스퀘어

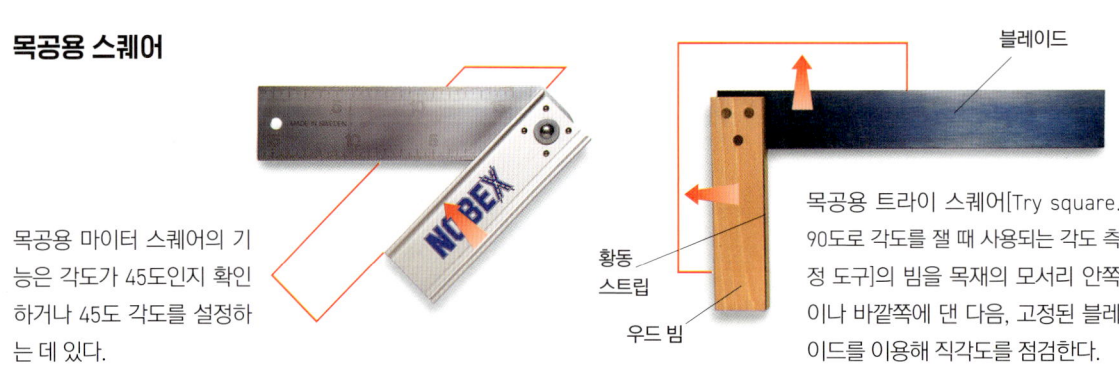

목공용 마이터 스퀘어의 기능은 각도가 45도인지 확인하거나 45도 각도를 설정하는 데 있다.

블레이드

황동 스트립

우드 빔

목공용 트라이 스퀘어[Try square. 90도로 각도를 잴 때 사용되는 각도 측정 도구]의 빔을 목재의 모서리 안쪽이나 바깥쪽에 댄 다음, 고정된 블레이드를 이용해 직각도를 점검한다.

다. 베벨의 각도를 설정한 후에 이를 고정하는 방법도 여러 가지다. 선호도가 다르고 사용 편의성에서 차이가 날 뿐이다. 건축가용 삼각자는 비싸지 않으면서 각도를 설정할 때 표준으로 삼을 수 있을 만큼 정확하다. 다른 공구로도 각도를 설정할 수 있다.

각도를 맞추는 도구

베벨 스퀘어[bevel square. 임의의 각도를 조절할 수 있는 각도자]의 블레이드와 빔은 끝에 있는 연결 부위를 중심으로 회전한다.

나사를 사용해 자유각도자의 블레이드를 조이면 단단히 고정된다. 하지만 드라이버를 항상 가까운 곳에 두어야 한다.

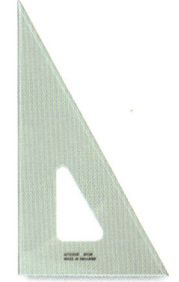

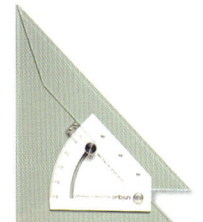

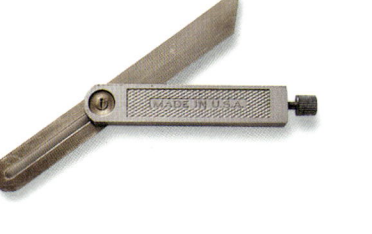

슬라이딩 T-베벨을 사용하면 블레이드를 다른 길이로 연장할 수 있지만, 레버 또는 나비너트(wing nut) 조임기가 빔 밖으로 돌출되어 있어서 작업에 방해가 될 수 있다.

자유각도자 빔의 끝에 있는 나비너트는 블레이드를 편리하게 조이고, 각도를 설정하거나 전달하는 데도 방해되지 않는다.

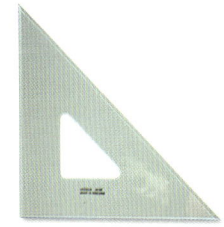

건축가용 삼각자는 각도 조절이 가능한 것과 고정된 것이 있다. 기계를 설치하고 각도를 맞추기에 충분할 정도로 정확하다.

엔지니어용 스퀘어의 콤비네이션 헤드는 각도를 설정하는 각도기 헤드와 실린더의 중심에 위치한 센터 헤드로 구성된다.

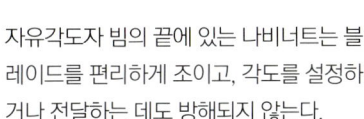

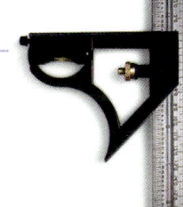

슬라이딩 블레이드와 버블 레벨[bubble level. 수평선 또는 수평면을 구하는 측량기구]이 있는 도안가용 제품은 내부와 외부의 직각도를 확인할 수 있다.

목공용 마이터 스퀘어와 엔지니어용 콤비네이션 스퀘어를 같이 사용하면 직각도와 경사도를 모두 점검할 수 있다. 모두 정확한 작업을 위해서다. 이때 콤비네이션 스퀘어의 슬라이딩 블레이드를 사용하면 깊이 게이지와 마킹 게이지로도 이용할 수 있다.

정확하게 조립하고 조이기
Exact clamping and assembly

뛰어난 장인 정신을 지닌 사람이라도, 조립 작업을 할 때 잘못된 방향으로 클램프[clamp. 조임쇠]에 힘을 주면 부재의 모양이 뒤틀린다. 작업을 마칠 때까지 많은 시간과 에너지를 투자했더라도 세심한 클램핑 작업에 조금 더 인내심을 쏟아야 제대로 결실을 볼 수 있다.

클램프의 베어링 표면이 목재와 직각이 아니거나 클램프가 가장 가까운 목재의 표면과 평행하게 놓여 있지 않으면 접착된 부재가 미끄러져 빠지거나 접합부가 비틀린다. 클램프로 목재를 죄는 작업은 마치 스펀지에 손가락을 누르고 있는 것과 같다. 목재가 너무 얇아 힘을 분산하지 못하거나 클램프를 너무 약하게 사용해서 압력 지점의 범위를 벗어나면, 단단한 결합에 필요한 접점을 잃을 수 있다.

쓰고 남은 목재 조각으로 만드는 클램핑 블록은 압력을 분산시켜 이 문제를 해결하는 데 도움이 된다. 클램프 블록은 클램프를 사용하는 동안, 목재 표면이 훼손되는 것을 방지한다. 그러나 클램핑 블록의 크기가 접착된 접합부의 두께나 너비 또는 범위와 맞지 않을 경우, 오히려 문제가 나빠질 수 있다.

가조립하기

접착제를 도포하기 전에 조립 부재가 잘 맞는지 가조립을 해봐야 한다. 가조립을 해보면, 일을 빠르게 진행할 수 있고 만약 재부착할 일이 생겨도 일이 덜 복잡해진다. 또한 필요한 클램프가 무엇인지 알 수 있다. 가조립을 하면서 클램핑 블록을 절단하고, 접착제 및 기타 재료를 가까이에 둔다. 롤러나 붓을 펼쳐놓는 일, 블록과 나무 사이에 끼워 넣을 왁스 칠한 종이, 청소 걸레 등도 챙긴다.

클램프 작업을 완료하고 접착제가 아직 젖어 있어 조절이 가능할 때, 작업물의 직각도를 점검한다. 줄자나 핀치 막대를 사용해(19쪽 참고) 대각선을 측정하면 직각도를 확인할 수 있다. 이때 측정된 대각선이 동일하다면 작업물은 직각을 이룬 셈이다.

압력 분산하기

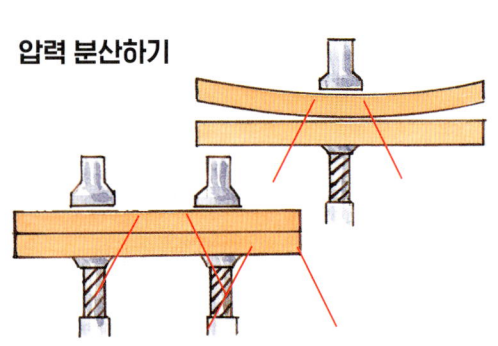

목재의 두께가 얇거나 클램프를 충분히 조이지 않으면 압력이 고르게 분산되지 않아 클램프로 누른 곳을 중심으로 주변에 있는 부재가 분리될 수 있다.

클램프 위치

클램프의 베어링 표면은 목재와 일직선으로 평평해야 압력이 가해져도 작업물이 뒤틀리거나 제자리에서 미끄러져 빠져나오지 않는다.

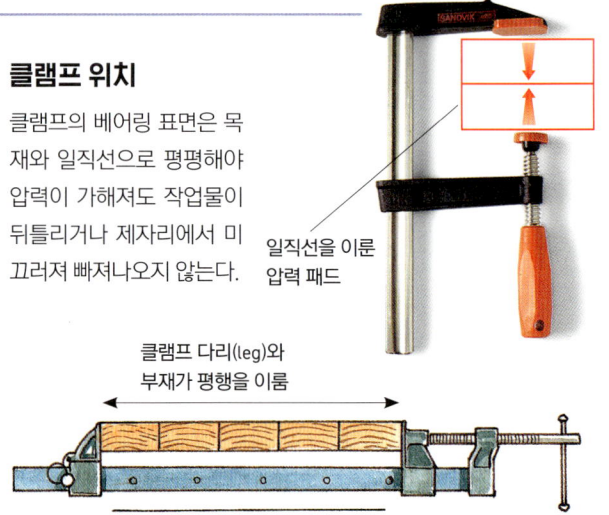

일직선을 이룬 압력 패드

클램프 다리(leg)와 부재가 평행을 이룸

작업물의 직각도 확인

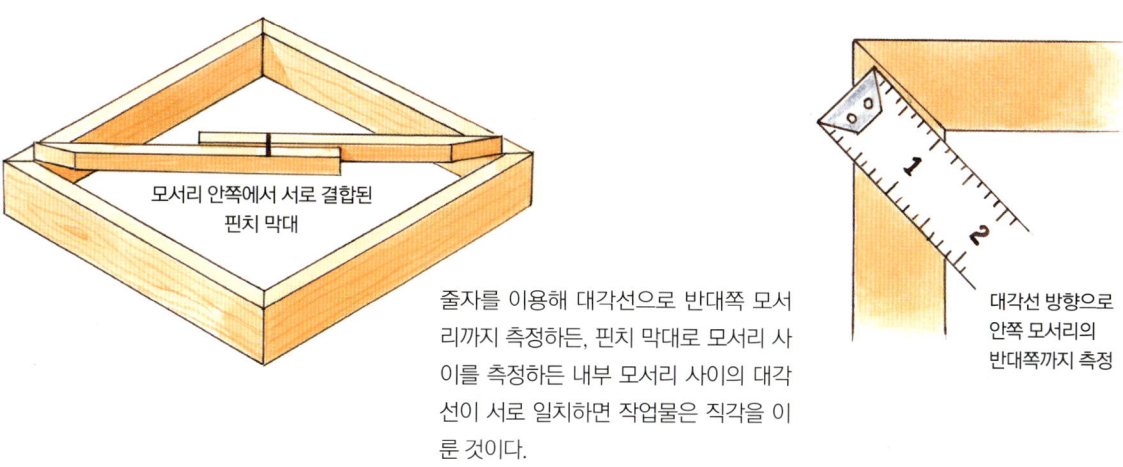

모서리 안쪽에서 서로 결합된 핀치 막대

줄자를 이용해 대각선으로 반대쪽 모서리까지 측정하든, 핀치 막대로 모서리 사이를 측정하든 내부 모서리 사이의 대각선이 서로 일치하면 작업물은 직각을 이룬 것이다.

대각선 방향으로 안쪽 모서리의 반대쪽까지 측정

클램핑 블록의 올바른 배치와 크기

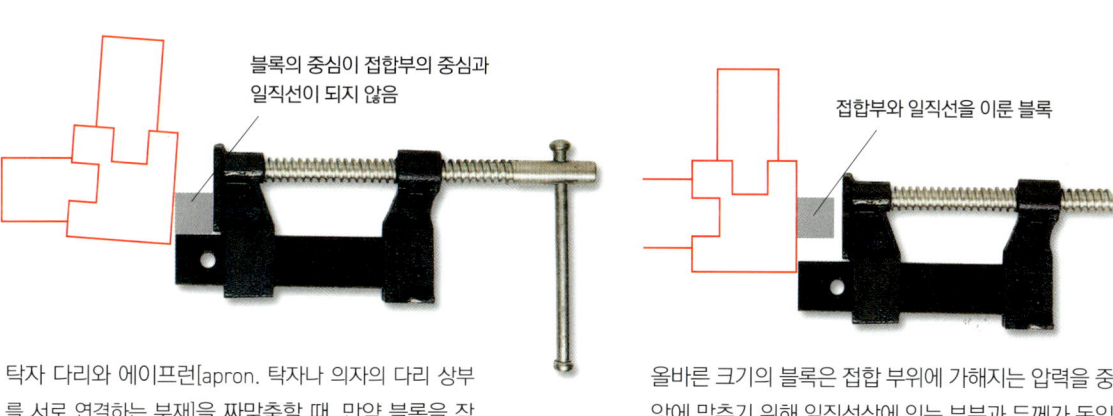

블록의 중심이 접합부의 중심과 일직선이 되지 않음

접합부와 일직선을 이룬 블록

탁자 다리와 에이프런(apron. 탁자나 의자의 다리 상부를 서로 연결하는 부재)을 짜맞춤할 때, 만약 블록을 작업물보다 너무 낮게 놓으면 접합부가 당겨져서 작업물이 직각에서 벗어난다. 이렇게 되면 에이프런과 다리로 이루어진 전체 구조가 망가진다.

올바른 크기의 블록은 접합 부위에 가해지는 압력을 중앙에 맞추기 위해 일직선상에 있는 부분과 두께가 동일해야 한다.

블록이 너무 작고 낮아 접합부의 안쪽이 벌어짐

블록이 너무 크고 높이 있으면 접합부의 바깥쪽이 벌어짐

블록의 올바른 크기와 위치

클램핑 블록은 압력을 분산하고 손상을 방지하지만, 블록을 너무 작고 낮은 곳에 배치하면 접합부의 안쪽을 벌어지게 만든다.

접합 부위의 두께보다 더 두꺼운 블록은 작업물을 밀어서 접합부의 바깥쪽 모서리를 벌어지게 한다.

에이프런과 일직선상에서 적당한 크기의 블록을 이용해 압력을 가하면, 접합부가 직각을 이루며 잘 맞물린다.

짜맞춤 설계하기:
나무 재료 선택과 짜맞춤 디자인

2

나무 부재를 연결하는 예
The basic orientations of wood parts

부재를 결합하는 방식에는 나사나 짜맞춤을 이용하는 방법, 접착제를 이용하는 방법, 여러 결합법을 조합하는 방법 등이 있다. 짜맞춤의 종류에 따라 나무 부재를 어떤 방향과 위치에 놓고 작업할지가 정해지는 것은 아니다. 즉 특정한 짜맞춤이 작업할 부재의 위치와 방향을 결정하지는 않는다. 짜맞춤은 부재의 특성과 구조, 미학이 요구하는 사항을 충족하기 위해 다음과 같은 기본적인 방법에 바탕을 두고 발전했다.

평행 방향 접합의 예
목재의 전체 너비를 늘리기 위해 측면을 서로 연결한 판재는 평행 방향으로 결합한 것이다. 체킹[checking. 바깥 면에 미세한 균열이 불규칙하게 생기는 현상]과 커핑[cupping. 컵 모양으로 패이듯 휘는 현상]을 최소화하기 위해 폭이 넓은 목재를 평행 방향에 놓고 나누거나 재조립한다. 물론 폭이 좁은 목재도 평행으로 놓고 연결해 사용할 수도 있다. 평행 방향으로 각재를 놓으면 이때 생기는 나뭇결 덕분에 디자인의 품질이 올라간다.

I방향 접합의 예
두 목재의 마구리면을 이어 하나로 만들면 목재의 전체 길이가 연장된다. I방향에 부재를 놓는 방법에서 발전한 빗이음(scarf joint)은 목재 골조에 널리 사용된다. 빗이음은 보트 제작에 흔히 사용되지만, 가구 제작에는 가끔만 사용되며 주로 다목적용이나 장식용 가구를 제작할 때 사용한다.

교차 방향 접합의 예
목재의 전면과 전면을 겹쳐서 잇는 작업을 할 때, 각재를 교차 방향으로 둔다. 주로 가벼운 프레임의 짜맞춤 방식에 적용하는데, 이와 달리 각재에 더 깊은 홈을 파서 교차하는 십자 걸침턱맞춤(Edge lap)은 사용과 개량이 제한적이다. 십자 걸침턱맞춤은 주로 넉다운[knockdown. 접착제 없이 조립되며 필요한 경우 분해와 재조립이 가능한 결합 방식] 합판 구조나 서랍의 격자 칸막이에서 찾아볼 수 있다.

L방향 접합의 예
L방향은 카커스[carcase. 고급 목공 가구의 본체 또는 프레임], 모서리, 틀이음 구조에서 가장 많이 사용한다. 목재를 L방향으로 결합하는 방법에는 세 가지가 있다. 전면과 측면, 마구리면과 측면, 마구리면과 전면을 맞대는 것이다. 맞짜임, 사개맞춤, 장부맞춤, 반턱장부, 주먹장맞춤, 연귀맞춤 등이 각재를 L방향에 놓고 작업하는 방식에서 발전했다.

T방향 접합의 예
장부맞춤과 반턱맞춤이 T방향을 이용하는 식으로 발전했지만, 다도[dado. 항상 엇결로 자르는 평평한 바닥의 U자 모양의 밀링홈]나 은촉홈[rabbet. 목재의 표면과 평행하지만 움푹 들어간 평평한 층계를 남기는 밀링 절단] 또는 주먹장이 있는지와 관계없이 T방향을 이용하는 방식이 감춤이음에서는 최상의 방법이라고 생각한다. T방향으로 결합하는 방법에는 전면과 마구리면, 전면과 측면, 측면과 마구리면을 결합하는 방식이 있다.

각진 방향 접합의 예

각진 방향으로 각재를 배치하면 부재가 놓이는 방향과 위치, 즉 각도가 바뀐다. 이 방식은 각 부재의 위치와 방향이 다양하며, 여러 짜맞춤 기법의 일부를 이용해 결합 각도를 90도 또는 180도 이외의 각도로 변경한다. 그래서 비스듬한 각도의 빗이음, 각진 반턱짜임, 배럴 스테이브[barrel stave. 배럴 통을 구성하고 있는 각각의 개체] 구조와 같은 짜맞춤이 나오게 된다.

아래 표는 목재를 놓는 방향에 따라 어떤 짜맞춤을 이용할 수 있는지 정리했다.

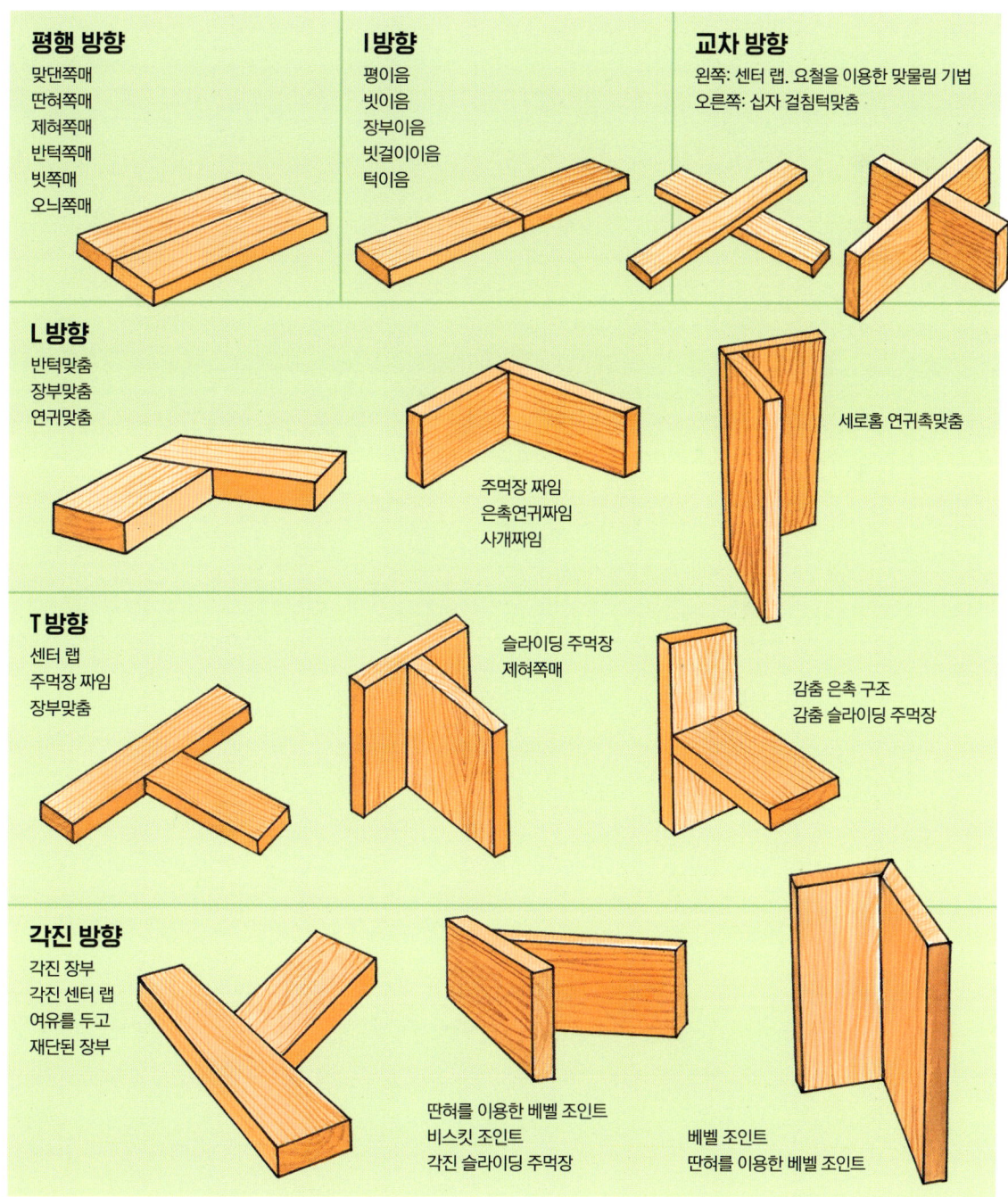

짜맞춤의 요소
The elements of joinery

목공에서 활용하는 짜맞춤에는 최소한 두 가지 기본 요소가 있다. 하나는 기계적으로 부재를 맞물리는 것이고, 다른 하나는 두 부재의 접합면을 만드는 일이다. 짜맞춤이 복잡해지면서 결합 강도나 디자인을 향상하려고 이 요소들을 수정하고 강화하지만, 기본 요소는 그대로 유지된다.

위에서 언급한 기본 요소를 수행하는 방법에는 두 가지 범주가 있다. 그중 하나가 톱질 작업이다. 테이블 톱이나 전기톱으로 목재 끝이나 가장자리를 한번에 잘라낸다. 다른 하나는 밀링 작업으로 이는 부재의 크기를 조절하는 일에서 시작한다. 목재의 필요 없는 부분을 제거해 가면서 특정한 모양으로 다듬어 남기는 공정의 일부다.

특히 톱질 작업은 목재를 직각이나 여러 다양한 복합 각도로 절단하는 일이다. 보통 보완적인 작업 과정을 거쳐 연귀접합된 모서리, 육면 상자 등을 만든다. 이런 모양은 대개 톱질로 만들지만, 손대패나 전동 공구 또는 라우터[감수자 주. 208쪽 참고] 등을 이용해 만들기도 한다.

밀링 작업

밀링 작업으로 다양한 홈과 구멍을 만들 수 있다. 예를 들어 L자형 홈, 다양한 모양의 구멍, U자형 홈(그루브), 다도, 에지 다도 또는 노치(V자나 M자 모양으로 판 홈) 등이다. 평평한 바닥의 U자형 절단은 결이 평행한지(그루브), 엇결인지(다도) 아니면 판재의 가장자리로 끼어드는지(노치)에 의해 구별된다. 작업자는 이처럼 다양한 형태의 홈이나 구멍을 만들어 디자인에 적합한 짜맞춤을 완성한다. 이를테면 직각으로 잘라낸 목재에 구멍을 내서 장부맞춤을 시도하거나 다도홈을 파서 선반에 적합한 짜맞춤을 작업할 수도 있다. 뿐만 아니라 은촉홈을 만들어 T자형으로 부재를 결합할 수도 있을 것이다.

밀링 및 톱질 작업은 매우 다양한 방법으로 할 수 있다. 사실, 다양한 도구와 수단으로 구멍과 홈을 만들고 부재를 절단하는 방법, 또 그것들을 변형하는 방법과 다른 요소와 결합하는 방법 등을 알게 되면 짜맞춤에 대해 모든 것을 배운 것이다.

톱질 작업의 요소

날의 각도가 목재 표면과 90도를 이루거나, 날의 진행 방향이 목재의 끝 또는 가장자리에서 90도를 이룬 상태에서 톱질하면 직각 절단면이 생긴다.

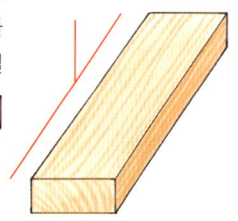

앵글 컷(angled cut)은 직각이 아닌 각도로 잘린 절단면의 날의 각도가 목재 표면과 90도를 이루지 않았거나, 날의 진행 방향이 목재의 시작면과 90도를 이루지 않았을 때 생긴다.

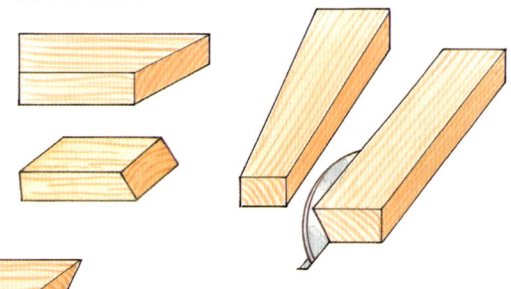

복합 각도는 날의 각도와 날의 진행 방향이 모두 90도가 아닐 때 나타난다. 이들은 각기 다른 각도이거나 날의 각도와 날의 진행 방향을 다양하게 조합한 것이다.

밀링 작업의 요소

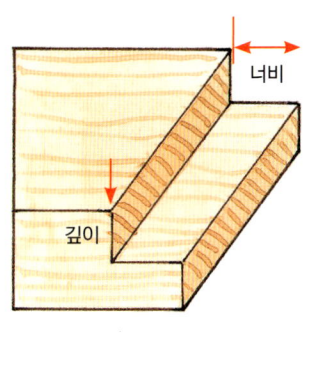
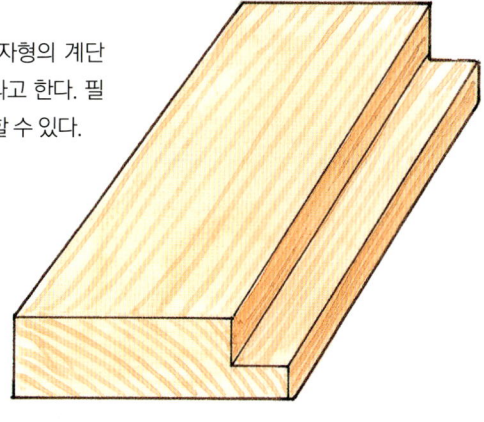

목재의 끝 또는 가장자리를 L자형의 계단 모양으로 자른 것을 은촉홈이라고 한다. 필요에 따라 깊이와 너비는 변경할 수 있다.

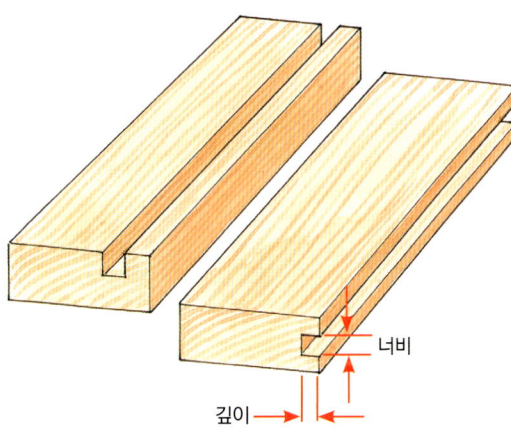
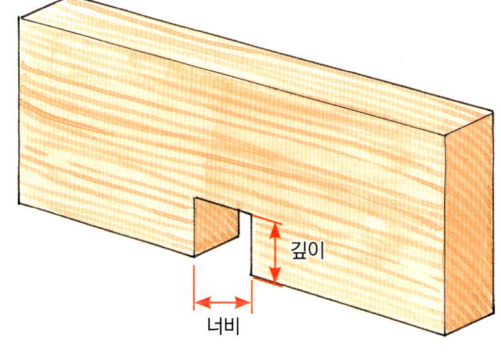

그루브는 평평한 목재 바닥에 U자형 컷으로 홈을 내는 방식이다. 언제나 목재의 전면이나 측면의 나뭇결과 평행을 이룬다.

그림처럼 판재의 측면을 잘라낸 다도는 노치 또는 에지 다도라고 불리며, 대체로 판재 전면에 있는 다도 컷보다 더 깊다.

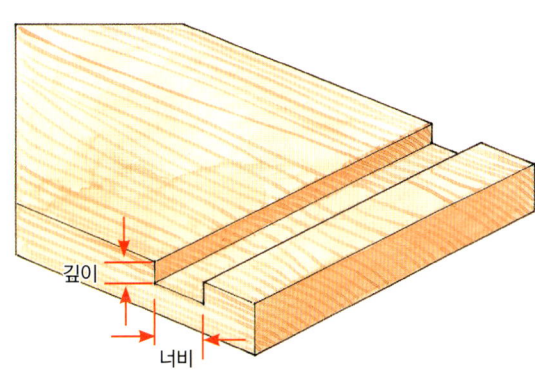

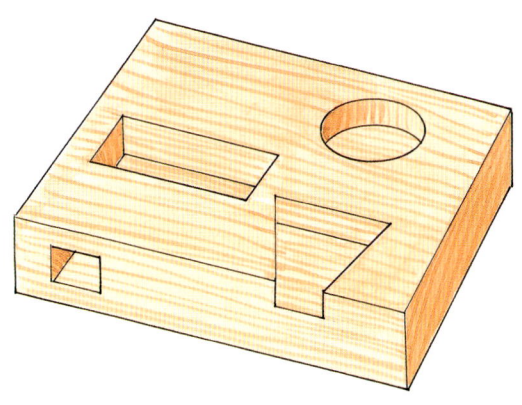

다도는 사전적 정의로 그루브(groove), 즉 홈이다. 따라서 다도의 바닥 절단면 역시 U자 모양으로 평평하다. 엇결로 넓게 자를 경우라면 가끔 트렌치(trench)라고 불리기도 한다.

목재에 내는 구멍들은 모양과 위치에 따라 명칭이 달라지며 다양한 짜맞춤의 목적에 따라 적절하게 사용된다. 이에 관해서는 다음 장에서 다룬다.

나무 재료와 짜맞춤 디자인
Wood material and joint design

짜맞춤을 디자인할 때 명심해야 할 가장 중요한 사실은 아무리 단단하고 큰 나무라고 해도 안정적이지 않다는 것이다. 나무의 세포 구조는 간단히 말해서 빨대 묶음에 비유할 수 있다. 나무는 주변 환경과의 수분평형을 유지하기 위해 상대 습도의 변화에 대응한다. 즉 수증기를 흡수하고 배출하는 구조다. 목재의 수분 함량이 계속 변함에 따라 나뭇결의 너비가 팽창과 수축을 반복하고, 목재 길이에 미묘한 변화가 일어난다. 가구를 제작할 때 이런 현상을 염두에 두고 설계에 반영하지 않는다면, 목재의 수축과 팽창이 짜맞춤 구조나 가구 자체를 파손시킬 수도 있다.

나무의 수축과 팽창 예측하기

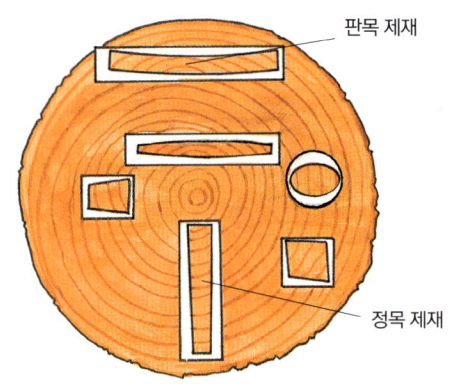

통나무에서 잘라낸 목재는 주로 마구리면의 바깥쪽 나이테를 따라 수축과 팽창을 한다.

수축과 팽창

한 부재의 세로결과 다른 부재의 엇결을 결합한 짜맞춤이라면 나무의 수축과 팽창이 위험 요소가 되며 용적 충돌이 발생한다. 이런 상황은 일부 L형과 T형 및 두 부재의 세로결이 직각으로 만나는 교차 형태일 때 발견된다.

 나무의 수축과 팽창은 하드우드나 소프트우드 등 나무의 종류에 따라 다르고, 각 나무의 심재[나무의 중심에 가까운 목질. 세포가 고사 상태이고 변재에 비해 사용 후의 변형이 적음]와 변재[나무

나뭇결과 나무의 수축과 팽창

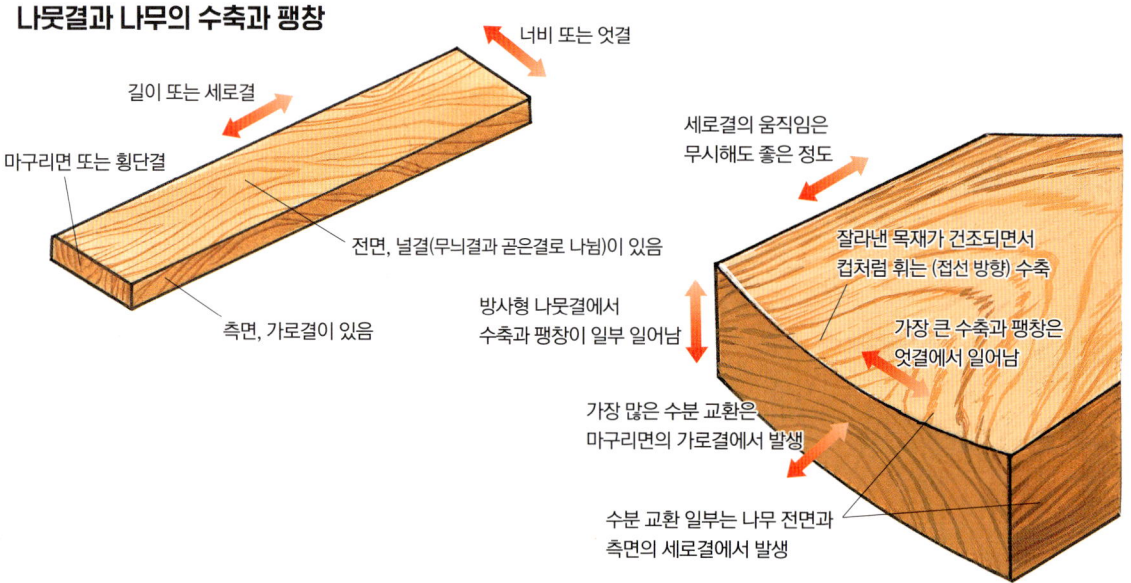

껍질 바로 안쪽, 통나무의 겉 부분에 해당하는 희고 무른 부분]에 따라 다양하다. 나무가 어떻게 수축하고 팽창할지 예측하는 열쇠는 각 판재의 마구리면에 있다.

나무의 나이테로 봤을 때 수축과 팽창은 방사형보다 접선 방향으로 더 일어나며, 나뭇결을 가로지르기보다는 결을 따라 더 많이 일어난다. 젖은 나무가 마르면 접선 방향으로 나무가 수축하기 때문에 통나무 상태일 때 원래 위치와 일치했던 판재가 뒤틀린다. 이 위치는 판재의 마구리면에 있는 나이테의 패턴을 보면 쉽게 알 수 있다.

판목 제재는 일반적으로 마구리면에 곡선 형태의 나이테가 나타나도록 절단된다. 정목 제재는 마구리면의 나이테가 좀 더 수직에 가깝게 절단된다. 필자의 경험에 따르면 판목 제재는 정목 제재보다 너비가 두 배 줄어드는데, 확장 및 치수의 안정성이 떨어질 가능성도 두 배다.

나뭇결

힘을 준다면 목재가 나뭇결이 아닌 방향으로 부러질 수도 있지만, 목재가 너무 얇게 남았거나 밀링 작업에 의해 생긴 '짧은결' 때문에 약해지면 파손되기가 더 쉽다. 세심한 디자인으로 이런 문제를 줄이거나 제거할 수 있다.

강도와 결 디자인

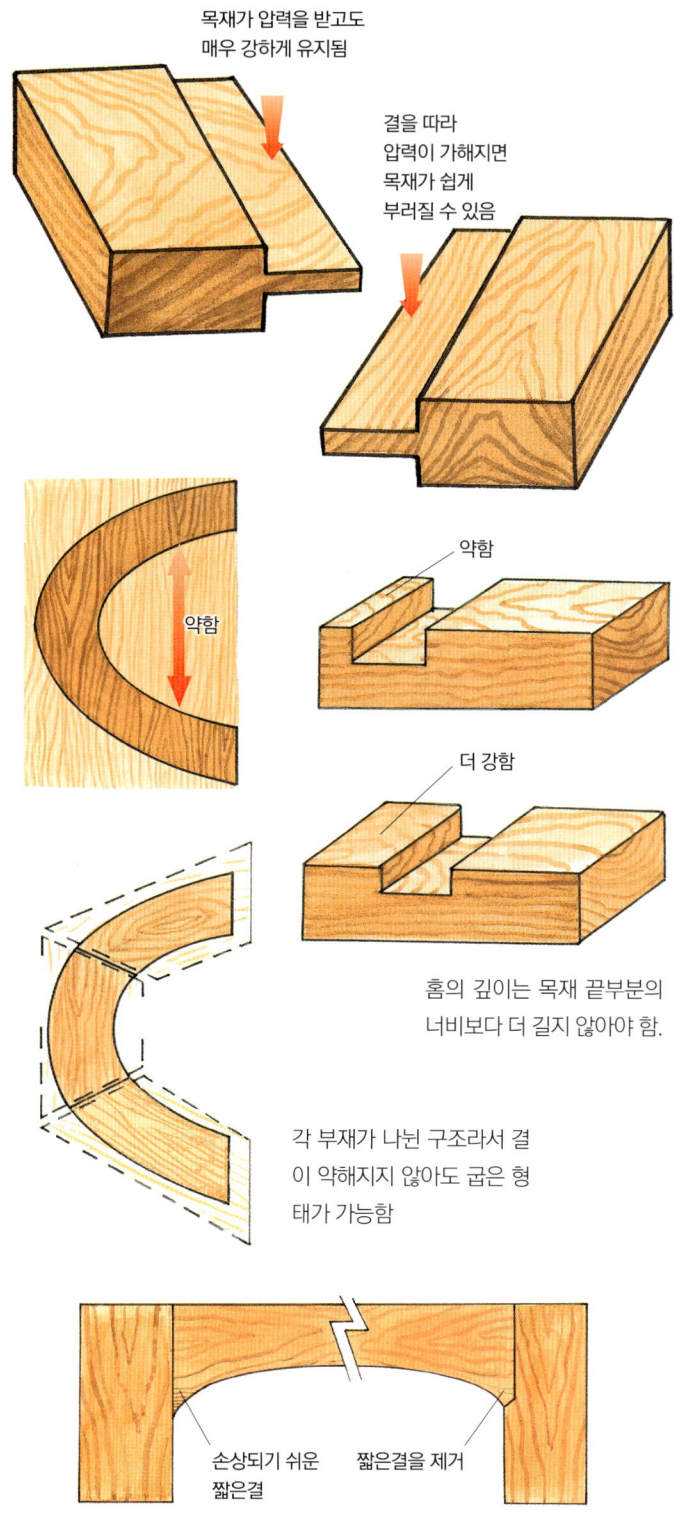

짜맞춤 설계하기: 나무 재료 선택과 짜맞춤 디자인

나무의 수축과 팽창에 대응하는 전략

나뭇결을 정렬하기

그림에서 보듯 나뭇결의 방향이 모두 같도록 부재를 결합한다. 이렇게 하면 나무가 수축과 팽창을 일으켜도 서로 다른 방향으로 움직여서 파손되는 일은 없다. 그림처럼 측면 부재의 세로 나뭇결을 수직으로 유지하면, 수축이 일어나서 문이 열리지 않는 일을 방지한다. 세로결이 바닥을 가로지르도록 재단하면 수축 때문에 서랍이 조이는 상황을 방지할 수 있다.

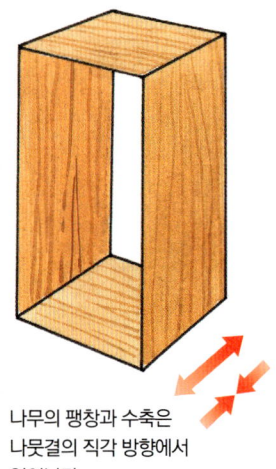

나무의 팽창과 수축은 나뭇결의 직각 방향에서 일어난다.

나무의 수축과 팽창을 최소화하기 위한 전략 - 나뭇결 정렬하기

최악의 장부맞춤

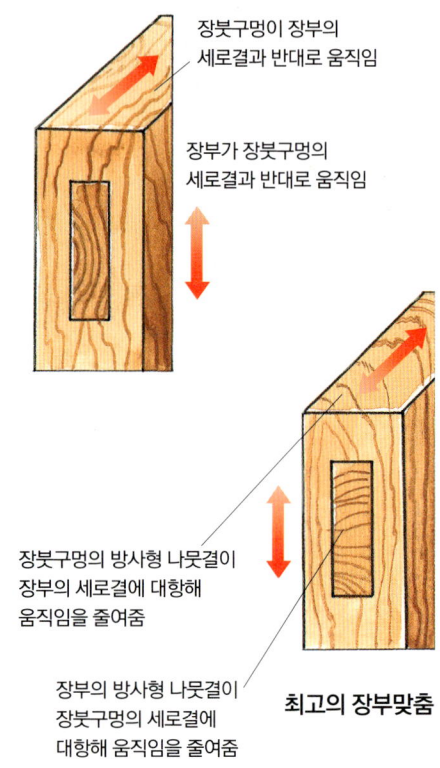

장붓구멍이 장부의 세로결과 반대로 움직임

장부가 장붓구멍의 세로결과 반대로 움직임

장붓구멍의 방사형 나뭇결이 장부의 세로결에 대항해 움직임을 줄여줌

장부의 방사형 나뭇결이 장붓구멍의 세로결에 대항해 움직임을 줄여줌

최고의 장부맞춤

부재의 나뭇결을 엇갈려 결합하기

슬라이딩 주먹장은 접착제 없이 상판의 끝을 고정할 수 있다. 다만 습도가 변하면서 상판이 제멋대로 움직일 수 있으니 중앙에 목심을 꽂아 상판을 정렬한다.

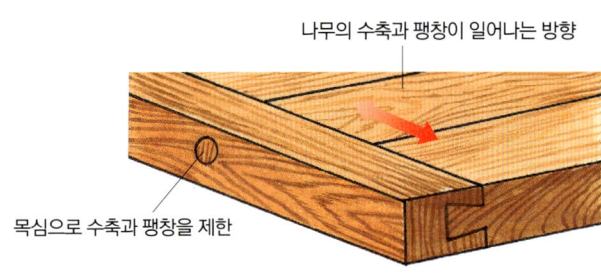

나무의 수축과 팽창이 일어나는 방향

목심으로 수축과 팽창을 제한

최고의 클래식 서랍 디자인

클래식한 서랍 디자인은 서랍 바닥을 부재의 전면 홈에만 부착한다. 이런 식으로 서랍을 만들면 서랍 바닥의 넓은 나뭇결이 서랍 후면의 아래로 팽창할 수 있고, 공기가 그 위로 빠져나가서 서랍을 닫을 때 피스톤 현상이 일어나는 것을 막을 수 있다.

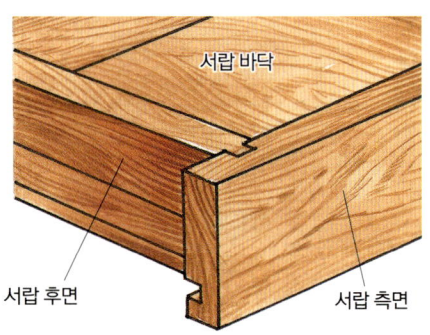

서랍 바닥

서랍 후면

서랍 측면

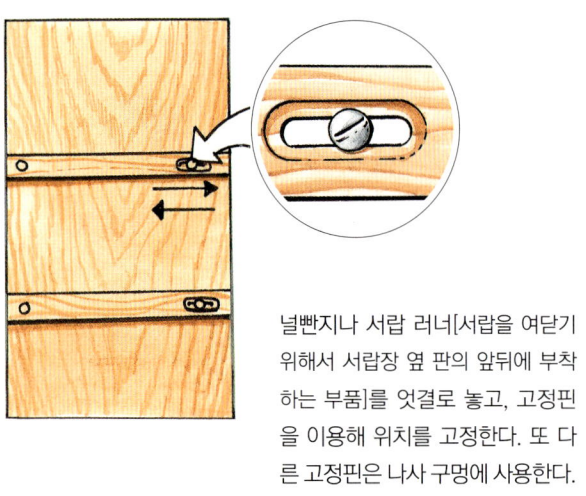

널빤지나 서랍 러너[서랍을 여닫기 위해서 서랍장 옆 판의 앞뒤에 부착하는 부품]를 엇결로 놓고, 고정핀을 이용해 위치를 고정한다. 또 다른 고정핀은 나사 구멍에 사용한다.

나무 종류와 제재법 선택하기

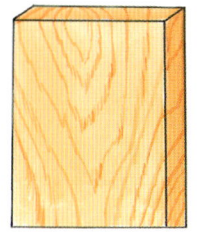
소나무

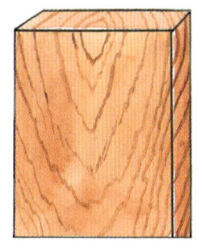
자단

18인치(45cm) 너비의 새로 자란 소나무는 유사한 너비의 자단보다 3/8인치(0.9cm) 정도 더 움직일 수 있다.

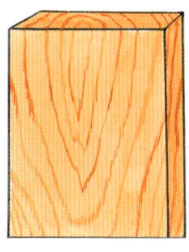
판목 제재

정목 제재

일반적으로 나무 종류가 같다면 판목판의 너비가 정목판보다 두 배 정도 더 움직인다.

목재의 모든 면을 똑같이 마감하기

한쪽 면만 마감한 목재는 주변 환경과의 수분 교환이 불균형해지면서 컵 모양으로 휘는 변형이 생긴다. 따라서 모든 면을 똑같이 마감해야 한다.

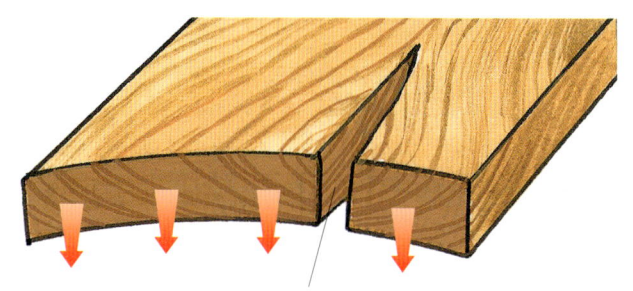

마감되지 않은 마구리면이 수분 방출로 인해 판재의 나머지 부분보다 더 줄어들 때 마구리 균열(end check)이 발생한다.

나무의 수축과 팽창을 억제하는 전략

접착제를 바른 면적 늘리기
접착 면적이 목재 두께에 비해 넓을 때, 접착제는 나무의 수축과 팽창을 제한한다.

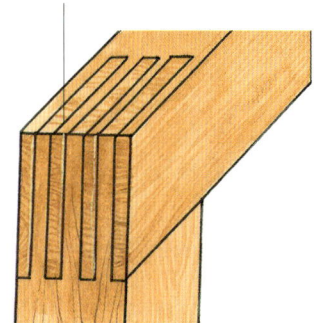

접착 면적이 증가하면 접착제가 나무의 수축과 팽창을 억제

서로 힘겨루기
층으로 쌓아서 결합한 합판들의 나뭇결 방향을 엇갈리게 해서 안정성을 높인다. 나무의 수축과 팽창, 접착제에 관한 자세한 내용은 34~35쪽을 참고한다.

짜맞춤 선택하기
Choosing a joint

일각에서는 장인이 구조를 중심으로 설계해야 한다고 말하고, 또 다른 일각에서는 설계를 중심으로 구조를 고심해야 한다고 말한다. 실제로는 두 가지가 상호 작용해야 한다. 설계는 어떤 짜맞춤이 가능할지 안내하는 역할을 하며, 구조상 약점을 극복할 수 있는 짜맞춤이 있다면 이를 적용할 수 있도록 설계를 수정하기도 한다.

목재의 기본 방향을 살피고 이를 결합해 사용하기 전에, 짜맞춤 구조가 어떤 힘을 견뎌야 하는지 분석해야 한다. 이를 위해서 짜맞춤에 가해지는 기계적 응력과 이를 해결할 몇 가지 해법을 알아두어야 한다. 그러면 응력으로 인해 어떤 문제가 일어날지 쉽게 예측할 수 있고, 그에 알맞은 짜맞춤을 적용할 수 있다.

짜맞춤을 선택하는 일에는 실용성과 경제성, 심미성 같은 요소를 고려해야 한다. 예를 들어, 어떤 절단법은 밀링 공정에서 많은 목재를 낭비하는데 이런 경우 심미적인 부분보다 경제적인 측면을 더 고려해야 한다. 또한 어떤 스타일은 잘 만든 짜맞춤을 보여주는 것에 목적이 있는 듯하지만, 또 어떤 스타일은 짜맞춤을 드러내기보다는 그저 외관이 전반적으로 좋아 보이게끔 목적을 두는 경우가 많다. 짜맞춤을 공들여 작업하는 일은 시간이 오래 걸리고, 구조에 항상 필요하지도 않다. 또한 기능적인 면을 강조하기 위해 반드시 짜맞춤이 필요한 것도 아니다. 그렇지만 특정한 짜맞춤을 이용하면 목재의 나뭇결과 모양을 효과적으로 보여주고 시각적으로 과도하게 보이는 나뭇결은 줄일 수 있다. 눈에 보이든 보이지 않든 다양한 짜맞춤 기법은 모든 취향을 만족시킬 수 있다.

짜맞춤에 미치는 응력

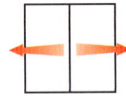

장력
장력은 짜맞춤을 잡아떼는 힘과 관련한 역학적 저항이다. 장력이 발생해도 기계적 저항을 이용하면 잘 대응할 수 있다. 장력은 해당 짜맞춤이 가진 고유 특성이거나 쐐기나 핀으로 고정해서 생긴 특성일 수도 있다.

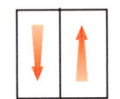

전단
전단은 어떤 면을 경계로 한쪽 부분과 다른 쪽 부분이 서로 미끄러지듯 움직이는 작용을 말한다. 하중을 떠받치는 부분이 불충분하다면 전단력이 요인이 될 수도 있지만, 대체로 전단력은 접착제를 바른 부분의 밀고 당기는 응력을 나타낸다. 이런 응력은 짜맞춤이나 핀 추가 또는 나사 이용 등을 활용해 기계적으로 완화할 수 있다.

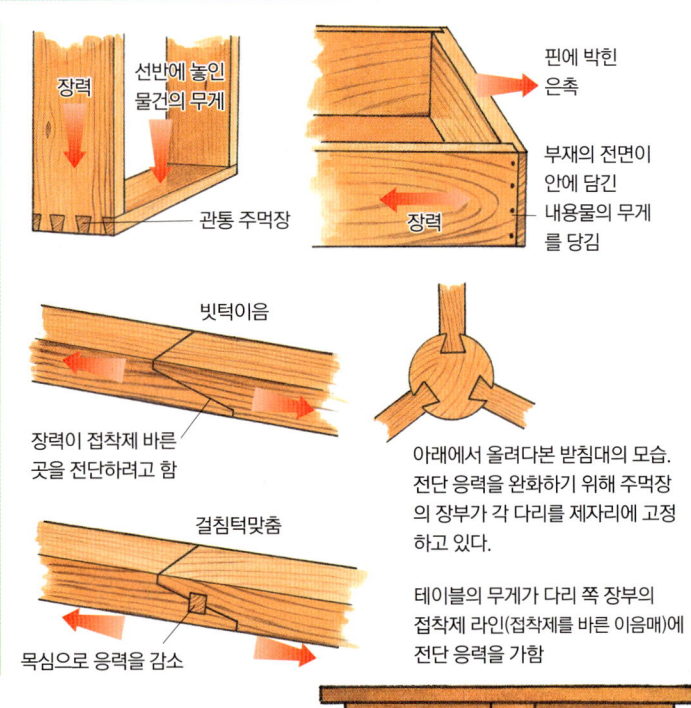

테이블 무게는 수직 기둥과 발 부분을 누름

휨(벤딩) 또는 뒤틀림(래킹)

개별 짜맞춤이 벤딩에 저항하는 힘은 증가할 수 있으며, 결합한 짜맞춤이 벤딩(래킹이라 불림)에 저항하는 힘 역시 증가할 수 있다.

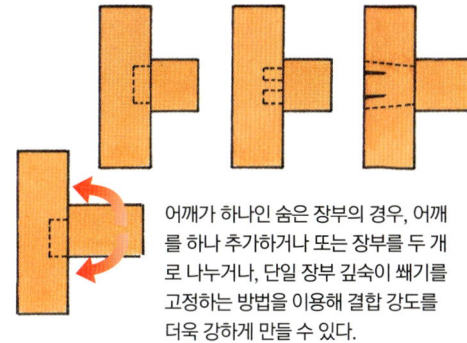

어깨가 하나인 숨은 장부의 경우, 어깨를 하나 추가하거나 또는 장부를 두 개로 나누거나, 단일 장붓 깊숙이 쐐기를 고정하는 방법을 이용해 결합 강도를 더욱 강하게 만들 수 있다.

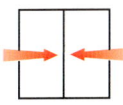

압축

짜맞춤의 이음매에서 압축할 수 없을 정도로 밀도가 높은 나무 종류를 사용하여, 부하가 걸린 부재의 크기를 조절한다. 이렇게 하면 부재가 압축되는 요인을 제거할 수 있다.

후면이나 하단 또는 전면 프레임이 상자 모양을 한 작업물의 래킹을 최소화함

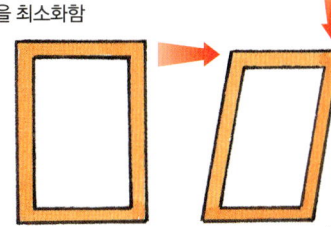

작업물의 구조를 강화하지 않으면 불안정함

테이블 다리 사이에 가로대를 설치하거나 에이프런을 더 아래로 늘이는 식으로, 프레임 구조를 추가하고 연장하는 것도 래킹을 방지하는 방법이다.

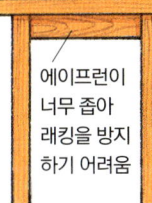

에이프런이 너무 좁아 래킹을 방지하기 어려움

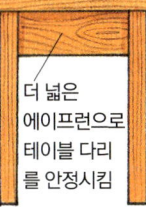

더 넓은 에이프런으로 테이블 다리를 안정시킴

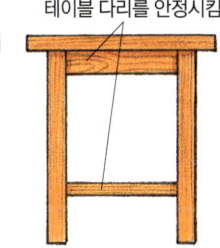

가로대와 에이프런이 테이블 다리를 안정시킴

짜맞춤 스타일

같은 짜맞춤이라도 숨기거나 반대로 더욱 분명히 드러내서, 작업물의 외관을 극적으로 바꿀 수 있다.

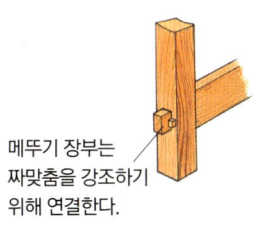

메뚜기 장부는 짜맞춤을 강조하기 위해 연결한다.

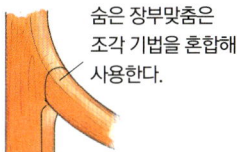

숨은 장부맞춤은 조각 기법을 혼합해 사용한다.

짜맞춤과 나뭇결 패턴

나무의 측면을 접합할 때 잘 어울리는 목재를 활용하면 다양한 시각 효과를 얻을 수 있다.

통나무에서 가져온 판재들을 결합시키는 방법

북 매치(book matches)는 윗면과 아랫면이 번갈아 보이도록 하는 방법

슬립 매치(slip matches)는 항상 같은 전면이 보이도록 유지하는 방법

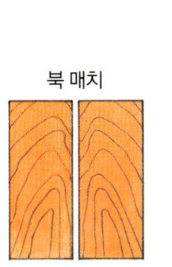

슬립 매치   북 매치

직각으로 맞댄 이음   연귀접합으로 맞댄 이음

판목

정목

위의 그림에서 보듯 제재법과 짜맞춤을 다양하게 결합해서 여러 시각적 효과를 거둘 수 있음

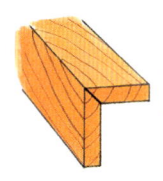

한 판재를 연귀 절단하여 부재를 연결하면 나뭇결의 패턴이 이음매에 걸쳐 그대로 이어짐

짜맞춤 설계하기: 나무 재료 선택과 짜맞춤 디자인

접착제를 이용해 작업하기
Glues and gluing

접착제를 소재의 물성이나 성분에 따라 분류하는 것은 용매 증발이나 화학 반응 또는 열을 가해 접착제를 처리하는 방법에 따라 중요하다. 이런 공정을 알고 있는 목공업자는 조립 시간을 단축하거나 건조 속도를 높이기 위해 공정을 자유자재로 다룬다. 예를 들어 접착제 용매가 물이라면, 비스킷을 이용한 결합을 성공적으로 완수하기 위해서는 수분 때문에 생긴 일시적인 팽창이나 뒤틀림을 미리 염두에 두거나 피하려고 노력해야 한다. 하지만 어떤 경우에는 수분에 의한 팽창과 뒤틀림을 의도하기도 한다.

접착과 관련한 과학 지식은 복잡하지만, 목공에 관한 것이라면 기초 지식으로 끝낼 수 있다. 몇 가지 안 되는 접착제로 목공에 필요한 대부분의 일을 처리한다. 나무가 기름기나 수지를 함유했을 때, 또는 특히 밀도가 높은 나무를 접착할 때 일반적인 용도의 접착제 말고 다른 종류를 쓴다. 더불어 다음과 같은 경우에 특수한 접착제를 사용한다.

축축하거나 습한 환경에서 접착하는 경우, 돌이나 금속과 같은 통기성이 없는 물질을 목재에 결합하는 경우, 시제품 제작이나 수선을 위해 즉각적으로 접착하는 경우, 장력을 받으면 흐르거나 늘어나지 않을 비(非)플라스틱 접착제가 필요한 굽은 래미네이트 처리를 하는 경우, 예상 가능한 수리를 위해 가역성 있는 접착제를 처리할 필요가 있는 조립의 경우, 또는 복잡한 접착 작업으로 긴 개방 시간이 필요한 경우 등이다.

접착 작업의 목적은 결합 부재들 사이에 지속적인 접착막을 만들어 안심하고 다룰 수 있을 때까지 접착제를 충분히 건조해 경화시키는 것이다. 일부 접착제는 충분한 접착 강도가 생기기까지 며칠이 걸리기도 한다. 바르는 접착제의 양, 바르는 방법, 클램프 작업을 하기 전까지의 개방 시간, 클램프 작업 시간, 건조 시간, 경화 시간 등은 접

목재의 나뭇결과 접착 강도

다른 나뭇결과 결합한 마구리면은 접착 강도가 크게 감소하므로, 서로 접촉하는 부재의 세로결끼리 맞대기 이음하여 접착력을 높인다.

세로결과 세로결을 평행하게 접착하면 강한 접착력이 생기지만, 십자로 교차해서 접착하면 접착력이 강하긴 해도 용적 충돌을 일으킨다.

용적 충돌을 일으키는 접착

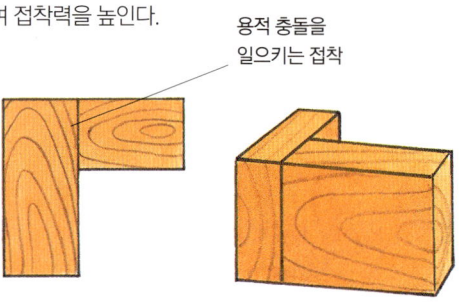

용적 충돌을 일으키는 접착

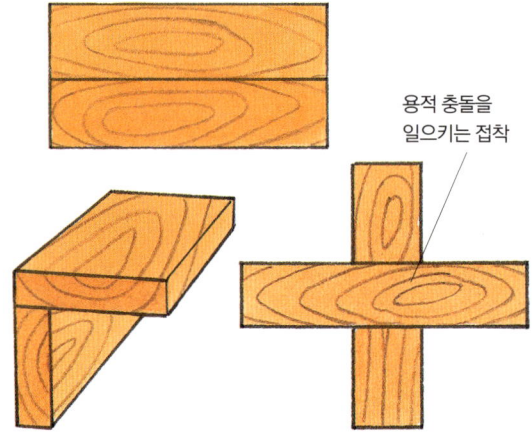

착제의 유형과 브랜드에 따라 매우 다양하다. 따라서 최상의 결과를 얻으려면 제조업체의 지침을 따르는 것이 가장 좋다. 목재의 밀도가 접착제의 침투를 어렵게 하고, 과도한 클램프 작업으로 접착제를 너무 얇게 짜내버리는 나무보다는 소프트우드가 일반적으로 접착하기가 더 쉽다.

나뭇결의 방향

접착 작업 시 나뭇결의 방향은 짜맞춤을 디자인할 때와 마찬가지로 중요하다. 왜냐하면 접착 강도가 세로결(나무의 측면이나 전면)끼리 결합할 때는 강하지만, 가로결(나무의 마구리면)끼리 결합하면 어느 지점에서건 약하기 때문이다. 접착제는 나무의 수축과 팽창을 억제하므로, 목재의 수분 함량이 변동할 때 목재 내부의 응력을 늘린다. 엇결로 접착한 짜맞춤에서 발생하는 용적 충돌 그리고 지속적인 목재의 수축과 팽창은 아무리 미세하더라도 접착된 이음매에 압박을 준다. 이러한 압박과 압축 및 건조로 인한 나무의 수축이 지속적으로 일어나면 결국 접착 강도를 떨어뜨리고, 재료의 파손을 가져와 접합부가 느슨해질 수 있다. 이때 니스나 폴리우레탄과 같은 것으로 마감 처리를 하면 수분 침투를 크게 줄여 접착제를 보호할 수 있다.

접착제의 수분과 짜맞춤

수성 접착제는 접착 이음매에 있는 목재를 부풀린다. 접착제의 수분이 사라지기 전에 부재를 같은 평면으로 연결하면, 차후의 수분 손실로 인해 짜맞춤한 부분이 수축하므로 주의한다.

최고의 접착을 위한 클램프 작업

이음매의 모든 표면은 부드럽게 잡아당겨져야 하지만 가장 강력하게 접착시키려면 부재의 세로결을 클램프로 누르는 것이 가장 좋다.

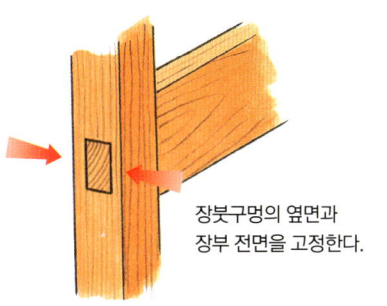

장붓구멍의 옆면과 장부 전면을 고정한다.

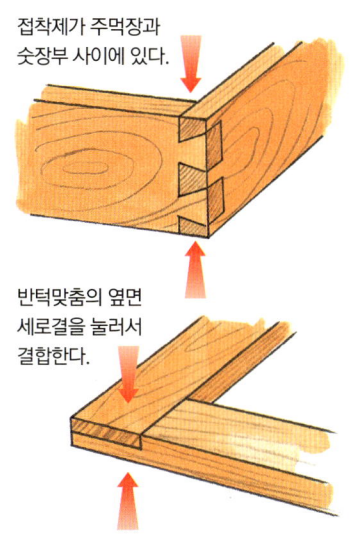

접착제가 주먹장과 숫장부 사이에 있다.

반턱맞춤의 옆면 세로결을 눌러서 결합한다.

실패한 짜맞춤

잘못된 수분 함량
부재를 깎고 조립한 환경과 완성한 작업물이 놓인 환경이 서로 현저히 다르다면, 즉 두 공간의 습도가 차이가 많이 난다면 짜맞춤에 사용된 접착제나 부재가 심하게 수축하거나 팽창할 수 있다. 예를 들어 열대지방에서 만든 가구를 사막으로 옮길 때, 습한 지하실에서 조립한 가구를 따뜻한 2층으로 가져갈 때 등을 말한다.

허술한 표면 정리
접착과 관련한 현대 이론은 우수한 접착 강도를 만들기 위해서 말끔하게 깎인 표면을 완전히 평평하게 맞대야 한다고 규정한다. 이는 접촉 표면에 접착제가 고일 수 있는 낮은 지점이나 높은 지점이 있다면 접촉이 완전하게 이뤄지지 않기 때문이다. 특히 거칠게 톱질 작업된 표면은 접착막을 훼손한다. 또한 수입한 목재의 표면에는 화학 물질이 있어서, 잘 접착하려면 특수 접착제로 붙이거나 먼저 아세톤으로 닦아내야 한다.

접착제 목록

폴리비닐 아세테이트계 접착제 PVA(White Glue)	폴리비닐 아세테이트(PVA)계 접착제는 무독성이며 PH값은 중성이고 가격 또한 저렴하고 사용하기 쉬운 목재 접착제이다. 최대 강도를 얻기 위해서는 경화 중에 짜맞춤을 단단히 조이고 고정한 상태를 오래 유지해야 한다. PVA는 경화된 후에도 유연한 상태를 유지하지만 지속적인 부하가 가해질 경우 변형이나 움직임이 있을 수 있다. 대부분의 접착제(PVA 자체를 포함)는 경화된 PVA 접착제에 잘 접착되지 않기 때문에 이전에 PVA로 접착된 접합부는 수리하기가 어려울 수 있다. PVA 접착제는 방수가 되지 않지만 타입 2 PVA는 방수가 되며 미국에서 판매되는 엘머社의 글루-올(Glue-All)이라는 PVA 접착제가 한 가지 예이다.
지용성 수지계 접착제 Aliphatic Resin (Yellow Glue)	지용성 수지는 '목수의 접착제' 또는 '노란색 접착제'로도 알려져 있으며, 연한 노란색과 크림색 질감을 가진 합성 접착제이다. 다른 접착제에 비해 냄새와 가연성이 낮고 결합력이 좋으며 내습성이 적당하다. 폴리비닐 아세테이트계 '흰색' 접착제보다 내열성과 내수성이 뛰어나며 더 적은 양으로 사용할 수 있고, 10°C(50°F) 이상에서 최대 43°C(110°F) 이하의 온도 범위에서 사용할 수 있다. 화이트 글루보다 경화 시간이 빠르기 때문에 복잡한 작업에는 사용하기 어려울 수 있다. 약 24시간 이내에 완전 경화되며 반투명, 연한 황갈색 또는 호박색 접착제가 만들어진다. 이 계열의 접착제는 경화되기 전에 수돗물로 닦아낼 수 있다. 백색 접착제와 달리 내열성과 경화되었을 때의 단단함은 샌딩이 가능함을 의미하지만, 접착제가 도포된 표면은 도료를 흡수하지 않는다. 칠이나 오일작업 전에 여분의 수지를 사포로 닦아내거나 다른 방법으로 제거해야 한다.
아교계 접착제 Dry Hide Glue	동물성 접착제 중 특히 아교계 접착제는 수 세기 동안 가구와 악기를 포함한 많은 종류의 목공예품에서 사용되는 주요 접착제였다. 그것은 동물의 가죽이나 어류의 뼈나 부레에서 추출한 콜라겐 성분으로 만들어진다. 화학적으로 식용 젤라틴과 유사하며, 섭취할 경우에도 독성은 없다. 아교(Hide glue)는 오늘날에도 악기, 복제 가구, 고풍스러운 목공예품의 보존 등급 수리에 사용된다. 아교는 젤 강도에 기초하여 측정되며, 10°C(50°F)에서 1/2인치(13mm) 플런저를 4mm의 단백질 용액으로 누르는 데 필요한 힘의 그램을 측정한다. 192그램(6.8온스)의 강도가 목공에 가장 많이 사용되며, 251그램(8.9온스), 135그램(4.8온스)이 일반 목공에 가장 적게 사용된다. 250그램(8.8온스) 이상의 접착제는 과도한 희석 과정을 필요로 하기 때문에 효과적인 접착을 위해 접합부에 접착제가 너무 적게 남아 있으므로 일반적으로 사용되지 않는다. 특수 가공된 액체 버전의 아교 접착제를 사용할 수도 있다. 일반적으로 접착제를 실온에서 유지하고 건조 시간을 연장하기 위해 여러 가지 약품을 첨가한다. 액체 아교 접착제의 예로는 Old Brownie Glue 또는 Titebond Liquid Hide 등의 제품이 있다. 아교를 이용한 접합부는 가열한 후 더 많은 아교 접착제만 추가로 시공해 주면 쉽게 수리할 수 있다.
폴리우레탄계 접착제 Polyurethane	폴리우레탄 접착제(상표명에는 Gorilla Glue와 Excel 등이 포함)는 미국에서 점점 더 인기를 얻고 있다. 섬유, 금속, 플라스틱, 유리, 모래, 세라믹, 고무 등 다양한 소재와 결합이 가능하다. 폴리우레탄 목재 접착제는 일반적으로 이소시아네이트기로 처리된 프리-폴리머이다. 습기에 노출되면 이소시아네이트는 물과 반응하여 접착제를 경화시킨다. 따라서 1성분 폴리우레탄 접착제는 수분 경화 폴리우레탄으로도 불린다. 또한 폴리우레탄과 목재 중합체 사이의 상호 작용은 결합 성능에 상당한 영향을 미칠 수 있다. 폴리우레탄 접착제는 경화시 부피가 팽창하여 면이 촘촘하지 않은 곳의 밀착력을 향상시킬 수 있다. PVA 접착제와 달리 말단 입자를 접착하는 데 사용할 수 있다. 그러나 물 포화 실험에서 폴리우레탄 결합은 레조르시놀 결합보다 훨씬 더 내구성이 낮았다.

레조르시놀-포름알데히드계 접착제 Resorcinol-Formaldehyde	레조르시놀-포름알데히드 수지 접착제는 매우 강하고 내구성이 강하다.(비등수, 약산성, 염기, 용매, 곰팡이, 곰팡이, 자외선 등으로부터) 역사적으로 외장용 합판 제조와 목재 항공기 생산에서 가장 많이 쓰인 접착제였다. 사용 전에 반드시 두 가지 재료를 혼합해야 하며(액체 수지와 분말 촉매), 독성이 있으며 진한 보라색 경화색을 띠고 있어 목적에 따라서는 사용이 허용되지 않을 수 있다. 수년간 연방항공청(FAA)은 '레조르시놀은 목재 항공기 구조물에 사용하도록 권장 및 승인된 유일한 접착제이며 인증 항공기에 필요한 강도 및 내구성 요건을 완벽히 충족합니다.'라고 명시해 왔다. 그러나 최근 수십 년 동안 제작된 목조 항공기(대부분 아마추어 항공기)의 대부분은 다른 유형의 접착제(주로 에폭시 수지 시스템)를 사용했다. 이는 더 큰 강도를 제공하고, 더 중요한 것은 완벽한 적용 기술에서 훨씬 덜 중요하기 때문이다. 대부분의 새로운 접착제는 레조르시놀보다 일반적인 구성 실수(예: 부품 간 작은 간격 또는 정렬 오류)에 훨씬 더 대응성이 좋다. 레조르시놀은 이러한 일상적인 구성 상황에 거의 대응성이 없다. 이는 특히 복잡한 조립에서 큰 어려움을 초래할 수 있다. 그러나 레조르시놀은 여전히 일부 빌더/복원업체에서 사용되며, 빈티지 항공기에서 흔히 볼 수 있다.
요소-포름알데히드계 접착제 Urea-Formaldehyde	요소-포름알데히드계 접착제는 낮은 유효 비용, 낮은 경화 온도, 미생물 및 마모에 대한 저항성, 그리고 밝은색을 특징으로 한다. 움직임이 발생하지 않으며 에폭시로 수리할 수 있다. 경화할 때 포름알데히드(발암물질)를 방출하면서 뜨겁고 습한 환경에서 빠르게 변질될 수 있다. 찬물과 혼합하여 사용할 수 있는 고운 흰 가루 형태로 제공된다. 혼합된 접착제는 온도에 따라 약 3시간 동안 사용할 수 있다. 사용하지 않은 가루는 건조하게 보관하면 유통기한이 1년 정도이다. 이 접착제는 부적합한 구성 요소 사이의 틈새를 메우는 기능이 있다. 인기 있는 브랜드는 캐스카-마이트이다.
에폭시 수지 Epoxy Resin	에폭시 수지는 보통 두 개의 재료(모재와 경화재)에 혼합 시스템으로 다른 접착제보다 넓은 범위 온도와 수분 함량하에서 경화되며, 경화 중에 압력을 필요로 하지 않으며 틈새 메우기 특성이 좋다. 에폭시 사용 시 두 재료의 혼합비에 세심한 주의가 필요하다. 대부분의 경화된 목재 접착제(PVA 제외) 위에도 접합이 가능하다. 2부 에폭시 접착제는 염분에 매우 강하고, 대부분의 에폭시는 177°C(350°F)까지 내열성이 있으며, 분말 금속과 고무 또는 가소제를 함유한 제제는 매우 견고하고 충격에 강하다. 에폭시는 과도한 노출로 인해 장기적인 민감도(알레르기)를 유발할 수 있으며, 값이 비싼 재료이다.
시아노아크릴레이트계 접착제 **(순간접착제)** Cyanoacrylate	시아노아크릴레이트(Cyanoacrylate, 크레이지 글루, 슈퍼 글루, CA 또는 CyA)는 주로 작은 수리, 특히 목공에 사용된다. 피부는 물론 거의 대부분의 소재와 즉시 접착이 진행된다. 경화된 CA는 본질적으로 플라스틱과 같은 재료이다. 나무의 화학적 성질은 시아노아크릴레이트의 중합을 상당히 지연시킨다. 접착제를 사용할 때, 너무 많은 접착제의 도포는 결과적인 결합을 약화시킬 것이다. 마찬가지로, 얇은 슈퍼 접착제를 너무 적게 바르면 목재 접착부에 접착제가 거의 남아 있지 않아서 접착력이 약해지거나 접착력이 없어진다. 발포 안전 버전(일반 CA는 대부분의 플라스틱 발포체를 용해)도 사용할 수 있으며, 일반적으로 저취로 판매된다. 시아노아크릴레이트는 강하지만 전단 강도가 낮기 때문에 일반적인 목재 굽힘은 일부 적용에서 결합이 끊어질 수 있다. 종종 접착제를 너무 많이 도포하여 접착력이 훨씬 약해지는 경우가 많다. CA는 발사 목재 모델 제작자들이 사용하는 주요 접착제가 되었으며, 그 강도는 기본 재료를 훨씬 초과한다.
합성 접착제 Contact Cement	충격식 접착제, 접촉식 접착제 또는 네오프렌 접착제로 불리는 접착제의 일종이다. 주로 플라스틱 발포체, 라미네이트, 금속 패널, 합판 등을 접착하는 데 사용된다. 또한 다양한 유형의 소재를 접합할 수 있다.(목재에 금속, 석고에 코르크, 시멘트에 목재 등) 접촉형 접착제는 네오프렌 접착제만을 지칭하는 것이 아니라 순간 접착력이 높은 것이 특징인 기타 모든 접착제를 지칭한다.

이음과 짜임:
부재의 길이 늘이기

3

측면이음에 대하여
About edge joints

짜맞춤 기법 중에서 부재의 측면을 서로 이어붙이는 이음 기법의 경우, 나무의 수축과 팽창은 문제가 되지 않는다. 다만 이러한 문제는 짜맞춤 자체보다는 다른 요소들과 관련이 더 깊다. 예를 들어, 패널이나 슬래브를 결합하려면 고려해야 할 사항이 많다. 슬래브를 붙일 때, 모든 판재의 심재를 위로 향하게 할지, 아니면 위아래로 번갈아 놓을지는 목공인들 사이에서 선호와 논쟁의 문제다.

판재 끝에서 큰 수분 손실이 일어나면 접합부에 수축, 쪼개짐 또는 파손이 발생할 수 있는데, 이는 마감 또는 스프링 조인트를 이용하면 해결된다. 조립한 패널의 끝은 프레임과 패널을 구성하는 도중에 자동으로 숨겨지지만, 테이블이나 다른 상단에는 끝부분에 미적인 이유 또는 안정화 때문에 테두리 작업을 추가한다. 이는 엇결 구조로 작업해야 하므로 신중하게 고려한다.

제혀쪽매(tongue-and-groove)는 측면이음을 강화하고 접착면을 넓혀준다.

나무의 수축·팽창

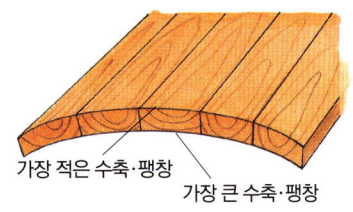

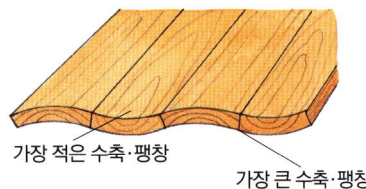

심재를 위로 향하게 한 채 부재의 측면을 이음 작업한 판재(위쪽 그림)는 하나의 유닛으로 움직이지만, 심재를 위아래로 교차해서 만든 판재(아래 그림)는 각 판재가 커핑 현상을 일으켜 빨래판처럼 울퉁불퉁해진다.

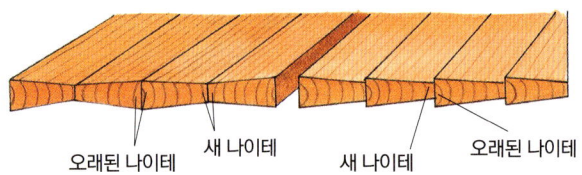

나무 중심에 있는 오래된 나이테와 바깥쪽에 새로 생긴 나이테는 가장자리를 이었을 때 서로 다르게 수축과 팽창이 일어난다. 하지만 실제로는 그다지 중요한 문제가 아니다.

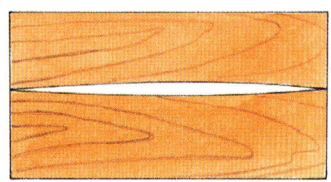

클램프로 조이면 스프링 조인트의 $1/32$인치(0.08cm) 구멍이 끝을 단단하게 누른다. 결국 수분 손실이 일어나면서 끝단의 수축으로 인해 나무와 접착력에 미치는 장력을 완화한다.

스트레이트 에지와 테이퍼용 특수 지그

나무 측면에서 클램프 작업하기

나무의 측면을 조이는 작업에는 비싼 클램프가 필요하지 않다. 하지만 판재의 상단과 하단을 번갈아 고정하거나 핸드 스크류(handscrew) 또는 쐐기를 말단부에 사용하는 등 판재를 평평하게 유지하는 조치가 필요하다.

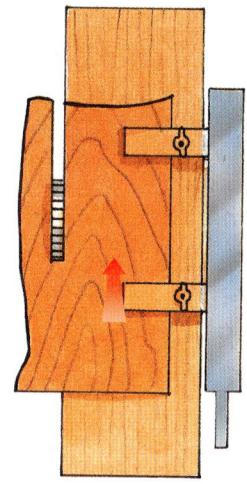

비뚤어진 모양의 판재를 지그(jig) 위에 놓고 고정한다. 그리고 고정 테이블 톱[테이블 상판 위로 톱날이 올라와 있어 그 위로 나무를 밀면서 재단하는 공구] 상판 위에 지그를 놓고 판재의 가장자리를 정돈한다.

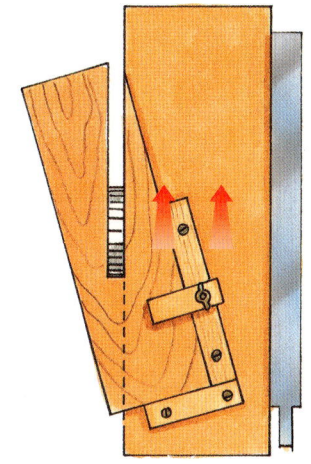

판재에 테이퍼 컷을 위한 선을 긋는다. 판재의 맨 앞부분부터 테이퍼 컷[감수자 주. 209쪽 참고]을 하기 위해 판재에 표시한 선을 지그 상판의 가장자리에 맞추고 펜스를 부착한다. 아니면 판재의 외곽선에 맞춰 지그 상판에 표시한다.

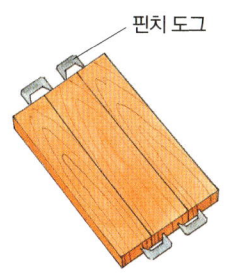

핀치 도그

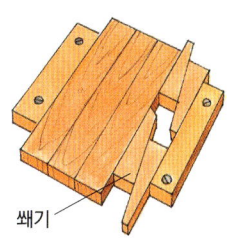

쐐기

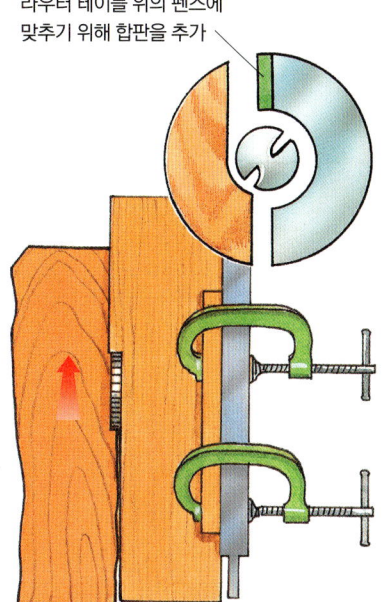

톱날과 두께가 같은 인셋(inset)이 있는 고정 지그는 얇은 펜스 오프셋(offset)이 있는 라우터 테이블처럼 판재의 가장자리에 붙일 수 있다.
*인셋, 오프셋[감수자 주. 209쪽 참고]

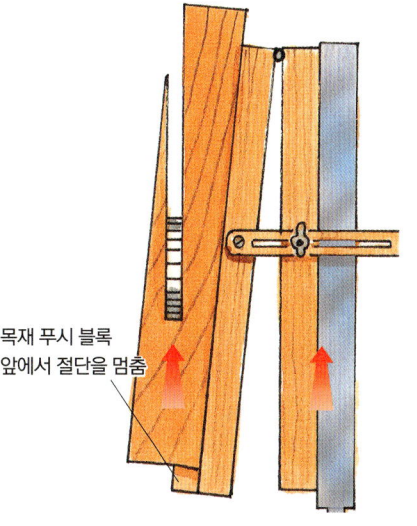

각도 조절이 가능한 테이퍼 지그에는 경첩, 나비너트가 달린 슬라이딩 조절 장치, 손잡이, 내부 모서리까지 안전하게 절단할 수 있는 목재 푸시 블록이 있다.

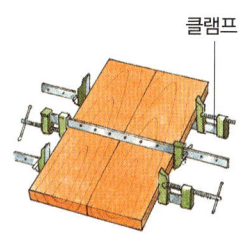

클램프

휘어짐을 방지하는 핸드 스크류

접착제를 이용해 맞대기 이음 만들기
Plain butt glue joint

맞대기 이음에 접착제를 이용하면 판재의 측면을 더욱 강하게 결합할 수 있다. 이렇게 하면 나중에 마구리면이 수축하면서 접합 부위가 분리되는 일은 발생하지 않는다. 이 방식에 필요한 것은 평평하고 곧은 목재다. 따라서 수공구 또는 전동 공구로 목재 표면을 평평하게 만들고, 치수를 정확히 맞추는 방법을 아는 것이 작업을 성공하는 열쇠가 된다.

끈적거리는 접착제 표면을 문지르면 클램프 없이 수작업으로 나무의 측면을 접착할 수 있다. 그러나 짜맞춤 부위를 문지르면 스프링 작업을 할 수 없으므로 측면의 가장자리를 맞붙이기 위해서는 클램핑 작업을 해야 한다. 문지르는 일은 3피트(0.9m) 미만의 길이에 적합하므로, 맞대기 이음 작업에는 대패자[shooting board. 대패대의 평면도를 검사하기 위한 자]를 사용할 수 있다. 또한 화이트 또는 옐로우 우드 글루와 같이 신속하게 고정되는 접착제가 필요하다.

—
접착제를 이용할 때 마구리면이 어떻게 바뀌는지 주의를 기울인다. 그래야 목재가 뒤틀리는 경향을 최소화할 수 있다.

—
성공적으로 맞대기 이음을 만들려면 부재의 각 면이 정사각형이어야 하고, 비뚤어지면 안 된다.

작업 순서

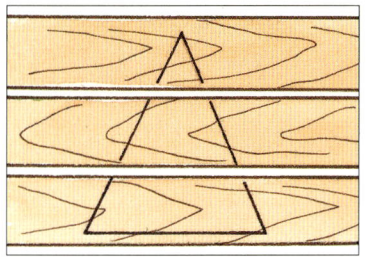

1 자재를 최종 너비의 $1/4$인치(0.6m) 이내로 테두리 작업을 한 다음, 원하는 길이로 자르거나 접착제 작업을 한 후에 다듬을 수 있도록 놔둔다. 나뭇결의 패턴을 정렬하고 위치를 표시한다.

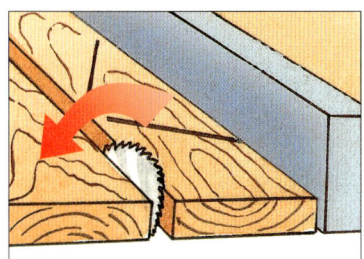

2 대강 테두리를 작업한 후, 각 모서리를 최종 치수로 다듬는다. 이어붙일 판재들을 위아래로 번갈아가며 블레이드를 세팅에 두고, 사각형에서 벗어나는 부분은 버린다.

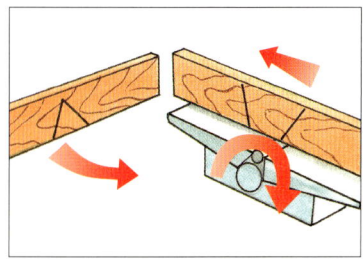

3 조인터[jointer. 판자의 이을 자리를 다듬는 긴 대패]로 최종 치수를 정하기 위해서 나뭇결에 따라 절단되도록 자재를 배치한다. 이때 사각형에서 벗어난 부분을 다듬는다고 마감면을 바꾸지 않는다. 보기 좋은 결 방향이 나오는 이음매를 만들 수 있도록 펜스를 정확하게 설정한다.

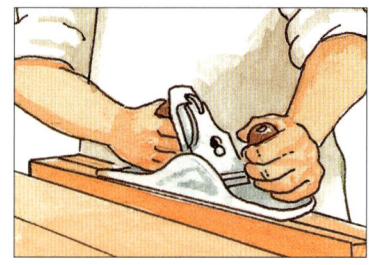

4 부재의 측면을 맞붙이고 조인다. 그리고 밀링 작업한 부스러기들을 제거하기 위해 가볍게 깎아주거나 스프링 조인트를 위해 만든 $1/32$인치(0.08cm)의 빈 공간에 짧은 밑창을 사용해 대패질한다.

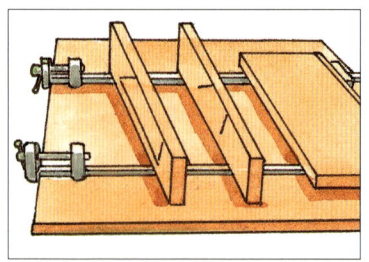

5 평평한 곳에 클램프를 설치하고 판재들을 조립해서 맞는지 확인한다. 그런 다음 접착제를 도포하기 위해 측면이 밑으로 가도록 판재를 세우고, 널빤지로 고정한다.

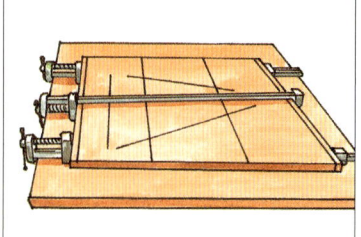

6 나사산 나사를 판재 측면에 정렬하고, 양쪽에 있는 클램프로 대칭이 되도록 맞춘다. 부재가 튀어나오지 않도록 클램프를 번갈아 조인 다음, 접착제를 말리고 끝단을 사각형으로 다듬는다.

변형 방법

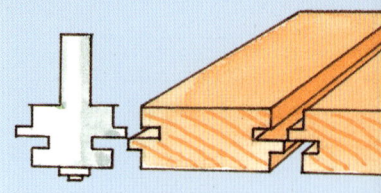

양쪽제혀쪽매
라우터 또는 라우터 테이블로 만든 양쪽제혀쪽매는 접착 표면을 늘리고 접착제를 사용하는 동안 판재를 정렬 상태로 유지한다. 딴혀쪽매(43쪽 참고)나 반턱쪽매(44쪽 참고) 또는 제혀쪽매(45쪽 참고)를 사용해 이와 같은 효과를 얻을 수 있다.

손대패를 이용해 맞대기 이음 만들기

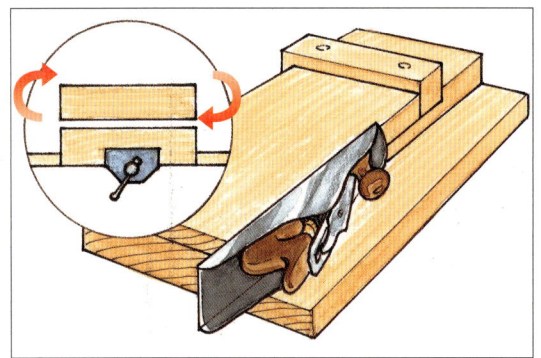

1 판재를 슈팅보드에 놓고, 먼저 판재의 측면이 직선인지를 확인한다. 판재 하나를 바이스에 고정한 뒤, 다른 판재를 그 위에 대고 회전시켜 크라우닝(crowning. 판재의 중앙이 가장자리보다 높게 솟아 볼록한 모양의 작은 둔덕이 여러 개 있는 것처럼 보이는 현상) 또는 판재의 끝을 굵히게 하는 구멍을 찾는다.

2 너클로 대패를 판재에 고정하고, 판재의 길이를 따라 완전히 대패질한다. 대패질로 판재의 측면을 평평하게 만든 후 측면이 정사각형인지 확인하고 편차가 있다면 바로잡는다.

3 다른 방법으로 대패질하는 요령은 다음과 같다. 그림과 같이 두 판재를 맞붙여 놓고, 짝을 이루는 (판재의) 측면이 정확히 90도가 되도록 양쪽 측면을 함께 대패질한다. 이렇게 하면 편차를 줄일 수 있으며 작업을 할 때는 바이스에 판재를 물려놓는다.

4 판재의 측면을 결합하는 데 사용한 방법이 무엇이든, 작업을 성공적으로 끝마치면 직선자를 작업물 위에 평평하게 놓는다.

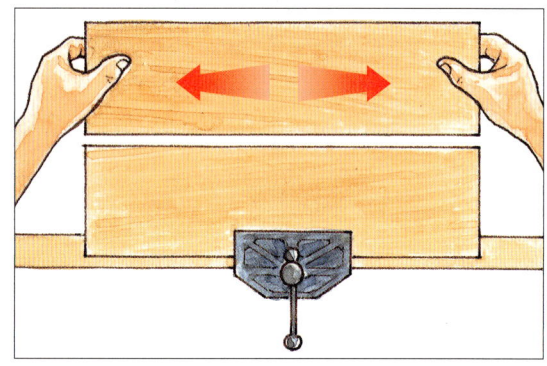

5 얇은 판재를 평평하게 놓거나 더 두꺼운 판재를 바이스로 조인 다음, 상단에 있는 판재를 낮게 잡고 접착제를 바른다. 접착제가 판재 측면에 잘 흡수되어 서로 단단히 잡힐 때까지 앞뒤로 왔다 갔다 하면서 판재를 민다.

6 얇은 나무를 결합하면, 건조될 때까지 가만히 둬야 한다. 접합한 판재를 바이스에서 옮겨도 안전할 만큼 건조가 끝나면, 지지대에 판재를 기대어 놓고 완전히 말린다.

딴혀쪽매
Splined joint

딴혀는 측면에 있는 이음매를 보강하는 가장 빠르고 쉬운 방법이다. 판재의 전면을 완벽하게 정렬하는 일, 정확한 짜맞춤을 위한 별도의 계산이나 레이아웃 등은 거의 필요 없다. 딴혀는 접착제가 건조될 때까지 미끄러짐을 방지하기도 한다.

정확한 크기로 재단한 목재가 딴혀쪽매에 적합하다. 예를 들어 표준 절단기 너비에 가장 적합한 목재인 메이소나이트[masonite. 미국 상표의 목재 건축 자재]가 그것이다. 반면에 정확도가 떨어지는 합판은 잘 맞추기 위해 소형 절단기로 만든 홈 2개가 필요할 수 있다. 딴혀는 판재 너비에 따라 길이가 제한되며, 결 방향이 문제가 되지 않는 인조 목재에서는 가능한 한 단일 연속 길이와 동일하도록 딴혀가 여러 개 필요하다. 완전히 결합하기 전에 모형홈을 만들어 딴혀가 잘 맞는지 반드시 확인한다.

—
서로 대비되는 부재를 사용하면, 매력적인 디테일을 이끌어낼 수 있다.

딴혀

홈

작업 순서

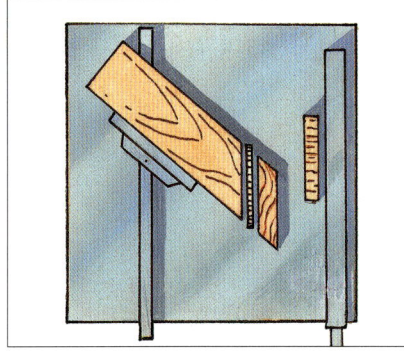

1 라우터를 이용해 판재의 각 측면 중앙에 홈을 판다. 이때 홈 너비는 목재 두께의 약 절반 정도다.

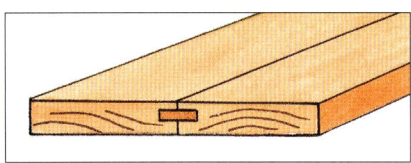

2 딴혀를 만들 나무의 두께는 홈 너비와 같아야 한다. 나무를 홈 깊이의 두 배 조금 못 되게 엇결로 잘라내서 딴혀를 만든다.

3 딴혀가 홈에 잘 맞는지 확인한다. 딴혀가 너무 넓으면 완전히 결합되지 않는다. 반대로 너무 딱 맞으면 접착제 습기로 인해 부풀어 오르면서 홈에 압력을 가할 수 있다. 딴혀가 홈에 적당히 잘 맞으면, 테두리와 홈을 따라 접착제를 도포한 후에 조립하고 조인다.

변형 방법

캡을 씌운 딴혀
딴혀가 밖으로 돌출되는 경우라면, 딴혀에 캡(cap)을 씌워서 외관을 개선한다. 결합한 판재와 돌출된 딴혀 부분이 일체감을 주거나 대비되는 효과를 낸다.

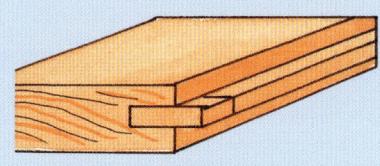

고정된 딴혀
고정된 딴혀(stopped spline)는 접합부가 겉으로 드러나지 않도록 하고, 딴혀가 뒤로 가도록 잡아둔다. 이 덕분에 측면을 만들어주는 추가 작업이 필요 없다.

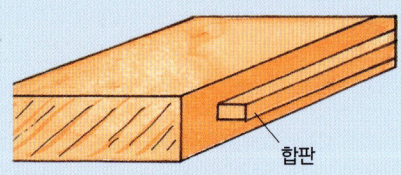

반턱쪽매
반턱쪽매는 각 판재에 짝을 이루는 홈을 파서 서로 반턱이 겹치게 결합하는 방법이다. 이 방식은 판재를 정렬하고 접착면을 늘리는 데 도움을 준다. 홈의 깊이는 판재 두께의 절반이어야 하며, 반턱쪽매를 적용할 판재는 홈 깊이보다 넓어야 한다. 만약 판재가 구부러진 상태라면 판재 중앙에 (하향) 클램프 작업을 해야 한다.

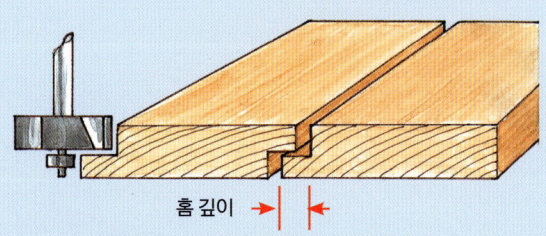

제혀쪽매
Tongue and groove

제혀를 홈에 끼워서 판재를 잇는 제혀쪽매는 두 판재를 강하게 결합하는 방식이지만, 정밀한 가공이 필요하다. 제혀를 만들려면 판재를 넓게 잘라야 한다. 홈을 내는 특별한 도구나 다도 헤드가 없어도, 테이블 톱으로 그런대로 괜찮은 홈을 만들 수 있다. 이때, 절단면을 평평하게 만드는 정사각형 모양의 톱니나 날이 달린 콤비네이션 또는 립 블레이드를 사용한다.

판재가 구부러졌다면, 홀드다운 클램프와 핑거 보드를 사용해 판재를 펜스에 댄 후에 제혀와 홈을 만든다. 높은 목재 펜스를 추가해서 안정성을 높이거나 절단기가 금속 펜스에 닿지 않도록 한다.

제혀쪽매는 수 세기 동안 양질의 바닥재와 징두리 벽판 패널에 사용되어왔다.

제혀

홈

변형 방법

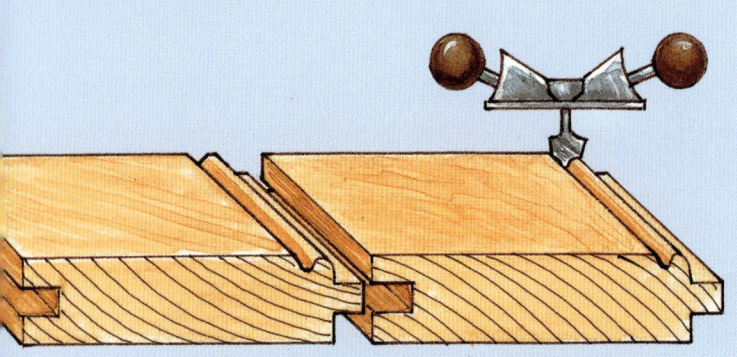

구슬 장식을 추가한 제혀쪽매
제혀가 있는 쪽의 어깨에 구슬 모양의 장식을 추가하면 시각적 효과가 더해지고, 목재의 움직임을 처리할 수 있는 건식 맞춤 옵션도 가능하다. 장식을 단 제혀쪽매는 일반적으로 징두리 벽판에서 찾아볼 수 있는데 라우터, 몰딩 대패 또는 스크래치 비더를 이용해서 쉽게 만들 수 있다.

V자형 홈
제혀를 만들지 않고 판재의 측면을 이어붙일 때, 측면은 대개 수직면이 된다. 그래야 결합이 잘되기 때문이다. V자형 홈이나 이와 유사한 모양의 홈은 짜맞춤을 돋보이게 한다. 접착제를 바르기 전에는 자르기 쉽지만, 접착제가 이음매에서 흘러나오는 일이 없도록 하는 것은 어렵다.

45도로 설정한 테이블 톱이나 대패 또는 라우터로 챔퍼[chamfer. 부재의 모서리 부분을 깎아내서 만드는 부분. 보통은 평면이지만 둥근면 등 종류가 많음]를 절단해 V자형 홈을 만들어 디테일을 줄 수 있다.

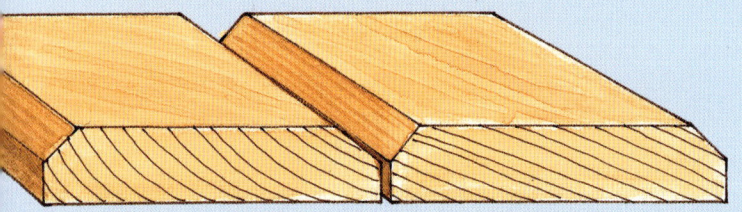

작업 순서

마감한 홈

1 톱니 모양의 블레이드를 목재 두께의 절반 정도 높이로 올린다. 칼날로부터 목재 두께의 1/3이 되는 지점에 펜스를 설정한 뒤 홈을 만든다. 반대쪽 측면에 제혀를 만들기 위해 판재를 뒤집는다.

제혀를 남기고 양쪽에 홈을 냄

2 판재 측면의 가운데만 홈 너비만큼 남기고 양쪽을 홈을 파듯 깎아낸다. 이때 제혀가 너무 길지 않도록 블레이드를 약간 내린 후 작업한다. 가운데 돌출된 부분이 제혀가 된다.

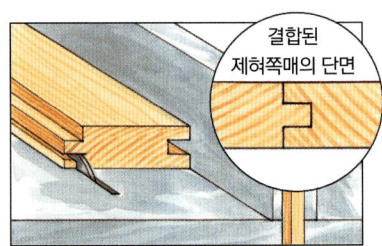

결합된 제혀쪽매의 단면

3 제혀가 홈에 잘 맞는지 점검한다. 블레이드를 내리고 펜스를 설정해 그림과 같이 제혀의 양옆에 있는 어깨 부분을 길이에 맞춰 절단한다.

빗이음에 대하여
About scarf joints

접착제나 딴혀를 이용한 기본적인 빗이음은 판재를 비스듬히 잘라서 세로결을 더 많이 노출시키는 방식으로 접착 면적을 크게 늘린다. 이론에 따르면 1 : 8 정도의 경사 비율로 만든 경사면을 접착제로 이어붙이면, 그 강도가 단일 판재만큼 강하다고 한다.

빗각으로 잘라낸 원목의 나이테 방향을 서로 반대 방향으로 커핑되게 하거나 같은 방향으로 커핑되게 만드는 방법 중에 완벽한 것은 없다. 이는 판재 측면을 서로 접합할 때도 마찬가지다.

접착제뿐만 아니라 다양한 방법으로 접합부를 강화할 때도, 접착 면적을 늘리기 위해서 빗각으로 마구리면을 잘라 나무의 세로결을 노출시킨다. 전통적인 목공 방식을 모방하는 경우라면, 빗걸이 이음 방식이나 잠금장치를 시도하고 목심으로 이음매를 고정한다.

빗이음이 구조적으로 사용될 때 다른 부재가 직접 또는 가까이에서 이음 부위를 지지해야 한다. 그리고 필요하다면 장식적인 역할을 하지 않는 부분을 숨길 수 있는 공간을 마련하는 것이 좋다. 디자인이 매우 훌륭하면서도 기계로 만들기가 거의 불가능한 빗이음은 모든 목공 짜맞춤 중에서도 가장 도전적이고 경외심을 불러일으키는 작업이다.

―
이와같이 세련된 빗이음에는 약하고 얇은 목재를 사용하지 않는다. 완벽한 맞춤을 위해서는 세심한 주의와 정밀함이 필요하다.

마구리면을 결합한 빗이음
End-to-end scarf

두 판재의 마구리면을 빗각으로 잘라 접착하면 예쁘지는 않지만, 매우 실용적이다. 접착력을 강하게 하려면 에폭시를 사용한다. 어떤 접착제로든 먼저 나뭇결에 바탕칠을 해서 그 안으로 접착제가 스며들도록 한다. 이렇게 한 후에 빈 곳을 채우고 접착제가 접착면에 잘 머물게 둔다.

빗이음은 말 그대로 빗각으로 판재를 자르고, 그 절단면을 이어붙이는 방식이다. 절단한 두 부재를 이어붙이면 이음매가 빗각을 이룬다. 실제 작업에 사용할 자유각도자의 각도를 찾기 위해 빗이음으로 작업한 부재의 옆모습을 실물 크기로 그려본다.

—
마구리면을 접합한 빗이음은 문틀이나 창틀 또는 굽도리널 (skirting boards. 벽과 바닥 사이의 연결 부위를 대는 좁은 널빤지)의 길이를 늘릴 때 사용한다.

작업 순서

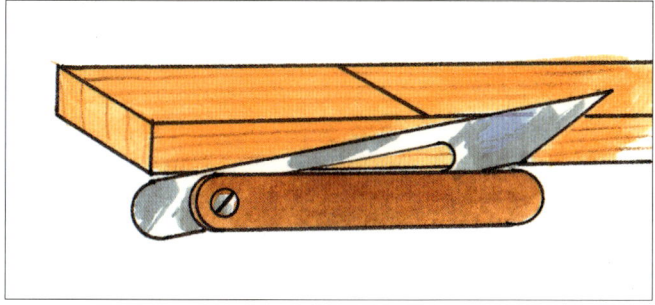

1 각 판재의 끝에서 두께의 8배까지 측정하고, 판재 전면을 가로질러 사각형이 되도록 선을 그은 다음, 자유각도자의 각도를 1:8 비율로 설정해 양쪽 가장자리에 표시한다.

2 너비 때문에 어떤 톱으로도 정확한 경사면을 만들지 못하거나 부드럽게 대패질을 하지 못한다면, 상단 모서리에서 시작해 사각형 라인까지 전체 경사면을 대패질한다. 이때 파손을 방지하기 위해 비스듬히 대패질한다.

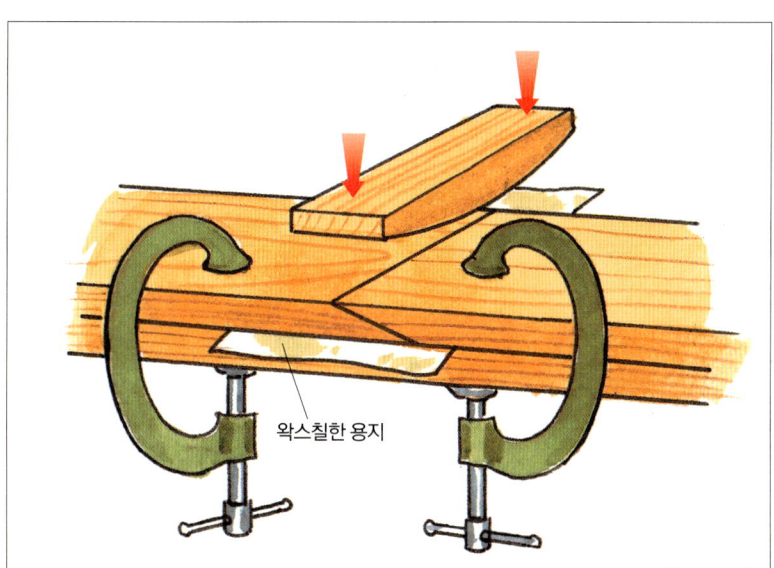

왁스칠한 용지

3 부재를 이어붙이기 전에 접착제가 스며들 수 있게끔 왁스칠한 용지를 부재 밑에 깔아서 미끄러짐을 방지한다. 그림에서 보듯 부재를 이어붙인 후에 클램프로 부재를 조이거나, 이음매 부위가 넓다면 가운데가 솟아오른 형태의 널빤지로 이음매 중앙에 압력을 가한다.

장인의 한마디

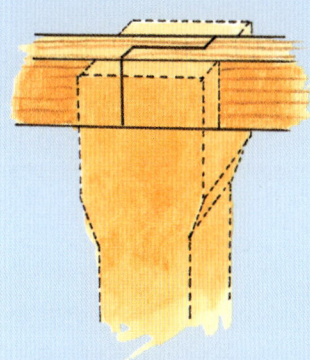

이음매 숨기기
에이프런을 연장하는 데 사용하는 반턱이음이나 빗이음의 보기 흉한 이음매는 테이블 다리로 지지하는 동시에 숨길 수 있다.

각진 경사면 이음
부재의 끝을 각지게 만들어 잇는다. 각진 모양으로 만들면 부재를 더욱 강하게 결합할 수 있다. 절단할 선을 칼로 정확하게 새기고, 약간 큰 크기로 자른 후에 깔끔하게 다듬어 각 부재가 정확하게 밀착되도록 한다.

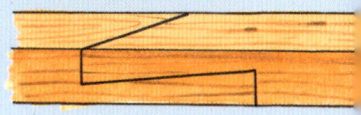

엇턱이음
Squint-butted scarf

엇턱이음 작업은 판재의 턱이 될 부분에 경사를 주는 것으로 시작한다. 이 기법의 특징은 잘 굽지 않고, 가로 키를 더해 판재를 보강하거나 장식하기 쉽다는 점이다. 또한 엇턱이음은 판재의 세로결끼리 결합하는데, 이는 접착제를 이용하기에 좋은 조건이다.

엇턱을 만들고 판재를 서로 결합할 때, 접합면의 길이와 관련해서 정해진 공식 같은 것은 없다. 짜맞춤은 응력 저항력을 향상시키거나 각 판재의 나뭇결을 평행하게 결합해서 결합 강도를 높인다.(이는 접착제를 사용해 판재를 결합할 때 나뭇결이 비스듬한 것과는 대조적이다.) 그러나 엇턱이음에서는 결합면의 길이에 따라 결합 강도가 달라진다. 그러니 원리를 잘 이해하고, 미학적 안목을 지닌 채 이 기법을 잘 응용하는 게 중요하다.

먼저 엇턱을 만들 위치를 나이프로 표시해야 작업을 정확하게 할 수 있다. 톱으로 자른 부위는 턱대패[Shoulder Plane. 블레이드가 대패의 좁은면과 수평을 이루는 대패]로 연마하거나 표시된 선까지 끌로 깎아내야 한다.

—
엇턱이음은 만들기 어렵지만, 구조적 특징 때문에 빗이음보다 접합 강도가 크다.

작업 순서

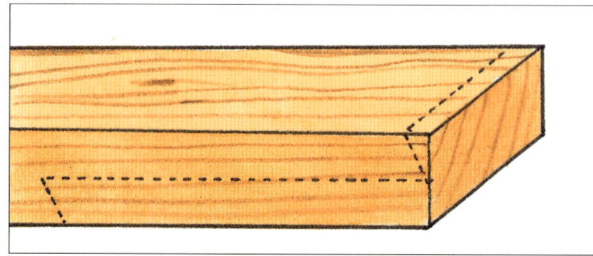

1 그림처럼 판재의 가운데에 중심선을 긋는다. 중심선의 길이는 판재 두께의 4배 이상이어야 한다. 중심선의 양 끝에 평행선을 긋는다. 이때 평행선의 각도는 판재의 전면을 기준으로 70도로 설정한다.

2 70도로 설정한 톱날로 가능하다면 양쪽 부분을 함께 자른다. 이후, 마이터 게이지로 끝을 다듬고 블레이드를 내려 부재를 중심선까지 절단한다.

3 작은 톱이나 띠톱 또는 테이블 톱을 사용해 중심선을 따라 나머지를 자른 다음, 끌을 비스듬히 대어 모서리 안쪽을 다듬는다.

겹침이음과 감춤이음:
교차 방향으로 결합하기

4

겹침이음에 대하여
About lap joints

겹침이음을 형성하는 반턱은 대개 다도를 이용해 만드는데 은촉홈(rabbet) 형태로 만들기도 한다. 반턱의 폭이 넓으면 트렌치(trench)라고 부르고, 깊으면 노치(notch)라고 부른다. 판재의 전면에 반턱을 낸 겹침이음은 대개 틀 구조에 사용한다. 판재 측면에 반턱을 낼 때는 판재 너비의 절반까지도 깎는다. 겹침이음은 십자형 지지대, 새시 몰딩, 의자 등받이, 창문 격자, 달걀 보관함 등에서 찾아볼 수 있다. 틀 구조에 사용하는 겹침이음 방식은 접합부가 넓고 나뭇결의 방향이 세로결인데, 이는 부재를 강하게 결합하기 위해서다. 하지만 이 방식은 항상 치수 충돌이 발생한다.

판재의 측면에 반턱을 내면, 세로결과 결합하는 면적이 작다. 게다가 반턱을 만드느라 목재 자체가 약해져서 보강하지 않으면 쪼개지기 쉽다. 측면에 반턱을 내는 경우에는 가벼운 목재나 합판을 이용한다. 합판에는 나뭇결이 번갈아 나타나는데, 이런 나뭇결이 부재의 재질을 강화한다.

판재의 끝(마구리 쪽)에 만드는 반턱은 은촉홈 형태이고, 판재의 중앙에 만드는 반턱은 다도로 만든 형태다. 이 두 가지를 이용하면 기본이 되는 거의 모든 형태의 겹침이음을 만들 수 있다.(L자형, T자형, 십자형 등)

T자형 겹침이음은 기본적인 요소의 단순한 조합이다.

반턱의 형태

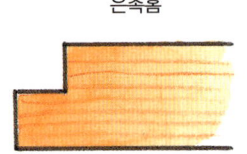
은촉홈

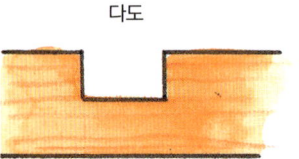
다도

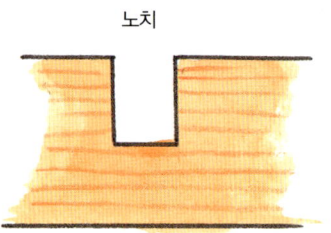
노치

세 가지 기본 형태로 반턱을 만든다.(자세한 설명은 210쪽 용어 사전 참고)

겹침이음의 구성 요소

판재의 끝에 만든 반턱은 어깨가 하나이며, 판재 두께의 절반만큼 깊게 잘라 만든다.

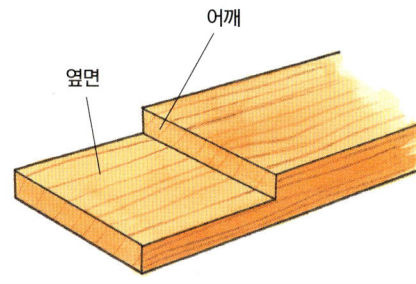

판재의 중앙에 만든 반턱은 어깨가 둘이며, 길이와 상관없이 판재의 전면에 다도 또는 트렌치 형태가 나타난다.

판재의 측면에 반턱을 만들려면 다도 형태로 깊게 절삭한다.

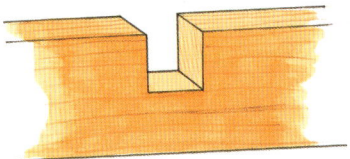

겹침이음의 종류

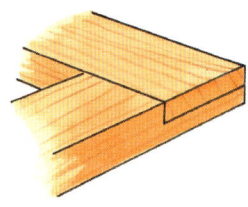
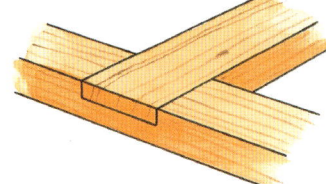
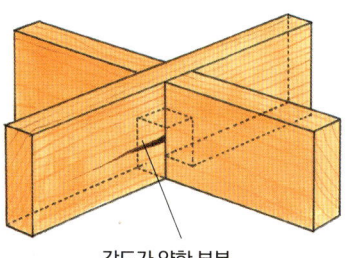

판재의 전면에 반턱을 낸 L, T형 또는 십자 형태의 겹침이음은 틀 구조에 많이 사용한다. 결합력이 뛰어나고, 반턱에 어깨가 있어서 휘어짐에 강하다.

판재의 측면에 반턱을 내면, 서로 맞물리는 부분의 물리적 강도가 약하고 결합력도 떨어진다.

겹침이음 구성 요소의 결합

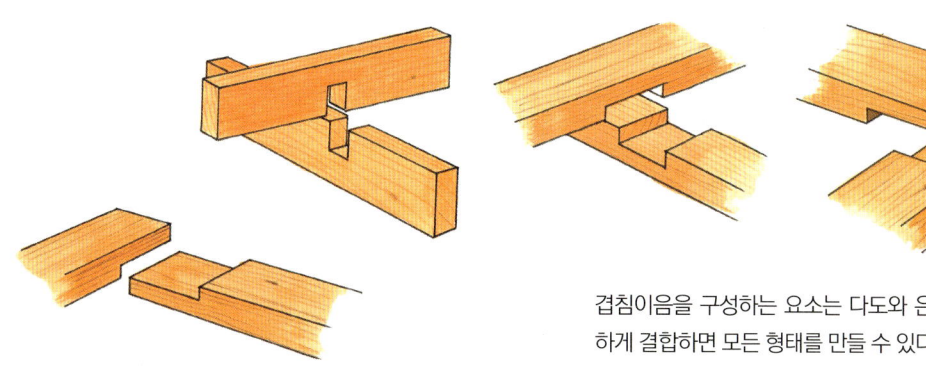

겹침이음을 구성하는 요소는 다도와 은촉이며, 이 둘을 다양하게 결합하면 모든 형태를 만들 수 있다.

겹침이음의 활용

직선과 각진 형태로 만든 겹침이음은 창문, 문, 실외 가구, 정자와 같은 구조물의 격자 세공에 적합하다.

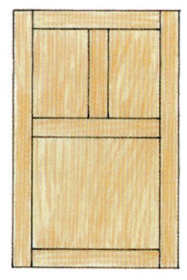 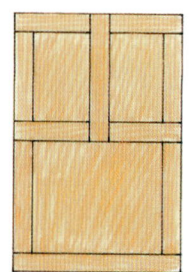

겹침이음은 장부맞춤만큼 튼튼하다. 따라서 겹침이음으로 전통 스타일의 문을 만드는 것이 가능하다. 하지만 문의 앞면과 뒷면이 서로 다른 디자인을 보여준다.

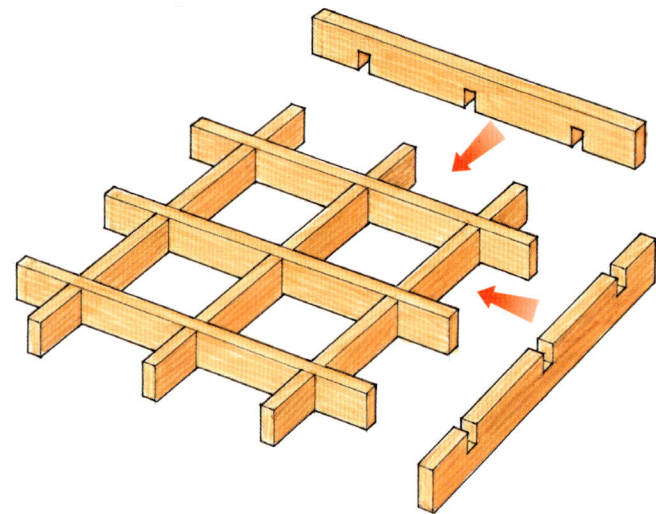

달걀 보관함의 칸막이를 만들 때, 노칭 지그가 달린 테이블 톱을 이용하고 끌로 절삭면을 다듬는다.

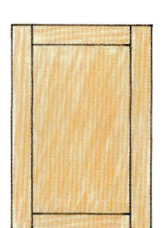 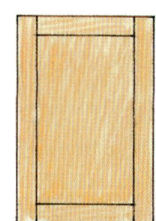 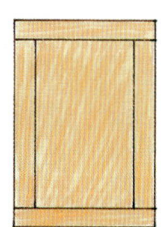 

디자인 요소나 강조점을 바꿀 때도, 겹침이음을 이용할 수 있다. 그림을 보자. 문의 위아래에 들어가는 부재를 다른 방식으로 결합하면, 수직선이 강조된 디자인이 수평선이 돋보이는 디자인으로 바뀌었음을 알 수 있다.

그림의 격자무늬는 곧고 각지게 겹침이음하여 연결됐다. 보통 손으로 소프트우드를 톱질하는 동시에 결합 부재를 함께 고정한다.

겹침이음을 만들기 위한 보조 기구
Shop-made aids to making lap joints

수공구를 위한 지그

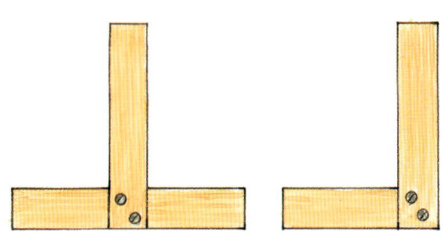
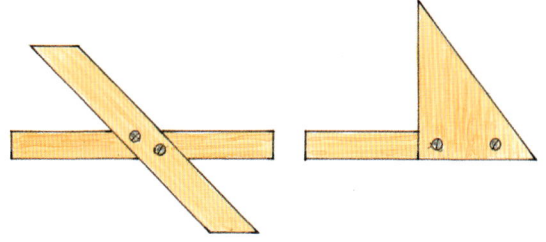

직각자는 겹침이음 작업을 할 때 매우 유용한 도구다. 이것은 공구가 작업물을 직각으로 가로지르도록 안내한다.

라우터나 대패 또는 톱으로 절단 작업을 할 때 앵글 펜스를 이용하면, 작업자가 설정한 각도대로 작업물을 절단할 수 있어 유용하다. 앵글 펜스는 각도기 헤드, 자유각도자, 실물 크기의 제작도 등을 이용해 저렴하고 쉽게 제작할 수 있다.

라우터 이용하기

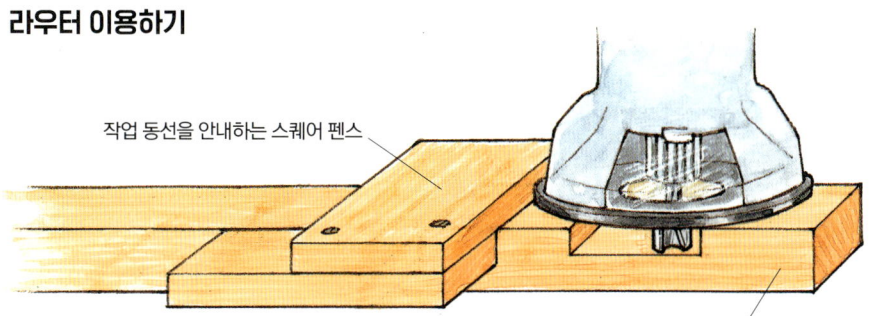

작업 동선을 안내하는 스퀘어 펜스

잘리기 전까지는 라우터를 지지한다.

그림을 보면 라우터를 이용해 판재의 끝에 반턱을 내고 있다. 스퀘어 펜스가 라우터의 작업 동선을 안내한다. 이때, 바깥쪽 판재는 라우터를 지지하다가 나중에 잘려 나간다.

라우터를 이용해 다도나 노치를 여러 개 만들 때, 작업물을 펜스 아래에 두고, 미끄러지듯이 절삭한다. 작업은 라우터를 지지하는 블록에 의해 반턱의 어깨선에서 정지한다.

긴 나뭇조각이나 합판 조각에 나사를 박아 만든 펜스와 스톱 블록

펜스 아래에 둔 작업물

라우터를 지지하고 어깨선까지의 거리를 설정해주는 스톱 블록

라우터 비트의 동선을 안내하는 펜스

테이블 톱과 라우터 테이블에 사용하는 지그

펜스용 지그는 마이터 게이지 슬롯을 위한 지그와 가로질러 이동이 가능한 기본 슬라이딩 지그다. 이것은 판재의 끝에 만든 반턱의 옆면을 톱질하거나 라우팅할 수 있도록 판재를 수직으로 지지한다.

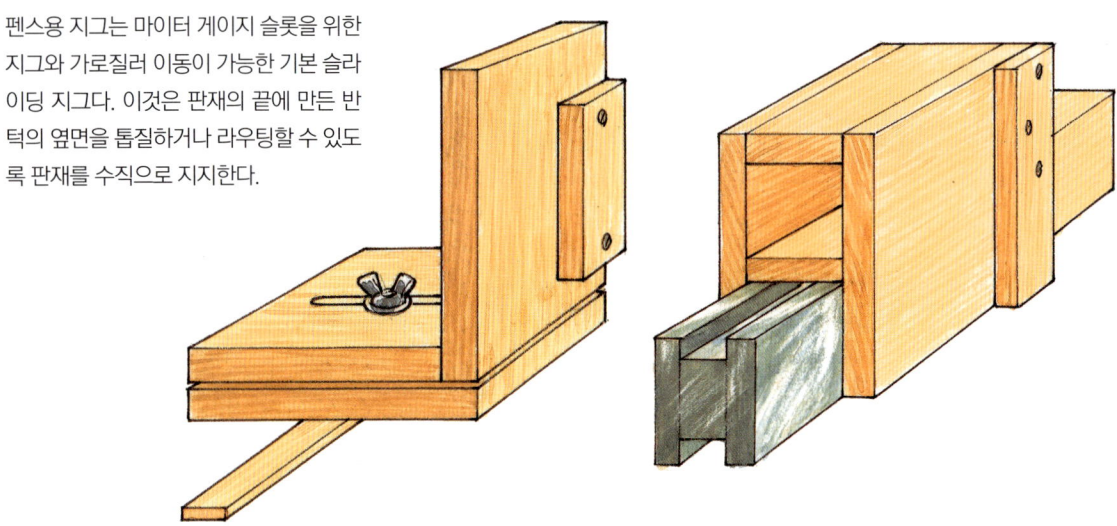

마이터 게이지용 지그

두 개의 지그는 판재 측면에 노치를 반복적으로 만들 때 도움이 된다. 하나의 지그는 마이터 게이지 슬롯을 타고, 조절 가능한 펜스가 있으며 다른 하나는 마이터 게이지에 부착한다.(71쪽의 테이블 톱을 이용해 사개맞춤 만들기 참고)

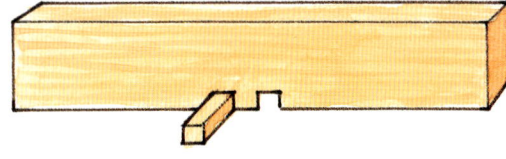

접착 작업에 블록 사용하기

접착제를 이용해 잘 접착하려면 항상 클램프 헤드 아래에 블록을 사용한다. 블록은 압력을 분산해서 세로결 표면이 완전히 접촉되도록 한다.

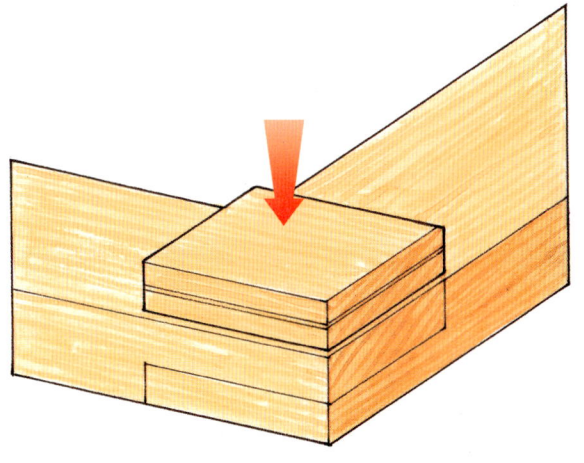

판재의 끝에 반턱 만들기
End lap

L자형의 모서리 반턱맞춤을 만들려면 부재의 끝에 반턱이 있어야 한다. 판재 중앙에 반턱이 있는 부재를 이용하면 T자형 반턱맞춤도 만들 수 있다. 절단면을 정렬하는 가장 안전한 방법은 블레이드 앞에 있는 톱 펜스에 스페이서 블록을 고정하는 것이다.(62쪽 참고) 절단을 완료하기 전에 블록을 치워야 하는데, 절단을 시작하기 전에 블록을 치우는 것이 더 좋다. 반턱의 옆면과 어깨는 라우터로 자를 수 있으며, 라우터 테이블은 편리한 보조 도구다. 많은 부재가 필요하다면, 지그를 설치한다. 반복적인 절단 작업을 쉽게 할 수 있고, 펜스의 조임과 해체 작업을 피할 수 있다. 반턱맞춤의 결합 부위가 횡력의 영향을 받기 쉽다면, 접시머리 나사를 박아서 강도를 높인다.

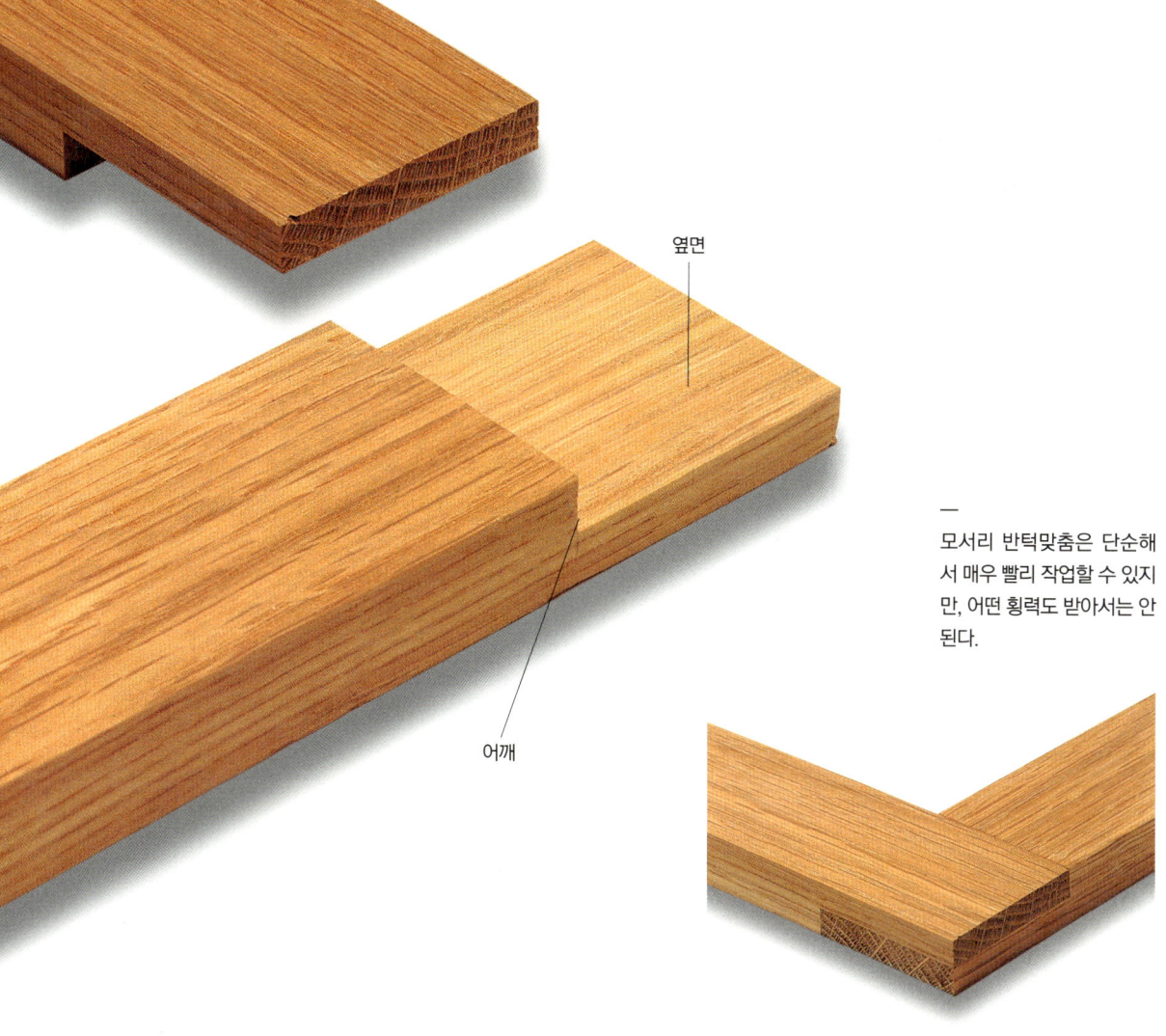

옆면

어깨

모서리 반턱맞춤은 단순해서 매우 빨리 작업할 수 있지만, 어떤 횡력도 받아서는 안 된다.

장인의 한마디

접착제 사용하기

마구리면에서 연귀접합할 때 접착제를 사용하면 결합 강도가 강해진다. 접착제를 바르는 면적이 넓고 세로결 방향이기 때문에 상당한 장력을 견딜 필요가 없다면 접착제만으로 충분하다.

테이블 톱을 이용해 판재 끝에 반턱 만들기

1 블레이드의 높이를 낮춰서 목재의 조각 끝을 스치듯 자른다. 이후 절단할 때마다 목재를 뒤집으면서 중앙에 있는 립[lip. 접착제로 붙이거나 돌출된 목재의 테두리]이 제거될 때까지 천천히 날을 올려준다.

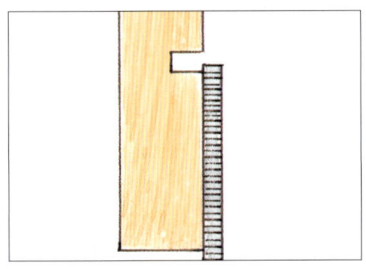

4 모든 부재에서 어깨를 자른 후 블레이드의 높이를 커프[kerf. 톱날로 잘린 목재에 남겨진 흔적]에 맞추되 새로 만든 어깨에 흠집이 나지 않도록 한다.

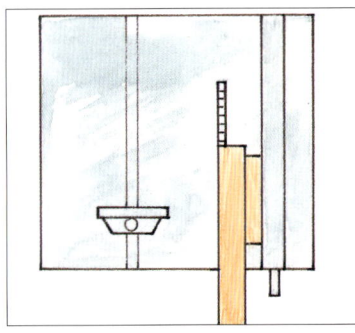

2 목재와 나무토막을 펜스에 대고, 목재의 가장자리가 블레이드의 바깥쪽 톱니와 정렬될 때까지 전체 부재를 위로 밀어 넣는다.

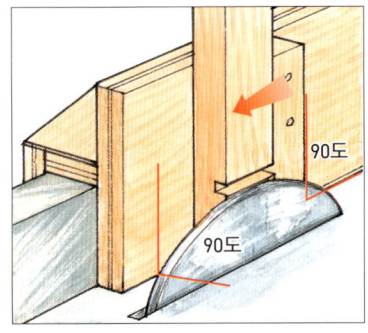

5 테이블에 90도로 놓인 목재를 지지하고, 블레이드가 어깨 깊이에 맞춰 정렬될 때까지 펜스를 이동시킨 후 모든 나사를 제거한다.

사선접합

반턱을 이용한 사선접합의 경우 디자인을 적절하게 바꿔주지만 접착 면적을 줄여 접합 강도를 감소시키기도 한다.

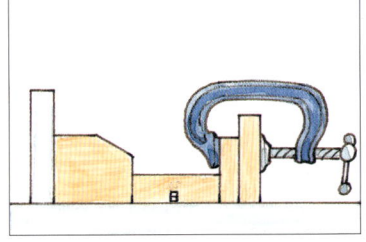

3 펜스를 잠그고 블레이드 앞쪽에 있는 조각을 클램프로 조인다. 목재를 나무토막에 맞대고 게이지로 절단면을 밀어 넣는다.

6 지그를 사용해 반턱의 옆면을 정리한다. 표면이 아직 울퉁불퉁하다면 끌로 안쪽 구석을 다듬고 부재를 조립한다.

띠톱[감수자 주. 208쪽 참고]을 이용해 판재 끝에 반턱 만들기

어깨선을 판재의 측면에 표시한다. 이때 길이는 판재 두께의 절반 정도다. 반턱의 옆면 길이만큼 중심선을 긋는다. 어깨선을 따라 절단하고, 스톱 블록을 판재의 끝에 둔 후에 중심선을 따라 자른다.

라우터를 이용해 판재 끝에 반턱 만들기

1 라우터 테이블을 스트레이트 비트[감수자 주. 209쪽 참고]로 맞추고, 판재의 가장자리를 범프 컷한다. 뒤집어서 다시 자르고, 재단한 부분들이 중앙에 올 때까지 비트 높이를 올린다.

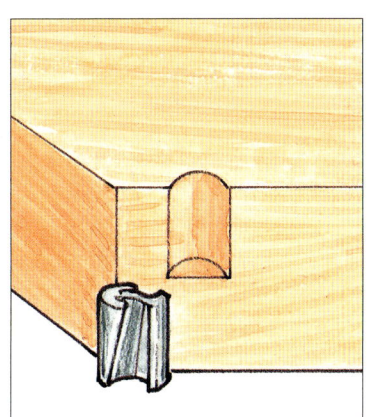

2 손잡이용 막대가 있는 네모난 합판을 고정하고 동시에 부재를 펜스 쪽으로 민다. 비트를 가로질러 앞뒤로 왔다 갔다 하면서 반턱을 만든다.

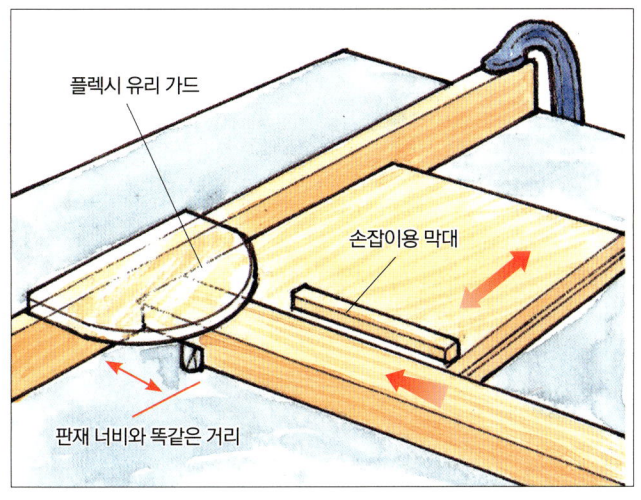

플렉시 유리 가드
손잡이용 막대
판재 너비와 똑같은 거리

장인의 한마디

반턱 옆면 절단하기

톱날을 약간 기울인 후 한쪽 옆면의 끝을 먼저 절단한다. 이 부분을 똑바로 세운 후 다른 부분의 옆면을 깎으면 프레임용 겹침이음이 무게를 더 잘 견딜 수 있도록 강화된다.

반턱 주먹장

반턱 주먹장은 접착하는 부위의 장력을 보강하기 위한 또 다른 방법이다. 단일한 주먹장을 이등분하고 짝을 이루는 부분의 뒷면에 각진 어깨선을 표시한다.

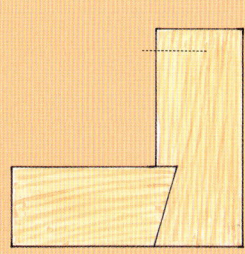

판재 중앙에 반턱 만들기
Center lap

판재의 중앙에 반턱을 만드는 방법은 다양하다. 첫 번째로 부재 두께의 절반 정도 되는 반턱을 만들기 위해 손이나 기계로 절삭 작업을 반복한다. 이때 판재가 약해져 파손될 수 있으니 주의해서 작업한다. 또한 끌, 손대패 또는 라우터를 이용해 반턱의 옆면을 만들 수도 있다. 그리고 또 다른 방법은 소형 라우터로 반턱을 만들거나 마이터 게이지 또는 슬라이딩 지그가 보조하는 라우터 테이블로 부재를 고정하는 것이다. 짜맞춤 기법중에서도 반턱맞춤은 많은 부분을 절삭하는 작업이 필요하다. 다도 헤드 커터는 부재를 꽤 효과적으로 절삭하지만, 어떤 종류는 완전히 평평한 바닥을 남기지 않거나, 외부 날이 접착선에 보일 정도로 깊이 자국을 남기는 경우가 있다. 반턱을 만드는 절단 작업은 최대한 중심선에 맞춰서 하고, 이후에 수공구나 라우터로 정리한다.

판재 중앙에 반턱을 내면 어깨가 둘이 된다. 그래서 결합력이 더 강해지고 비틀리는 일이 적다. 또한 판재 끝에 만든 반턱보다 결합력이 좋다.

어깨

어깨

이 조인트는 가이드 부시[guide bush. 지그 본체에 고정되어 있는 부품]와 오프셋 펜스를 사용하여 동일하게 만들 수 있다.

손으로 판재 중앙에 반턱 만들기

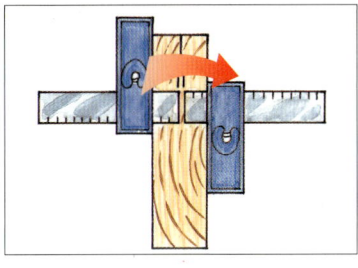

1 마구리면에 중심선을 긋고 직각자를 뒤집어 다시 선을 긋는다. 표시한 것들을 분할해 블레이드를 정확한 중심에 설정한다. 끝과 조인트의 가장자리에 선을 긋는다.

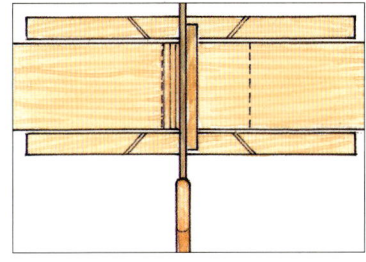

4 결합할 목재의 너비만큼 어깨가 될 부위를 멀리 떨어뜨려 놓고, 그 사이에 블레이드 컷이 들어갈 공간을 만든다.

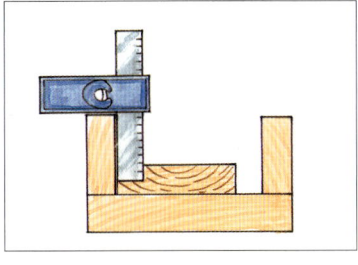

2 필요한 경우 봉쇄한 목재를 마이터 상자(miter box. 목재의 연귀 가공을 위한 톱질 절단을 편리하게 만든 가이드용 연장)에 넣고 직각자의 블레이드를 펼쳐 목재의 끝부분에 있는 표시선 근처에 고정한다.

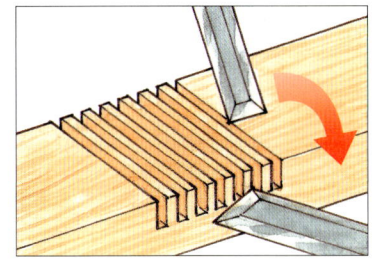

5 끌로 제거할 부분을 다듬고 바닥에 남은 능선과 어깨에 남은 절단 자국을 조심스럽게 깎아낸다.

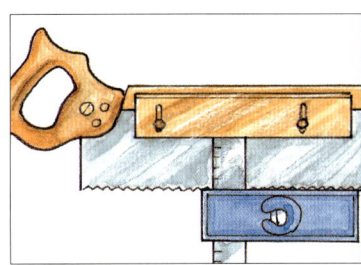

3 직각자의 빔을 일시적으로 마스킹 테이프로 감싸거나 톱니에 굵히지 않도록 주의하면서 톱이 들어갈 깊이를 조절한다.

6 가능하면, 불노우즈 대패(bullnose plane)나 턱대패(shoulder plane) 또는 홈대패(rabbet plane)[감수자 주. 209쪽 참고]를 사용하여 어깨를 정사각형으로 만들고, 가장자리 중심선과 함께 하단 부분을 평평하게 하여 최적의 접착 표면을 만든다.

변형 방법

판재 중앙에 감춰진 반턱 만들기

판재 중앙에 감춰진 반턱을 만들려면 마구리면이 보이지 않는 접합면 또는 단순한 안정화 레일(stabilizing rail)이 있어야 한다. 하지만 감춰진 부분에 어깨가 없으면 비틀림에 대한 저항력이 좋지 않다. 반턱 주먹장맞춤 또는 T자형 반턱처럼 이등분되거나 겹쳐지는 접합부는 높은 장력과 비틀림에 대한 저항력을 가지며 견고한 구조에 탁월하다. 또한 가장자리에 테두리가 있는 선반 구조와 같이 안정화 센터 스타일[stile. 문 또는 다른 프레임의 수직 부분]로도 유용하다.

장인의 한마디

반턱맞춤

반턱맞춤은 한 부재의 두께를 다른 부분의 접합면으로 수용한다. 감춰진 접합부는 전체 부분을 가장자리로 설정하며 더 얇은 부분이 이어질 때 특히 유용하다.

주먹장

모서리 반턱맞춤에 단일 또는 이중 주먹장을 절단하고 T자형 겹침이음의 장력을 강화하기 위해 중앙에 넣은 반턱의 어깨를 표시한다.

라우터를 이용해 판재 중앙에 반턱 만들기

1 판재에 중심선과 어깨선을 긋는다. 직각으로 제작된 라우터 가이드를 어깨선에 맞춰 목재를 가로질러 정렬시킨 후, 그곳에 고정한다.

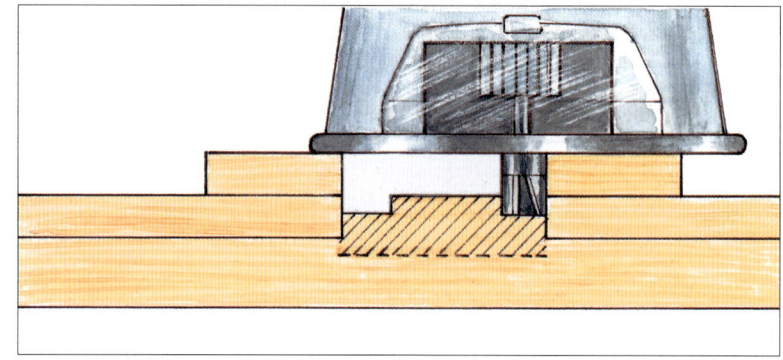

2 라우터와 상단 베어링 스트레이트 비트를 왼쪽에서 오른쪽으로 이끌어, 가볍게 지나가면서 어깨를 재단한 다음 그 사이에 있는 부재를 제거한다.

3 짧은 비트가 중심선에 닿지 않으면, 라우터 가이드를 제거하고 새로 생긴 어깨를 베어링의 가이드로 삼아 계속 가볍게 지나가면서 반턱의 바닥을 완성한다.

각진 T자형 반턱맞춤
Angled T-lap

주의를 기울이지 않으면, 목재의 각도를 잘못된 방향으로 기울어지게 자르기가 쉽다. 레디얼 암쏘 [radial-arm saw. 기둥에 매달린 팔(arm)을 따라 톱날과 모터가 왕복하면서 판재를 재단하는 공구. 감수자 주. 208쪽 참고]는 특히 절삭 작업에 유일한 방법이다. 앵글 펜스를 사용하여 소형 판재를 라우팅하는 것은 간단하다. 또한 테이블 톱은 슬라이딩 펜스 지그를 받쳐 T자형의 옆면을 자른다. T자형 부재의 끝은 직각이 아니라 비스듬히 각이 져 있기 때문에, 지그에 있는 버팀목을 T자형 부재의 끝을 테이블과 평평하게 고정하는 각도까지 블레이드에서 멀리 떨어뜨린다.

테이블 톱 마이터 게이지를 사용해서 목재를 가로질러 커프 작업을 반복하고, 어깨 사이의 쓸모없는 부분들을 없앤다. 이때 다도 작업을 하면 쓸모없는 부분이 제거되지만, 테이블에서 부재를 들어올릴 때 주의해야 한다.

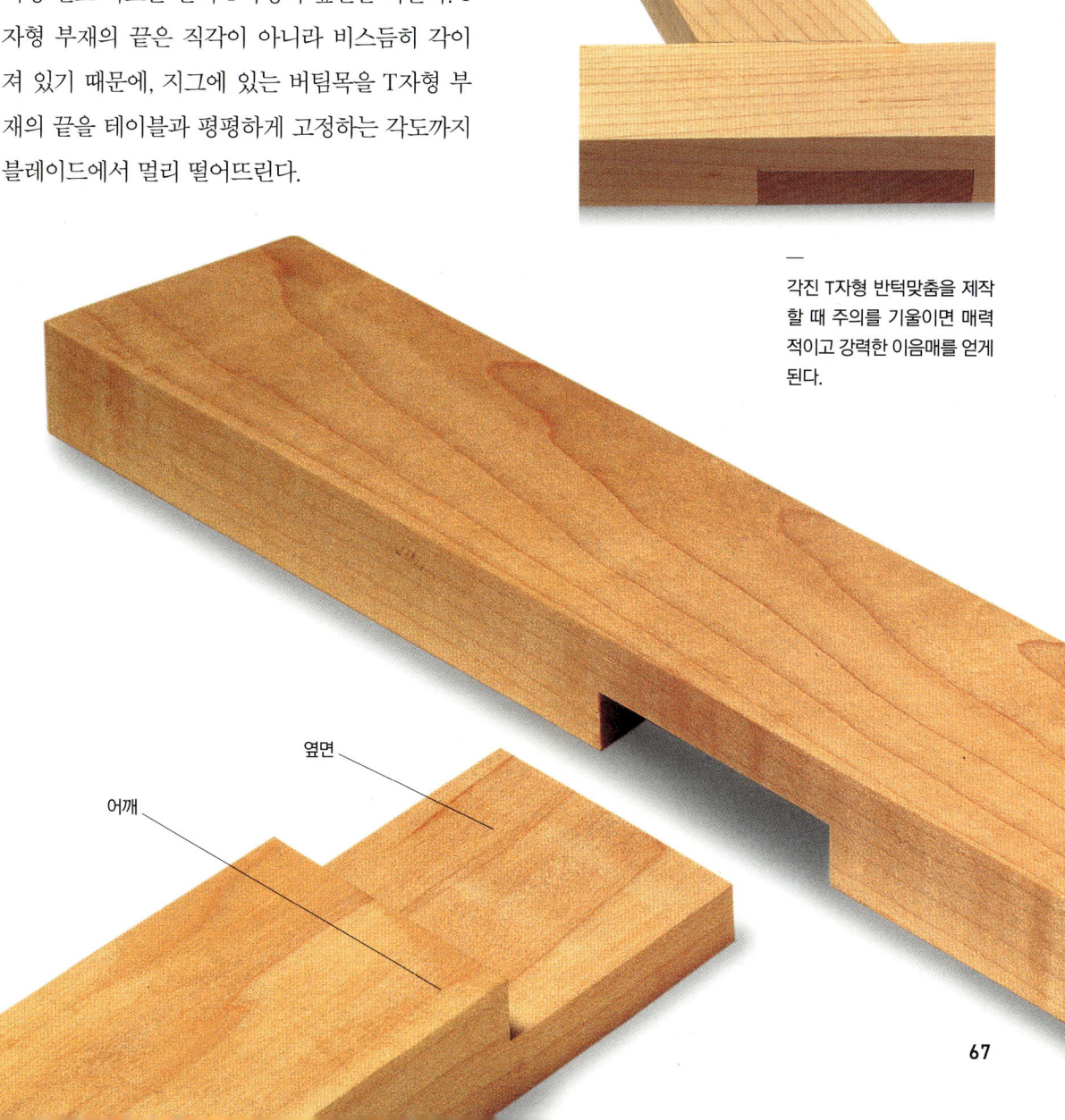

각진 T자형 반턱맞춤을 제작할 때 주의를 기울이면 매력적이고 강력한 이음매를 얻게 된다.

작업 순서

1 각 부재의 접합면에 각지게 어깨선을 표시하고 부재 뒷면의 직각도를 확인한 후, 베벨 게이지 각도를 설정하여 금을 긋는다.

4 블레이드를 수평 위치로 돌리고 톱 펜스까지의 간격을 확보하기 위해 높이 테이블을 클램프로 고정한다. 블레이드의 외부 절단 경로를 그 위에 표시한다.

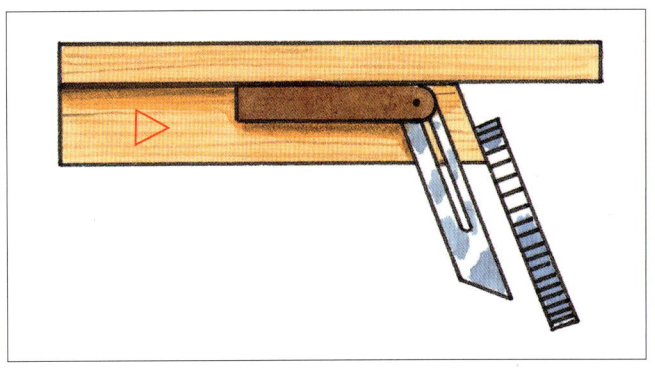

2 레디얼 암쏘의 블레이드를 같은 각도로 설정해서 T자형 부분을 길이에 맞게 자른다.

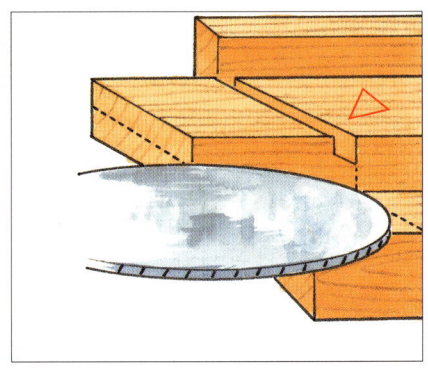

5 블레이드를 들어 중심선의 쓸모없는 부분을 절단한다. 어깨가 표시된 경로를 벗어나지 않도록 절단부를 당기면서 작업한다.

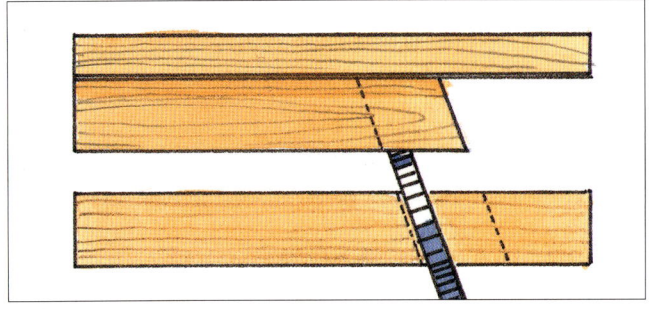

3 블레이드를 목재 두께의 중심선까지 올리고 어깨선을 가로질러 일련의 커프 작업을 한 다음, 부재의 쓸모없는 부분을 제거한다.

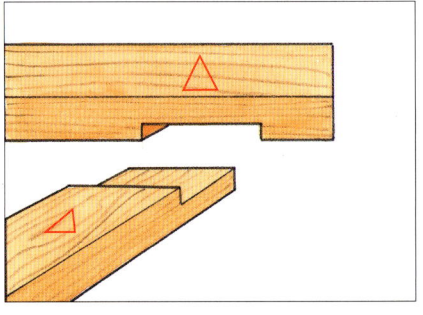

6 끌이나 턱대패로 옆면을 정리하고, 접합면을 위로 향하게 한 후에 결합한다.

지그를 이용해 걸침턱맞춤 만들기
Jigged edge lap

에지 노칭 지그는 두 개 이상의 노치와 부재를 절단하는 경우에 유용하다. 지그는 테이블 톱 또는 라우터 테이블에서 작동하는데, 둘 중 어느 기계로든 커터가 통과하는 판재의 뒷부분에서 찢김이 발생하며, 특히 부드럽거나 결이 거친 나무에서는 제어하기가 더 어렵다. 작업물과 펜스 사이에 받침 판재 조각을 넣으면 모든 노치를 두꺼운 부재 너비로 절단하는 데 도움이 된다. 부재의 두께를 노치에 맞추기 위해서는 손대패, 전동 대패 또는 톱으로 정리한다.

마구리면의 접착 강도가 부족하면 문제가 발생할 수 있다.

겹침이음과 감춤이음: 교차 방향으로 결합하기

변형 방법

각진 걸침턱맞춤 변형
각진 교차 반턱의 각도를 찾으려면 종이에 정사각형을 그리거나 합판 모서리에서 시작하여 'X'의 실제 높이와 너비를 배치하고 삼각자나 슬라이딩 T-베벨로 교차각을 구한다. 목심이나 플러그 나사를 사용하여 접합부를 통과시킨다. 강도를 강화하는 또 다른 방법은 각진 반턱맞춤에서와 같이 어깨의 비율을 높이는 것이다.

각지게 교차하는 반턱맞춤
핀으로 보강할 수 있는 각진 교차 반턱맞춤은 캐주얼한 테이블을 잘 지탱해 주는 반면, 각진 걸침턱맞춤은 테이블과 의자 다리 사이의 구조물이 대각선으로 움직일 수 있도록 한다.

좁고 각진 반턱
각진 반턱의 너비를 줄이면 어깨 아래부분의 래킹이 방지되어 전체적으로 결합을 강화한다.

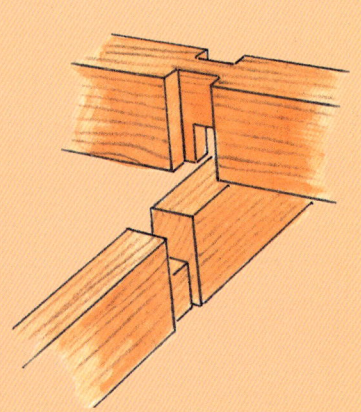

다도 활용하기
부차적인 다도를 가진 한 부재의 두께를 수용하기 위해 판재가 비틀리지 않도록 걸침턱맞춤하면 석장 장부와 같은 결합 강도를 가질 수 있다.(86쪽의 장붓구멍과 장부에 대하여 참고)

작업 순서

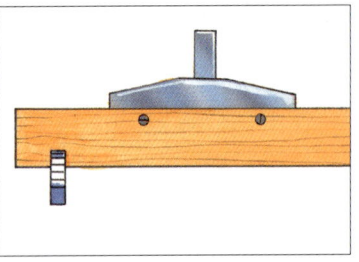

1 테이블 톱에 장착된 라우터 비트나 다도 커터에 목재 두께를 맞추고 마이터 게이지를 사용하여 목재 너비의 절반 깊이에 스크랩[scrap. 판재 조각]을 노치한다.

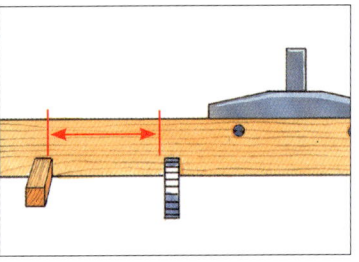

2 노치에 색인화할 키를 맞추고 스크랩을 마이터 게이지에 클램프로 고정한다. 원하는 간격으로 두 번째 노치를 절단한 후 스크랩을 나사로 고정하고 클램프를 푼다.

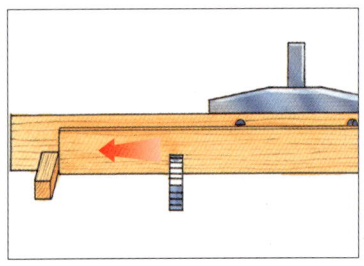

3 목재를 색인화할 키에 맞닿게 한 후 첫 번째 노치를 절단한다. 절단한 노치를 키 위에 맞추고 다시 잘라내서 목재를 연장해가며 작업한다.

테이블 톱을 이용해 사개맞춤 만들기
Box joint on the table saw

핑거 조인트(finger joint. 좌우의 손가락을 조합시킨 것과 같은 목재의 이음 방법) 또는 콤브 조인트(comb joint)라고도 불리는 사개맞춤은 기계를 이용한 디자인이다. 미학적으로 핑거와 노치의 비율은 목재의 두께만큼 넓거나 목재 두께의 절반 또는 톱날 커프의 두께일 때 가장 좋아 보인다. 사개맞춤이 잘 결합되면 세로결 접착면이 많아지는데 이는 주먹장만큼 강력한 결합력을 자랑한다.

지그를 이용한 걸침턱맞춤과 마찬가지로 테이블 톱으로 사개맞춤을 가공하면 쉽게 파손될 위험이 있다. 사개맞춤의 노치는 걸침턱맞춤에서처럼 결을 가로지르는 대신 결과 평행하기 때문에, 파손은 양면이 아니라 노치 윗부분에서 일어난다. 윗부분이 떨어질 판재에 가로지르는 선을 긋는 것은 파손을 막기 위해 권장하는 방법이다.

이것은 콤브 조인트라고도 하며 주로 산업용 가구 제조에 사용한다. 주먹장만큼 결합이 강력하며 작업하기가 훨씬 쉽다.

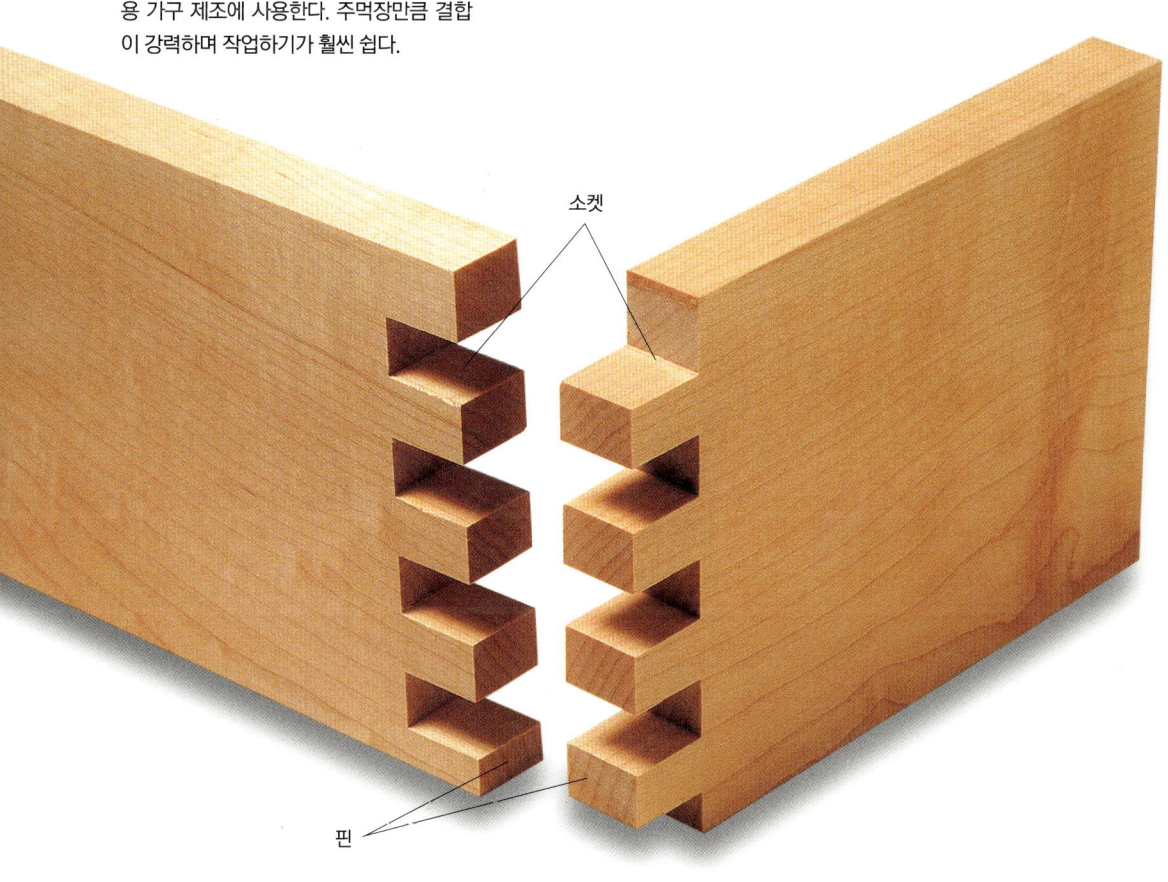

소켓

핀

| **변형 방법** |

사개맞춤의 변형

사개맞춤의 장식 효과는 핑거를 맞물리는 패턴을 변형하고 응용하는 데서 시작한다. 한 유명한 목공인은 테이블 윗면 끝에 나뭇잎 모양의 장식을 부착하기 위해 경첩 옵션을 사용했다. 윗부분에 접착한 판재들의 끝을 비틀어 핑거와 노치를 만든 다음, 공간이 형성되면 잎을 하나씩 번갈아 끼워 핀으로 고정했다.

작업 순서

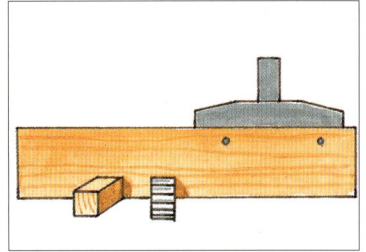

1 십자 걸침턱맞춤과 같이 지그를 만들되, 키와 노치 간격 등을 다도의 너비에 맞추고 노치 높이를 목재의 두께 바로 아래로 설정한다.

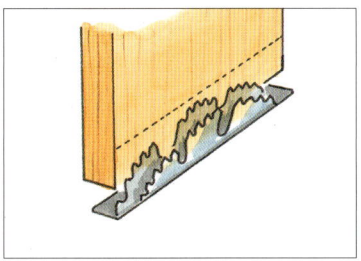

4 그어진 선으로 다도 높이를 설정한다. 핑거 부분은 조립 후 샌딩 플러시한다. 목재는 최종 길이보다 약간 길게 자른다.

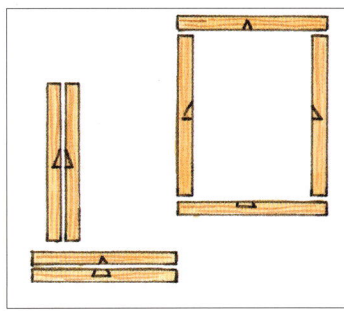

2 외부 접합면을 선택한 다음, 앞면과 뒷면을 구분한다. 색인화할 키에 기준이 될 가장자리를 나타내기 위해 각 부재에 표시한다.

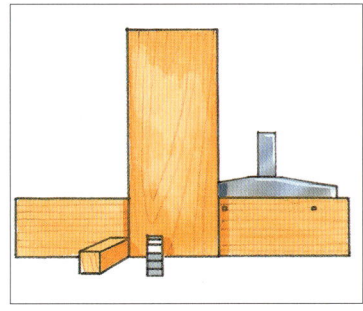

5 선이 그어진 접합면이 지그를 향하게 하고 측면의 기준이 되는 모서리 면은 키에 맞댄 다음, 노치를 자른다. 이때 노치와 핑거의 너비가 정확히 같은지 확인한다.

3 기준이 되는 가장자리를 가까이 하고 목재의 끝은 항상 왼쪽에 둔 상태에서 목재 두께 바로 위로 끝을 가로지르는 선을 긋는다.

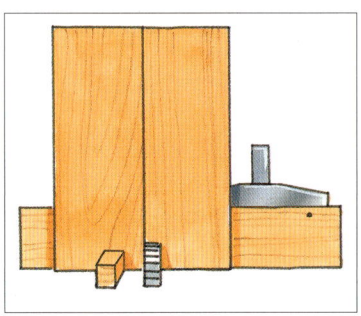

6 측면을 뒤집어 키 위에 색인을 한 다음 앞이나 뒤쪽의 표시선을 맞대어 기준이 되는 가장자리에서 노치를 절단한다.

변형 방법

깊이 변형
목재의 두께보다 더 깊이 노치를 절단하면 사개맞춤의 핑거가 많이 튀어나와 그 끝부분을 경사지게 깎아서 장식 효과를 더 높일 수 있다.

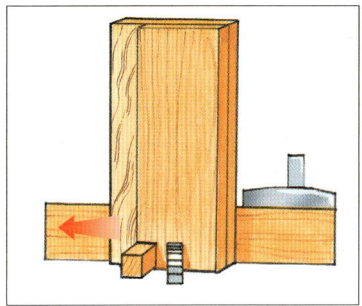

7 다도한 것을 모으기 위해 측면을 뒤로 돌려 키 위에 다시 색인을 만든다. 뒷면의 노치 부분을 맞대고 부재를 함께 전진시켜 추가로 노치를 자른다.

둥근 모서리
목재를 접착한 후, 손이나 라우터로 모서리를 둥글게 처리하면 촉감이 좋아 보이는 외관을 만들 수 있다.

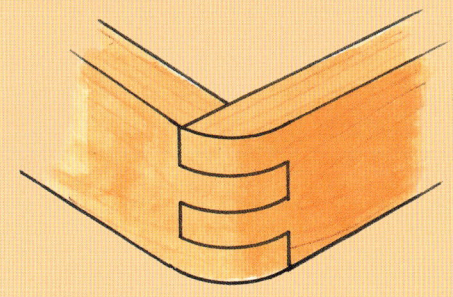

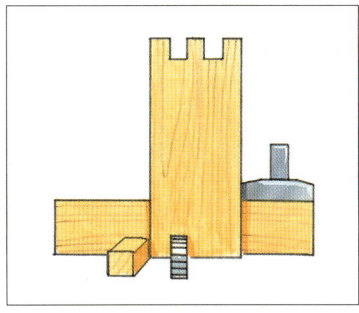

8 기준이 되는 가장자리를 키 쪽으로 향하게 하면서 판재들의 끝을 끝까지 돌리는 것을 반복하여 각 부분을 핑거와 노치로 시작하게 한다.

경첩을 부착한 이음
핑거 부분을 접착제 없이 건식으로 조립하고 그 중앙에 구멍을 뚫어 목재의 끝부분을 둥글게 만든다. 왁스 처리된 목심이나 황동 핀을 삽입하여 목재 경첩을 만든다.

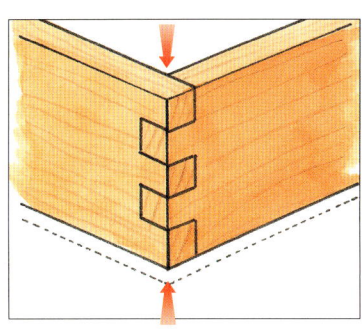

9 하단에 있는 쓸모없는 부분의 가장자리를 너비까지 다듬는다. 더 넓거나 더 좁은 핑거가 마지막으로 생기면 세로결 접촉을 위해 접착제로 붙여 함께 고정한다.

감춤이음에 대하여
About housed joints

감춤이음은 반턱맞춤과 기본 컷을 동일하게 작업하지만, 한 부재가 다른 부재를 수용하는 구조이기 때문에 반턱맞춤과는 구조적으로 다르다. 짜맞춤 용어에서 하우저(houser)와 하우지(housee) 사이에는 차이가 있다. 라벳 하우징[rabbet housing. 은촉과 다도 등의 밀링된 절단 부분이 접합 조각의 전부나 일부를 감싸고 있는 것]은 캐비닛 뒷면이 은촉 안에 박혀 있다. 만약 은촉 자체를 수용한다면, 그것은 하우스드[housed. 한 부분이 다른 부분 또는 특정 짜임에 의해 전체적 혹은 부분적으로 감싸여 있음] 라벳이다. 그러나 기본적인 하우징 컷(하우저)은 항상 다도, 라벳 또는 홈이다.

다도나 홈의 U자 형태 또는 라벳으로 한 부분을 완전히 둘러싸면 전체 하우징이 된다. 부분 하우징은 부재의 일부, 일반적으로 촉을 감싸고 있으며, 한 개 또는 두 개의 어깨는 결합을 안정시키기 위해 하우징이 절단되는 접합면에 있다.

전체 하우징의 래킹 저항력이 부족한 상태에서 어깨가 개선되더라도 감춤이음의 결합력은 그다지 강하지 않다. 다도 하우징이 있는 대부분의 T자 방향과 라벳 하우징이 있는 일부 L자 방향에서는 장력에 대한 기계적 저항력이 없는 것 외에 세로결 접착제의 접촉면 또한 없다.

주먹장은 장력 저항력을 높이기 위해 감춤이음을 작업할 부재의 촉과 하우징 자체를 개조하는 데 사용된다. 이러한 변형 방법은 하우징 조인트와 슬라이딩 주먹장을 포함한다.(152쪽 참고)

가장 일반적인 감춤이음은 선반을 제자리에 고정할 때 사용하지만 하우징 방식 또한 뼈대가 되는 내부에 서랍 러너와 서랍 프레임을 고정시키거나 캐비닛 뒷면을 설치하는 데 사용된다. 77쪽 감춤이음 방식의 변형에서 핀으로 고정한 라벳 하우징과 같이, 주먹장의 힘을 빌린 하우징 방식은 테이블 에이프런과 같은 프레임 구조이며, 높은 캐비닛 측면을 바깥쪽으로 미는 전단력에 저항한다. 또한 래킹을 기계적으로 예방하거나 활처럼 휘는 것을 방지한다.

감춤이음 제작에 사용되는 보조 공구

T-스퀘어 펜스[감수자 주. 208쪽 참고]는 펜스를 따라 빔으로 통과하는 경우 라우터로 다도를 안내하고, 다도의 너비와 위치를 재단해 펜스와 레이아웃에 맞춰 정렬한다.

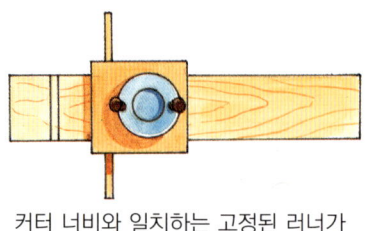

커터 너비와 일치하는 고정된 러너가 있는 보조 라우터베이스는 등거리 다도들을 절단한다.

칼날의 성질을 잃지 않도록 장부톱에 천천히 드릴로 뚫어 구멍을 통과한다. 그 다음 깊이 스톱[depth stop. 일반적으로 움직임을 멈추게 하는 부재을 부착하거나 작은 스프링 또는 C 클램프를 사용하여 스톱을 고정한다.

하우징 결합 방식의 종류

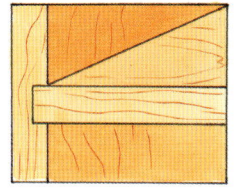

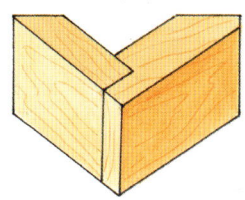

라벳 하우징은 접착력이 없고 장력에 대한 저항력도 없다.

전체 다도 하우징은 접합 부재의 두께를 감싸고 있다. 두 부재 모두 너비를 가로질러 하나의 단위로 움직이지만, 접착 표면은 마구리면이다.

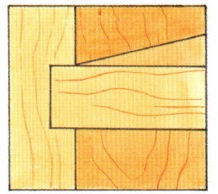
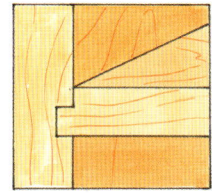

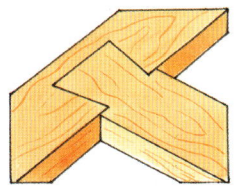

관통 하우징은 전체 또는 부분에 관계없이 접합면에 부재의 교차점이 나타난다.

장력에 대한 저항력을 증가시키기 위해서 다른 요소를 사용하여 적합한 결합을 만든다, 위 그림은 감춤 장식 주먹장이다.

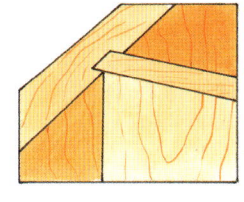

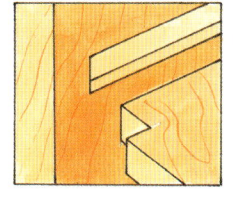
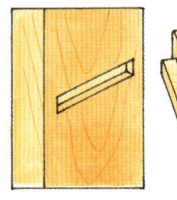
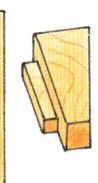

고정된 하우징은 부재의 가장자리(아래)에 약간 못 미치는 상태로 절삭한다. 이때 결합 부재는 접합부를 숨기도록 약간 뒤로 깎는다.

홈 하우징은 결과 같은 방향으로 순행한다. 부재의 결은 평행하게 연결되어 있어 치수 충돌이 없고 접착력이 우수하다.

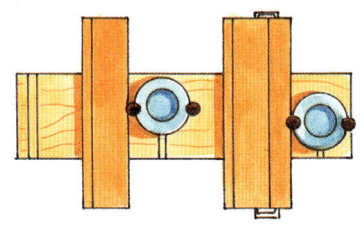
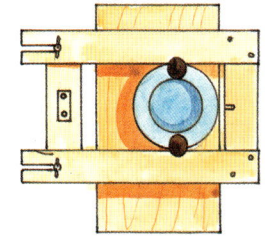
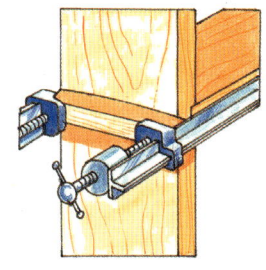

또 다른 펜스는 라우터로 다도를 위한 등거리 공간을 확보하지만, 선반 사이의 높이를 높이기 위해 추가적으로 간격 스트립을 삽입할 수 있다.

새들 지그[saddle jig. 수평마룻대에서 만나는 두 개의 경사면으로 수직표면과 경사 지붕 사이에 사용]는 작업물 위에 맞춘다. 측면에서 라우터를 통과하여 가로질러 가거나 블록에 의해 정지되도록 안내한다.

클램프의 압력을 긴 다도 중심에 전달하려면 각 선반 끝의 약간 둥글게 올라온 부분을 절단한다. 그리고 바 클램프를 각 가장자리에 평행하게 조인다.

손으로 만드는 풀하우징 결합 방식
Full housing by hand

풀하우징은 래킹에 대한 저항력이 거의 없고 장력이 적으므로 전체 구조를 고려해 선택한다. 외관은 기계적이고 미학적으로 보이지만, 감싸인 부분은 샌딩 작업에 의해 쉽게 손상된다. 다도가 있는 가장자리를 따라 어떠한 편차든 커버할 수 있는 어깨가 없으므로, 감싸인 부재의 정확도와 평탄도에 초점이 집중된다.

부재 두께의 절반보다 더 깊이 하우징하면 부재가 약해지기 때문에 깊이는 두께의 $1/3$이면 충분하다. 견고한 목재에 엇결 구조로 서랍 러너를 하우징하면, 전면에 있는 러너를 나사로 조이고 움직일 수 있도록 접착제 없이 뒷면에 슬롯 나사못을 끼운다.

관통 하우징

―
오른쪽 그림은 관통 하우징 조인트라고 알려졌으며, 종종 책장 제작에 사용된다. 이음매를 감추기 위해 비드가 전면 가장자리에 놓인다.

작업 순서

1 판재의 접합면에 각 다도의 어깨선을 표시한다. 표시가 있는 같은 면에 제거할 부분을 배치하고 짝이 맞는 부재로 레이아웃을 옮긴다.

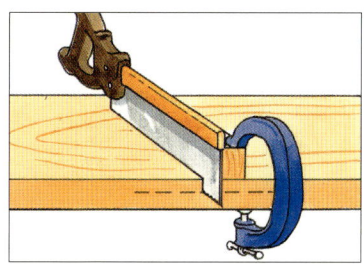

4 톱을 블록에 대고 끌로 다듬은 베벨 안으로 유도하면서, 톱 등판이 정지 블록에 닿아 다도 깊이에 이를 때까지 판재를 가로질러 자른다.

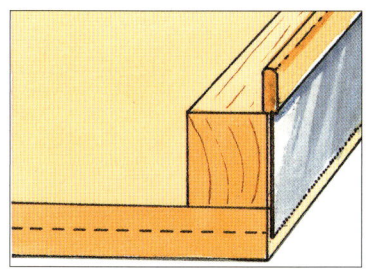

2 다도 깊이가 더해진 높이에서 톱니에서 등까지 측정된 톱날과 동일선상에 있는 블록을 자른다.

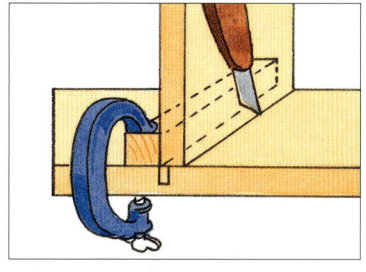

5 다도의 다른쪽 어깨에서 부재의 두께를 사용해 선을 긋는 게이지를 수용한다.

3 블록을 표시된 목재에 직각이 되게 놓고 클램프로 고정한다. 블록을 따라 판재를 스코어링한 다음 제거해야 할 부분에 있는 작은 가이드 베벨을 끌로 다듬는다.

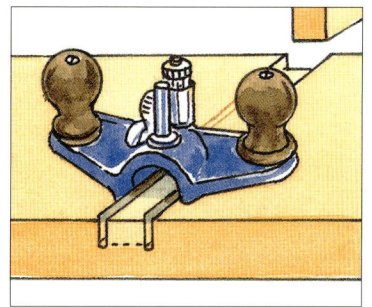

6 두 번째 표시선에 맞춰 블록을 정렬하고 톱질 과정을 반복한다. 끌이나 라우터 대패를 평평한 바닥에 놓고 선반에 맞춘다.

변형 방법

감춤이음 방식의 변형

풀하우징의 저항 장력을 높이는 것은 어렵지 않지만 그것은 주먹장의 힘을 빌려야 하는 것을 의미한다. 94쪽에 있는 장부맞춤은 빠르면서도 쉽게 저항 장력을 강화하는 방식이다. 다도의 앞쪽 몇 인치에서 직각의 U자 모양이 멈추고 더 좁은 주먹장 하우징이 절단된다. 선반 끝의 짧은 부분이 일치하도록 모양을 만들면 뒤쪽에서 홈으로 미끄러져 온다. 이때 부재의 결이 수직으로 뻗어 있으면 라벳 하우징의 접착력이 강해진다. 그러나 마구리면 접촉만 있는 모서리 전체를 라벳 하우징하는 것은 추가로 강화 작업을 하지 않는 한 장력을 버티지 못할 것이다. 이때 피닝[pinning. 핀으로 고정하는 것] 작업을 하면 빠르고 강하게 서랍 모서리를 접합할 수 있다.

테이블 톱을 이용한 풀하우징 결합 방식
Full housing on the table saw

미적인 이유로 하우징 결합 방식은 때때로 앞쪽 가장자리를 관통하다 도중에 멈춘다. 그렇게 멈추면 관통 다도에 들어설 선반 앞쪽 모서리는 잘리고, 다도 앞에 남겨진 부재에는 작은 어깨가 파인다. 테이블 톱을 사용하는 스톱 컷은 어렵고 위험한데, 특히 작업을 엇결로 진행할 때 더욱 그렇다. 이때 블레이드의 스톱 커프는 정사각형을 이루는 아크를 남긴다. 다도를 만들기 전에 앞 가장자리에서 얇은 스트립[strip. 가늘고 긴 조각]을 제거하고 나중에 다시 접착하면 기계적이고 심미적인 문제들이 해결된다.

하우징을 앞쪽 가장자리에 미치지 못하도록 멈추면 따로 이 음매를 숨길 필요가 없다.

어깨

고정 하우징

작업 순서

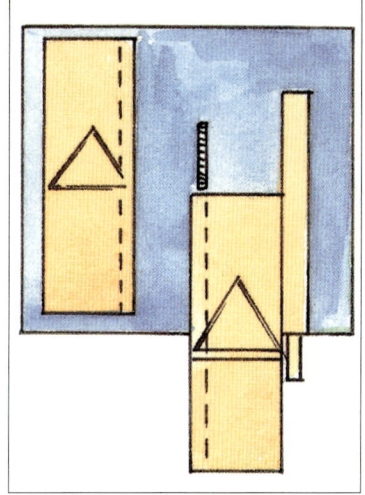

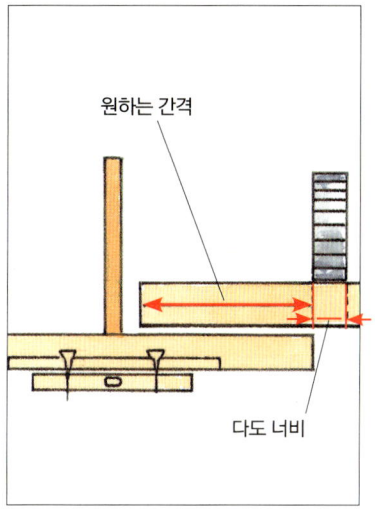

1 재조립을 위해 다도가 들어갈 부재에 표시를 한다. 얇은 스트립은 앞쪽 가장자리에서 떼어내 놔두었다가 다시 접착할 때 각 부분이 원하는 너비와 같도록 한다.

2 마이터 게이지에 스크랩 펜스를 나사로 끼우고 다도 커터로 선반 두께에 맞도록 끝을 다듬는다. 원하는 깊이와 간격을 두고 또 다른 스크랩을 다도 컷 한다.

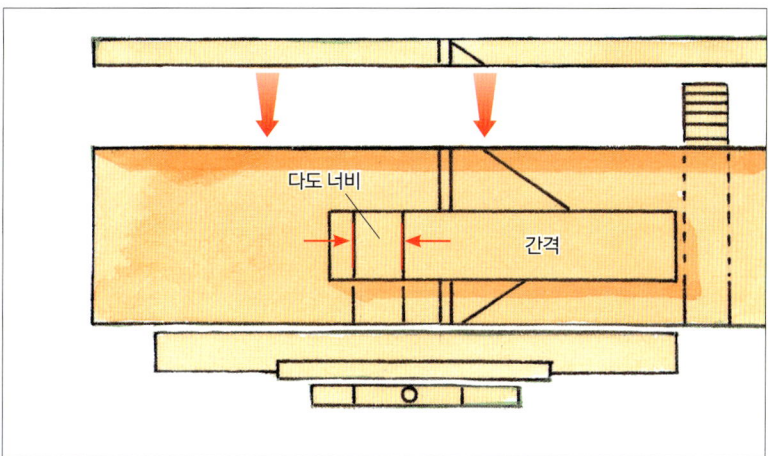

3 간격 스크랩을 이용하여 다도를 배치하고, 각 다도를 자르기 위해 스크랩 펜스 끝에 표시한 부분을 정렬한다. 절단을 끝내면 가장자리에 스트립을 다시 접착하고, 선반 앞부분을 노치하여 주위에 맞춘다.

변형 방법

짧은 주먹장

풀하우징한 목재 전면에 있는 짧은 주먹장 부분은 장력에 대비하는 힘을 강화시키지만 슬라이딩 주먹장이 가진 문제를 해결하지 못한다.

숨겨진 다도홈

그림과 같은 다도를 손으로 만들려면 먼저 평평한 바닥에 구멍을 뚫어 전면에 다도 깊이를 만들고, 끌로 직각을 만들어 톱의 이동 공간을 만든다.

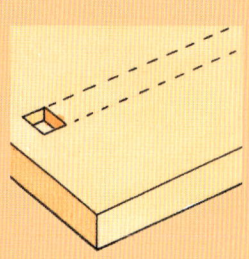

라우터 처리된 감춤 라벳
Routed housed rabbet

하우징 결합 방식에 어깨를 하나 추가하면 래킹 저항력이 향상되고 깔끔한 외관을 위해 전체를 하우징하는 수고로움을 해결할 수 있다. 하지만 두 개의 어깨는 감춤 부분을 약화시킨다. 선반의 경우, 감춤 라벳은 풀하우징보다 결합이 우수하지만 서랍장 러너와 같이 내부 뼈대를 작업하는 기계장치의 경우에는 풀하우징 작업을 하는 것이 더 적합하다. 왜냐하면 감춤 라벳은 부착에 필요한 나사 슬롯을 밀링할 수 있는 재료가 부족하기 때문이다. 부재들을 하우징할 때 더 단정하게 보이려면 접합 부위를 덮는 작은 어깨를 절단하는 것이 좋다. 아래 그림을 보면 전체를 감춘 라벳은 다도용 스트레이트 비트로 절단할 수 있으며, 이를 절단하기 위한 라우터 펜스나 추가 라벳 비트는 필요 없다.

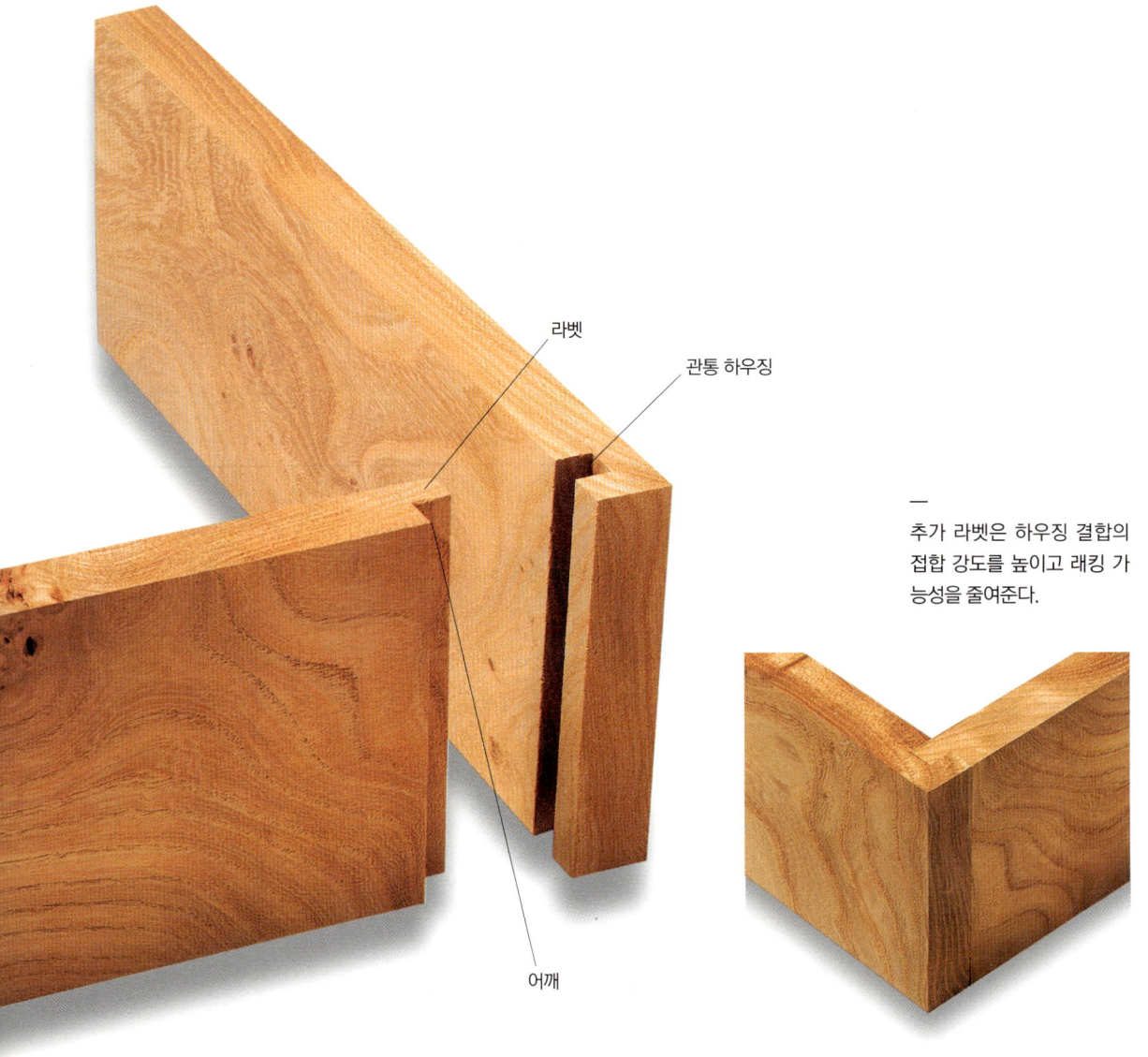

라벳

관통 하우징

추가 라벳은 하우징 결합의 접합 강도를 높이고 래킹 가능성을 줄여준다.

어깨

작업 순서

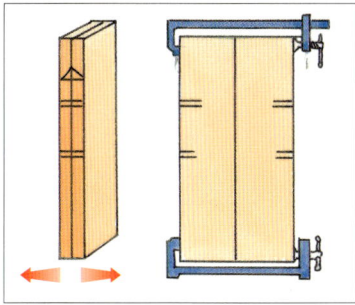

1 선반 두께의 ²/₃인 스트레이트 비트를 선택한다. 두 개의 다도를 배치한 후 표시하고 수직으로 세운다. 간격을 벌린 다음 평평하게 고정하고 다도 표시들이 사각형을 이루도록 한다.

4 라우터를 펜스에 대고 두 번째 다도를 자르도록 유도한다. 펜스를 제자리에 고정한 상태에서 각각의 새로운 다도로 진행하여 연속적으로 절단 작업을 한다.

2 비트에서 기저부 가장자리까지 거리를 측정하여 다도 레이아웃으로부터 이 거리만큼 펜스를 오프셋한다. 표시된 것들 중에서 첫 번째 다도는 두께의 ¹/₃ 정도로 자른다.

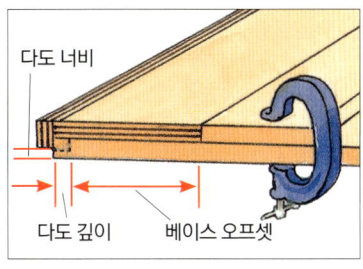

5 베이스 오프셋에 다도 깊이를 더한 다른 게이지를 만든다. 다도 너비에 맞게 선반 끝에 있는 촉을 라벳하기 위한 펜스를 설정한다.

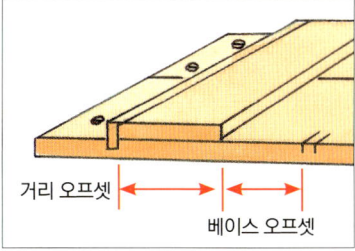

3 러너를 다도에 꼭 맞게 끼운 후 다음 다도까지 측정해서 베이스 오프셋을 빼고 이 너비까지 펜스를 떼어 러너에 붙인다.

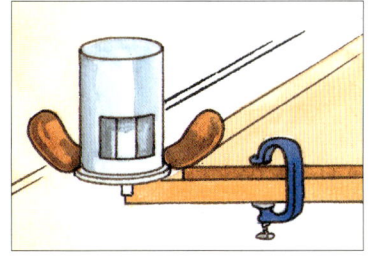

6 똑바로 세운 상태에서 선반 어깨 사이의 거리가 원하는 치수와 같도록 양쪽 끝에 라벳을 자른다. 그리고 촉이 어깨에 얹히지 않도록 한다.

변형 방법

감춤 라벳 변형하기

절반 어깨 또는 하나의 어깨를 가진 주먹장은 가장 쉽게 만들 수 있는 감춤 주먹장이지만, 뒤에서 미끄러져 들어가기 때문에 부재들이 접착제로 인해 부풀어 오르면 긴 다도를 작업하기 어려울 때가 있다.

특정 모서리 짜임을 위해 판재의 양끝 마구리면에 라벳을 하우징하는 것은 전체적으로 결합력이 주먹장만큼 강하지는 않지만 캐비닛 하단이나 서랍 모서리에 장력을 가한다. 이때 감춤 라벳은 짧은결이 충분하고 서랍 하단이나 캐비닛 뒤쪽의 래킹이 감소하면 작업한다.

고정-라우터 처리된 감춤 라벳
Stop-routed housed rabbet

관통 하우징의 장점은 빠른 제작에 있다. 단점은 접합 부위가 보인다는 점인데 감춤 라벳의 절단면 가장자리는 외관상 깔끔하지 않다. 접합면이 그 부위를 안 보이게 덮을 것이지만, 작업하는 데 시간이 걸린다. 따라서 관통 하우징과 제작에 있어 '더 느린' 고정된 하우징 사이의 선택은 설계 문제가 된다.

작업할 때는 컷을 레이아웃에 맞추고, 새들 지그로 다도를 멈추는 것이 편리하다. 이때 지그가 선에 맞게 적절한 지점에서 멈추도록 제어해야 한다. 이렇게 작업하면 정확성이 올라가고 스트레스가 줄어든다.

그림과 같은 하우징 결합 방식은 결합 강도가 좋고 이음새가 깔끔하다.

작업 순서

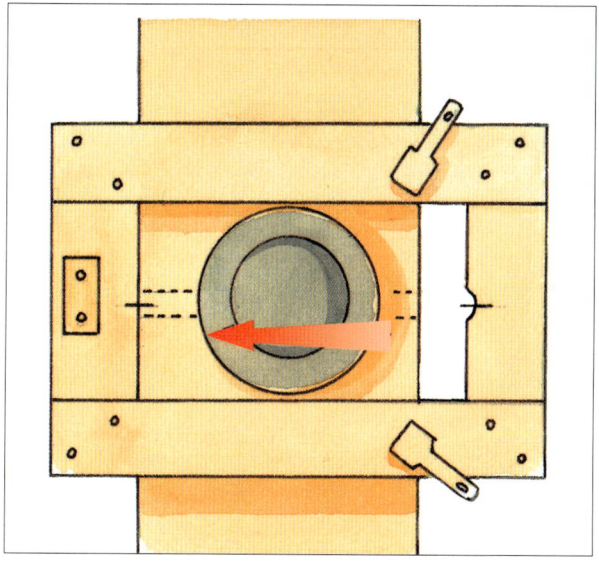

1 새들 지그 중심선을 다도 중심선에 맞추고 라우터를 다도 목재의 가장자리 바로 앞에서 멈추도록 블록을 설정한다.

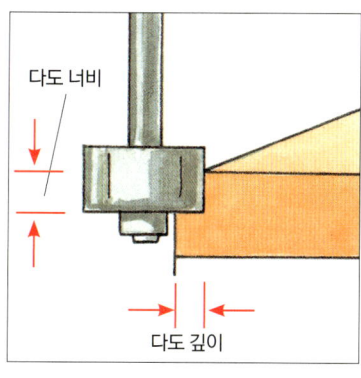

2 절단 깊이가 다도 깊이와 동일한 라벳팅 비트로 라벳을 절단하고 촉의 두께가 다도 너비에 잘 맞을 때까지 라우팅한다.

3 고정된 다도가 후퇴한 지점과 맞추기 위해 촉의 길이를 톱으로 잘라내고, 그곳의 어깨면을 깎아낸다. 이때 짜맞춤의 앞 가장자리가 수평으로 정렬되는지 테스트한다.

변형 방법

반턱 주먹장맞춤
외부에서 힘이 가해질 것(큰 케이스에 책들이 기대는 무게만큼)이 예상될 때, 반턱 주먹장의 제혀는 장력에 대항하게끔 결합력을 강화한다.

서랍 맞춤
감춤 라벳은 서랍 앞쪽의 마구리면이 접합면에 의해 덮일 경우 캐비닛 상단과 하단을 측면으로 연결하고, 서랍 뒷면과 앞면을 측면으로 연결한다.

장붓구멍과 장부:

오래된 직각 결합 방식

5

장붓구멍과 장부에 대하여
About the mortiseand-tenon

두 가지 기본 장붓구멍 유형과 짝을 이루는 두 가지 기본 장부 유형이 있다. 관통 장부는 장붓구멍이 뚫린 부분에 곧바로 관통된다. 뭉툭하거나 막힌 숨은 장부는 숨은 장붓구멍에 들어맞으며, 이는 장붓구멍을 통과하는 것이 아닌 장붓구멍 부재의 바닥에 닿는 것이다. 장붓구멍은 대부분 직선 모양이지만 둥글거나 끝이 긴 슬롯 모양도 있다.

오픈 슬롯 장붓구멍은 장붓구멍과 장부와 밀접한 관련이 있다.

장부에 추가된 어깨는 여러 가지 용도로 사용된다. 그들은 래킹에 대한 저항력을 증가시켜 결합을 강화한다. 장붓구멍이 있는 부재들의 약한 끝이나 가장자리로부터 장부를(장붓구멍과 함께) 이동시킨다. 어깨는 가장자리를 덮고 깊이가 멈추는 지점을 만든다. 장부의 어깨와 장붓구멍은 각도를 조절하여 장붓구멍과 장부의 기본 T형 또는 L형의 직각 방향을 수정할 수 있다.

장붓구멍과 장부 용어
장붓구멍 주머니는 돌출된 촉이나 장부를 수용한다.

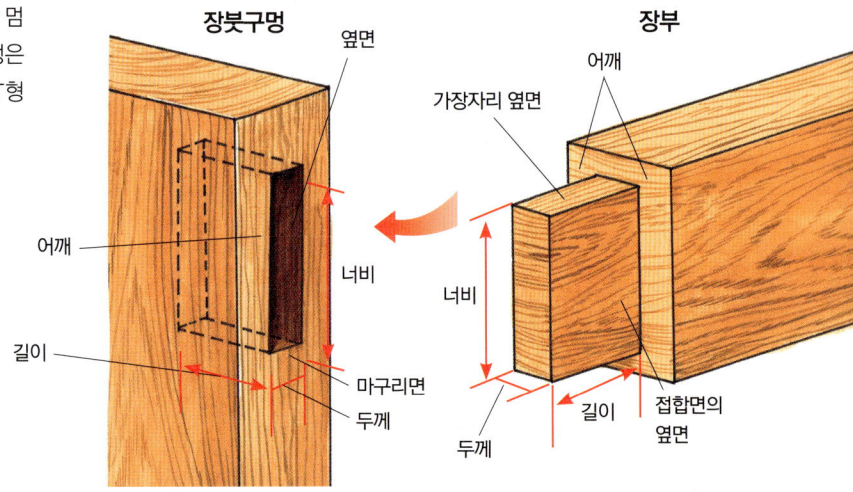

장붓구멍의 기본 유형

  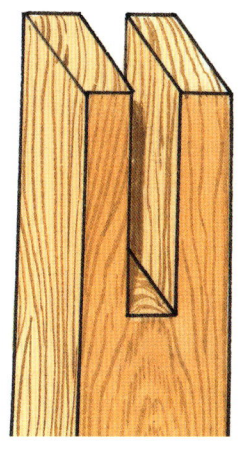

숨은 장붓구멍은 평평한 바닥을 가지며 맞은편 접합면에 조금 못 미치게 컷을 멈춘다. 따라서 장부의 끝은 나무로 둘러싸여 있다.

관통 장붓구멍은 부재를 관통하는 구멍을 만들어, 일단 조립되면 다른 쪽에 있는 구멍에서 장부의 끝을 볼 수 있다.

특수 슬롯 장붓구멍은 부재의 끝부분에 깊은 다도 컷을 한 것이다. 장붓구멍과 장부와 밀접한 관련이 있는 여유를 두고 재단된 장부나 석장 장부에 사용한다.

장부의 기본 유형

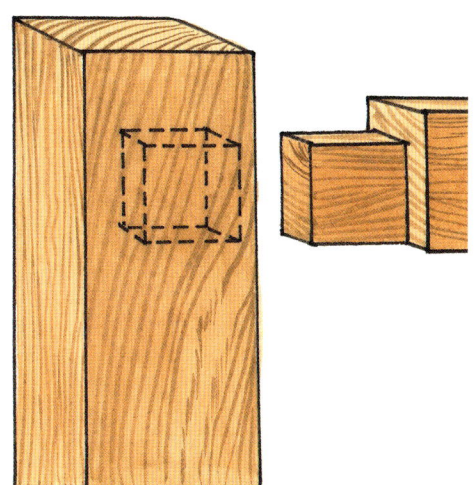 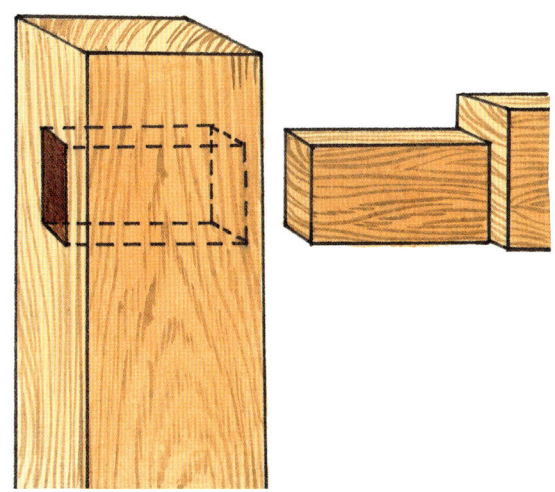

숨은 또는 짧은 장부는 숨은 장붓구멍으로 둘러싸여 있으며, 장붓구멍 부분을 관통하지 않는다.

관통 장붓구멍에 삽입된 관통 장부는 적어도 장붓구멍이 있는 부분의 맞은편 접합면까지 연장되며 때로는 그 이상으로 연장되기도 한다.

장부 어깨의 기본 유형

접합면에 어깨가 없이 그대로 노출되는 장부가 있는데, 이것은 어깨를 만들면 약해질 수 있는 널이나 얇은 목재에 사용되는 방식이다.

노출된 장부에 하나 또는 두 개의 모서리 어깨를 만들면 래킹 저항력이 증가한다. 또한 부재에 정확한 길이를 설정하여 깊이 고정을 정확히 할 수 있다.

앞쪽에 있는 하나의 어깨는 장부를 반턱맞춤과 유사하게 만들어 특정 용도에서 이를 상쇄하지만, 장부는 여전히 노출된다.

앞쪽 어깨 부위가 두 개인 장부는 슬롯 장붓구멍의 완벽한 짝이지만, 관통이나 숨은 장붓구멍에는 너무 긴 장붓구멍 끝을 숨길 가장자리의 어깨가 부족하다.

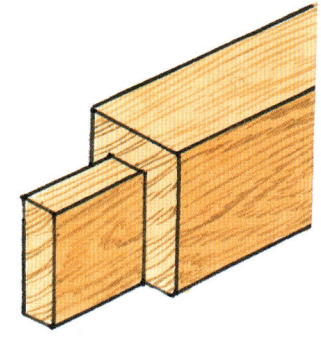

세 개의 어깨는 장부와 그것의 짝인 장붓구멍을 모서리에서 멀리 이동시킨다. 장붓구멍과 장부는 둘 다 나무에 둘러싸인다.

네 개의 어깨는 전체 부재를 가지런하게 정렬하기 어려워서 조립 후 이음매를 조각하거나 가공할 경우를 제외하면 시공에 불필요한 경우가 많다.

결합 방식의 활용

L자 방향의 결합 방식은 모서리 반턱맞춤에서 슬롯 장붓구멍으로 그리고 장붓구멍과 장부맞춤으로 변화한다.

T자 방향에서의 반턱, 슬롯 장붓구멍을 가진 석장 장부, 장붓구멍과 장부맞춤은 접착 표면이 두 배로 늘어나고 래킹에 대한 저항력이 증가한다.

장붓구멍과 장부를 선택하고 사용하기
Choosing and using mortise and tenon

장붓구멍과 장부에는 수백 가지 변형이 있다. 프레임, 다리 조립 또는 뼈대이음 등 각 설계마다 요구 사항이 변경되고 이를 충족하도록 수정된다. 변형을 위해서 구조와 스타일에 맞는 재료, 장붓구멍의 유형 및 짝을 이루는 장부를 고려해야 한다. 또 다른 고려사항은 결합의 안정성과 디자인에 적합한 어깨와 내구성 강화에 필요한 보강이다.

장부는 장력에 대항하는 힘이 가장 약하다. 접착제 결합이 없다면 장부는 장붓구멍에서 쉽게 빼낼 수 있다. 그래서 목심이나 쐐기를 박아 이를 방지하고 결합에 기계적 강도를 더한다. 조립된 목재를 통과하는 목심이나 나사 또는 페그를 박는 것뿐만 아니라 표면에는 장식적인 플러그(plug)도 가능하다. 그러나 나무의 팽창과 수축으로 인해 마감처리 없이 핀으로 고정하는 것은 장붓구멍이 있는 부재를 갈라지게 하여 수분의 교환 속도를 늦출 위험이 있다. 장붓구멍이 벌어지거나 장부가 통과하여 쐐기나 키를 위한 장붓구멍이 생긴다면, 이때 박는 쐐기는 부재가 손상되지 않는 한 실패할 가능성 없이 장력에 대한 저항력을 만든다.

장부와 어깨를 수정하는 것은 목재의 결합이 비틀리고 래킹되는 것에 대비하여 조인트를 안정시키는 데 사용하는 주요 전술이다. 때로는 장부의 디자인이 작업 자체를 안정시킨다. 특정 장부 디자인은 프레임 및 패널 구조에 사용하는 보강용 어깨처럼 요구 사항을 충족하기 위해 발전하여 스타일 끝에 있는 패널홈을 채우기도 한다. 장붓구멍과 장부 다리 및 스트레처 결합은 중세 여행용 가대(버팀 다리)식 탁자에서부터 접착제 없이 쉽게 분해 가능한 메뚜기 장부 또는 쐐기를 박는 방식으로 변화해왔다. 그리고 고전적인 반월형 테이블의 전면 다리와 에이프런을 잇는 데 사용하는 석장 장부에 이르는 역사를 갖고 있다.

장력에 저항하기 위해 장붓구멍과 장부를 강화하는 전략

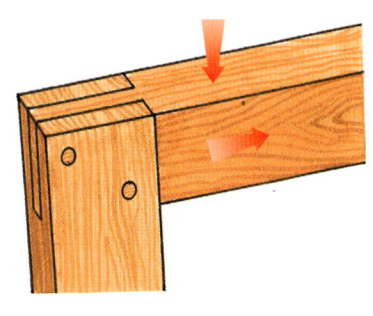 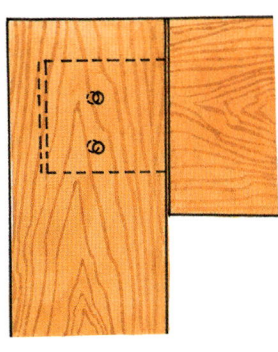

석장 장부에 삽입된 목심은 하중과 장력에 대한 힘을 보강하며, 메뚜기 구멍[두 부재 가장자리에 약간 어긋나게 판 장붓구멍, 목심을 박아서 두 장부를 단단히 죔]이 있는 장붓구멍과 장부에 삽입된 목심은 약간 어긋난 구멍을 정렬하여 목재를 더욱 단단히 당긴다.

장붓구멍과 장부를 안정화하는 결합 방식

  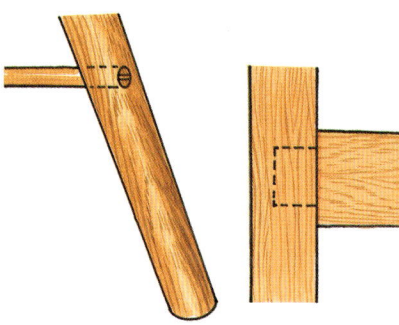

장부의 두께가 두꺼우면 비틀림에 저항할 수 있지만 장붓구멍의 부재를 너무 많이 제거하게 된다는 단점이 있다. 반면 장부의 두께가 얇으면 더 접착력이 약한 마구리면이 많이 생긴다.

프레임에서 패널홈은 보강용 어깨에 채워지는데 어깨의 역할과 같이 래킹 저항력과 뒤틀림 방지 기능을 제공하면서 장부를 끝에서부터 뒤로 당겨 유지시킨다.

어깨 면적이 부족한 장부에 쐐기 작업을 하면 넓은 어깨를 가진 장부에 내장되어 래킹 저항력을 지닌다.

 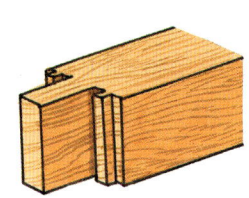 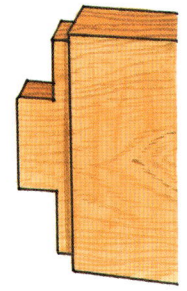

쌍장부는 장붓구멍이 결과 같은 방향으로 순행하며 세로면이 길게 뻗어 있다. 비틀림 방지 효과가 매우 크며, 가장자리에 어깨가 있어 래킹 저항력도 훨씬 뛰어나다.

제혀가 있는 어깨는 표면 근처의 움직임을 억제하여 접합면의 결합을 강화하고 재질의 안정성을 돕는다.

넓은 장부의 보강용 어깨는 비틀림을 방지하고 약간의 접착면을 제공하면서 장붓구멍에서 제거되는 부재의 양을 줄여 결합을 강하게 유지한다.

장부에 쐐기를 넣는 유형

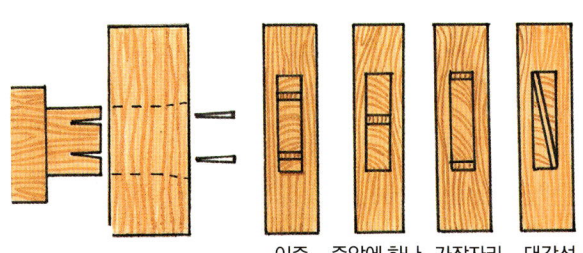

이중 중앙에 하나 가장자리 대각선

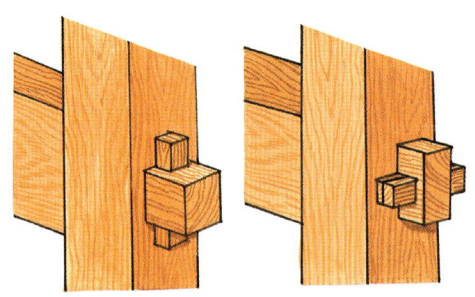

장부가 다시 빠지지 않도록 팽팽하게 조이거나 벌리기 위해, 관통 장부는 쐐기를 박을 홈을 길게 내야 한다. 이때 장붓구멍은 삽입하는 반대쪽이 더 넓게 벌어져 있어야 한다.

단일 또는 이중으로 테이퍼된 쐐기를 박기 위해 장붓구멍을 낸 관통 장부는 장력에 대한 저항력이 강화된다. 이때 쐐기는 제거할 수 있도록 분해된다.

뼈대 구조에서 사용하는 장붓구멍과 장부

서랍 레일은 측면이 휘지 않도록 고정할 필요가 없을 때 사용하며, 뼈대 구조에서는 일반적으로 측면에 짧은 장부를 사용한다.

하우징 결합 방식의 변형에서, 전체 또는 부분 하우징은 장붓구멍이 된다. 여기에 접합하는 장부는 선반 끝이나 촉에서 절단한다.

접합면에 어깨 부위가 없는 장부의 경우 장부를 통과해서 쐐기를 박고 선반과 구조물의 측면을 연결한다.

프레임 구조에서의 장붓구멍과 장부

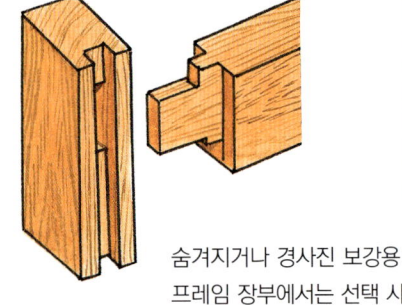 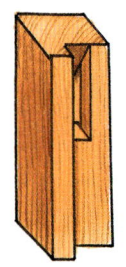 

숨겨지거나 경사진 보강용 어깨는 라벳 처리된 패널을 위한 프레임 장부에서는 선택 사항이지만, 오른쪽 그림과 같은 한쪽이 경사진 어깨는 라벳된 만큼 뒤로 물러난다.

틀을 만든 측면이음에서 패널을 수용하기 위해 라벳 처리하거나 홈 가공을 할 수 있지만, 만들어진 틀은 내부에서 사선접합된다.

가구의 다리를 조립할 때 사용하는 장붓구멍과 장부

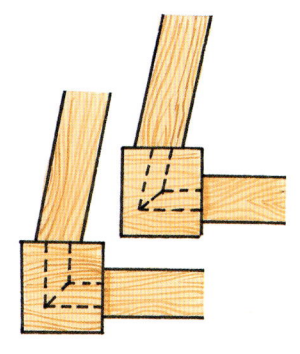

가대식 탁자의 쐐기가 박힌 관통 장부처럼, 장부는 장식용을 넘어 다양하게 확장될 수 있다.

의자 좌석의 가로대를 뒤쪽으로 비스듬히 연결하기 위해, 장부가 다소 연속적인 세로결을 유지할 수 있다. 이때 장붓구멍이 각진 경우라면 각을 이루게 된다.

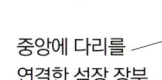

중앙에 다리를 연결한 석장 장부

석장 장부는 일반적으로 에이프런이 테이블의 중앙 다리를 통과하거나 가대식 탁자의 발을 결합하기 위해 사용된다.

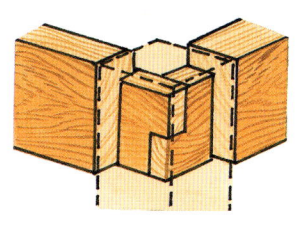
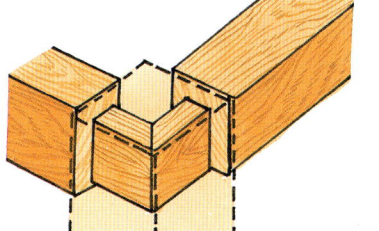

테이블 다리에서 장부끼리 만나면 겹쳐지거나 사선접합될 수 있지만, 한쪽 접합면의 어깨는 에이프런이 다리와 수평이 되도록 정렬된다. 어깨의 폭이 더 좁아지면 장붓구멍의 벽이 너무 얇아질 수 있다.

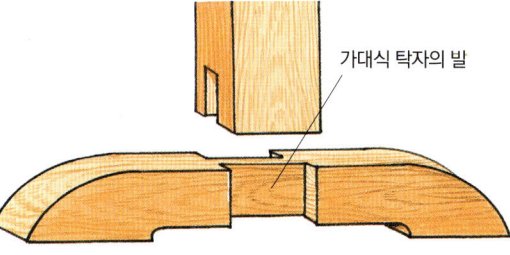

가대식 탁자의 발

별도의 느슨하거나 미끄러운 장부는 어깨의 절단과 장착을 단순화한다. 장붓구멍은 부재의 한 조각 비트 또는 장부를 절단해 작업한다.

아치형 레일의 약점인 짧은 결은 장부의 어깨 부위를 각지게 하거나 접합부의 요건에 맞게 장부 자체를 수정해서 해결한다.

기본 장붓구멍과 장부
Basic mortise-and-tenon

곧은결을 가진 장붓구멍의 표준 너비는 목재 두께의 약 ⅓이다. 장붓구멍은 보통 목재 두께의 ⅓에 가장 가까운 장붓구멍을 만드는 끌과 비율이 일치한다. 장붓구멍이 너무 넓으면 옆면이 약해지고, 너무 좁으면 장부가 약해지기 때문에 이 비율이 가장 일반적인 지침이다. 수작업으로 장붓구멍을 만들어 만족스러운 결과물을 얻기 위해서는 연습이 필요하다. 한 번 지나갔던 레이아웃 선을 더 깊게 새기면 끌 작업을 할 때 잔여 부분을 깨끗하게 제거하여 어깨 부위를 더욱 수월하게 다듬을 수 있다. 장붓구멍을 만드는 작업에 있어서 약간 경사지게 끌 작업을 하는 것도 절단을 잘하는 데 도움이 된다.

장부를 톱질할 때 어깨를 먼저 깎아서 톱질이 너무 깊이 들어가면 세로결로 갈라져서 장부가 약해질 수 있다는 주장이 있다. 반면 한 부재의 양쪽 끝을 장부로 다듬을 때는 어깨의 길이를 설정해야 하기 때문에 옆면을 먼저 깎는 것이 바람직하다는 주장도 있다. 이는 알아만 두도록 하자.

모든 장붓구멍들을 잘라낸 다음 장부를 끼운다. 장붓구멍의 옆면보다 장부의 옆면을 약간 깎아내는 것이 훨씬 쉽다.

장붓구멍

장부

어깨

손으로 숨은 장붓구멍 만들기

1 실제 접합면과 가장자리가 정렬된 상태에서 장부 부분을 장붓구멍에 대고 표시한다. 장붓구멍이 모서리와 맞아 떨어질 경우 갈라지지 않도록 임시 여분을 남겨둔다.

4 표시된 접합면에 게이지 펜스를 조절하여 장붓구멍의 너비를 목재 두께에 맞춘다. 직각으로 그어진 선의 끝부터 긋는다.

2 장부의 윤곽선 내에서 어떤 어깨든 끼워 넣을 수 있게 장붓구멍의 길이를 정한다. 각 장붓구멍의 끝이 정확한 접합면에서 직각이 되는 곳에 칼을 사용해 금을 긋는다.

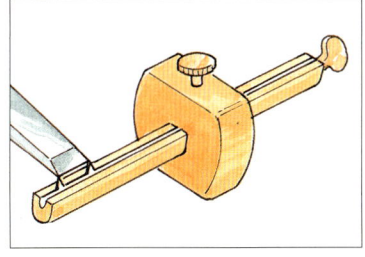

5 부재를 벤치 다리 위에 고정하고 근처에 장붓구멍의 측면과 뒷면을 시각적으로 보조하는 용도로 직각자를 세운다. 끌을 90도로 세워 작업을 시작한다.

3 장붓구멍 표시 게이지의 스퍼[spurs. 비트의 일종]를 목재 두께의 $1/3$에 가장 가까운 끌 너비로 설정한다. 각 장붓구멍의 옆면을 위해 적어도 목재의 $1/4$ 이상 남겨둔다.

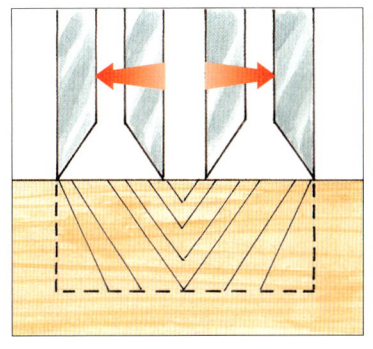

6 한 가지 유용한 절삭 방법은 중심에서 절단을 시작하는 것이다. 끌이 장붓구멍의 끝을 향해 움직이면서 깊이가 더해지는데 이후 순서를 바꾸어 반대쪽 끝을 향해 깎아준다.

변형 방법

숨은 장붓구멍을 만드는 다른 방법

장붓구멍을 만드는 끌로 잔여 부분을 제거하는 또 다른 방법은 드릴을 사용해 구멍을 뚫고 벤치 끌로 옆면을 정리하는 것이다. 작업의 효율성을 높이는 브래드포인트 비트 또는 포스너 비트[감수자 주. 209쪽 참고]는 평평한 바닥을 남겨 장붓구멍의 깊이를 쉽게 측정할 수 있도록 한다.

라우터를 이용하면 장붓구멍이 수평이 되도록 설정할 수 있지만 몇 가지 더 간단한 해결책이 있다. 비트는 마구리면 커팅을 위한 용량을 가져야 하며, 업 스파이럴 플루트는 장붓구멍에서 잘려진 조각을 제거하는 데 도움이 된다. 이때 여러 번 얕게 작업하는 것이 가장 좋다.

수작업으로 기본 장부 만들기

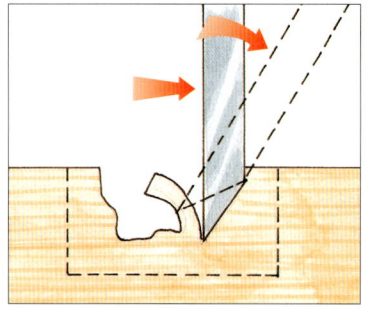

7 두 번째 방법은 끌을 부분적으로 아래로 기울여 끝부분에 있는 잔여 부분이 다 제거될 때까지 다른 층을 따라가면서 작업한다.

1 실제 가장자리에서부터 접합면을 가로질러 어깨에 직각선을 긋는다. 선 주변에 모든 어깨와 장부의 길이를 직각으로 표시하여 장붓구멍 깊이에 맞춘다.

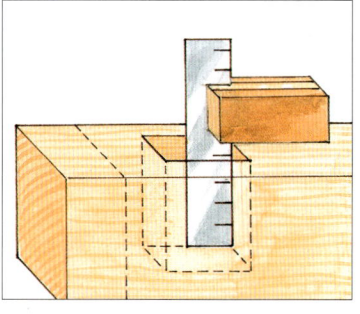

8 끌을 활용해서 바닥을 평평하게 만들고 직각자를 세워 옆면이 접합면과 직각을 이루는지, 깊이가 맞는지 확인한다.

2 장붓구멍 마킹 게이지를 장붓구멍의 너비보다 약간 높게 설정한다. 펜스를 조절하여 표시된 접합면으로부터 부재 주변의 장부 두께를 찾아 자국을 낸다.

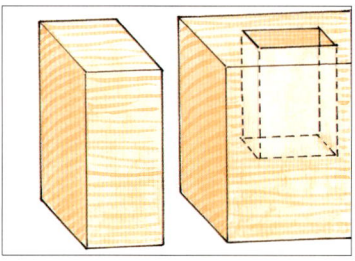

9 마지막은 페어링 컷[paring cut. 점점 얇아지는 컷]으로 표시된 곳까지 양끝을 다듬는다. 끌 작업으로 인해 손상된 가장자리를 정리하고 접착시킨 다음 가공된 돌출부위를 잘라낸다.

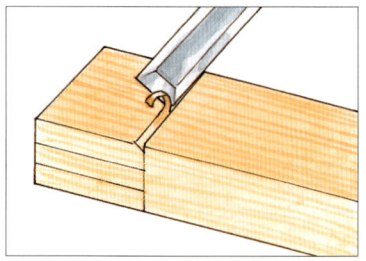

3 어깨 라인을 더 깊게 깎아 스코어링을 한다. 끌로 접합면 어깨의 제거될 부분을 따라 작은 경사가 지도록 깎으면서 톱 작업을 안내한다.

4 엄지와 손가락으로 부재와 벤치 후 크[bench hook. 공구류를 사용할 때 재료가 앞뒤로 밀리지 않도록 작업대 앞쪽 윗부분에 붙여놓은 나뭇조각]의 클리트[cleat. 표면에 고정된 긴 목재로 대상물이 잘 고정되도록 함]를 잡고 검지로 톱을 고정한 다음, 어깨 부위를 장부 라인까지 톱질한다.

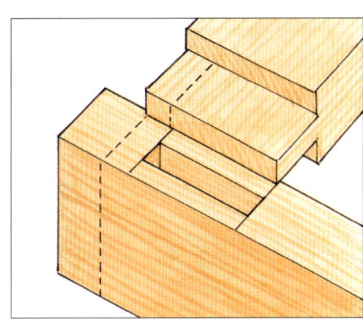

7 장부를 장붓구멍 레이아웃에 맞추고 세 번째 어깨의 절단선을 표시한다. 뒤따르는 부재를 작업할 때는 그것의 장붓구멍으로 측정한다.

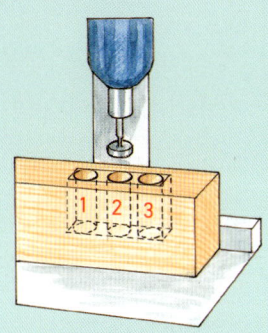

변형 방법

포스너 비트를 이용해 장붓구멍 만들기

포스너 비트를 사용하여 잘려진 조각을 제거하고 평평해진 바닥의 각 끝과 중간에 장붓구멍을 뚫는다. 이후 비트와 끌로 깨끗하게 다듬는다.

5 장부를 수직으로 고정하고 톱을 레이아웃 선 아래로 기울인다. 엄지로 톱을 고정하고 부재의 제거해야 할 부분에 커프를 남긴다.

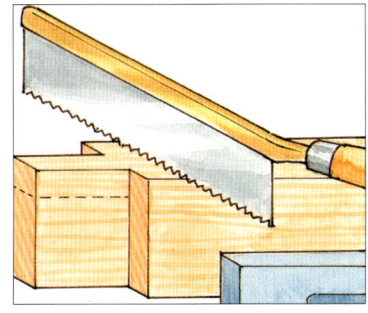

8 톱질할 때는 접합면의 어깨선까지 절단하지 않도록 주의한다. 세 번째 어깨를 표시한 선까지 자르고 장부 결을 따라 톱질하면서 필요 없는 잔여 조각을 제거한다.

6 1차 컷에서 톱질을 위해 바이스로 부재를 뒤집을 때 2차 컷을 유도하는 커프를 만들고, 3차 컷을 할 때 나머지 부분을 제거한다.

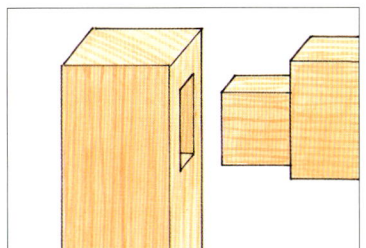

9 벤치 끌로 장부를 깎은 후 손으로 압력을 가해 장붓구멍에 맞추거나 홈대패를 사용해 톱질 자국을 매끈하게 다듬고 접합한다.

장붓구멍 라우팅하기

부재를 벤치 바이스에 고정한 상태에서 장붓구멍을 따라 플런지 라우터를 안내하고 다른 판재와 같은 높이로 들어 올리면 정리 및 추가 라우터 지원이 가능하다.

레디얼 암쏘를 이용해
오픈 슬롯 장붓구멍 만들기
Open slot mortise on a radial-arm saw

레디얼 암쏘는 테이블 톱으로 부재를 수직 절단하는 것이 너무 길거나 무거울 때 수평으로 작업할 수 있다는 장점이 있다. 장붓구멍의 너비는 일반적인 지침에 따라 ⅓이지만 각 가장자리의 끝과 아래에서 어깨처럼 표시된 장비 너비까지 측정하고 표시한다.

때로는 석장 장부로 불리는 오픈 슬롯 장붓구멍과 장부는 세 개의 동일한 구획이 있는 센터 랩에 비유할 수 있다.

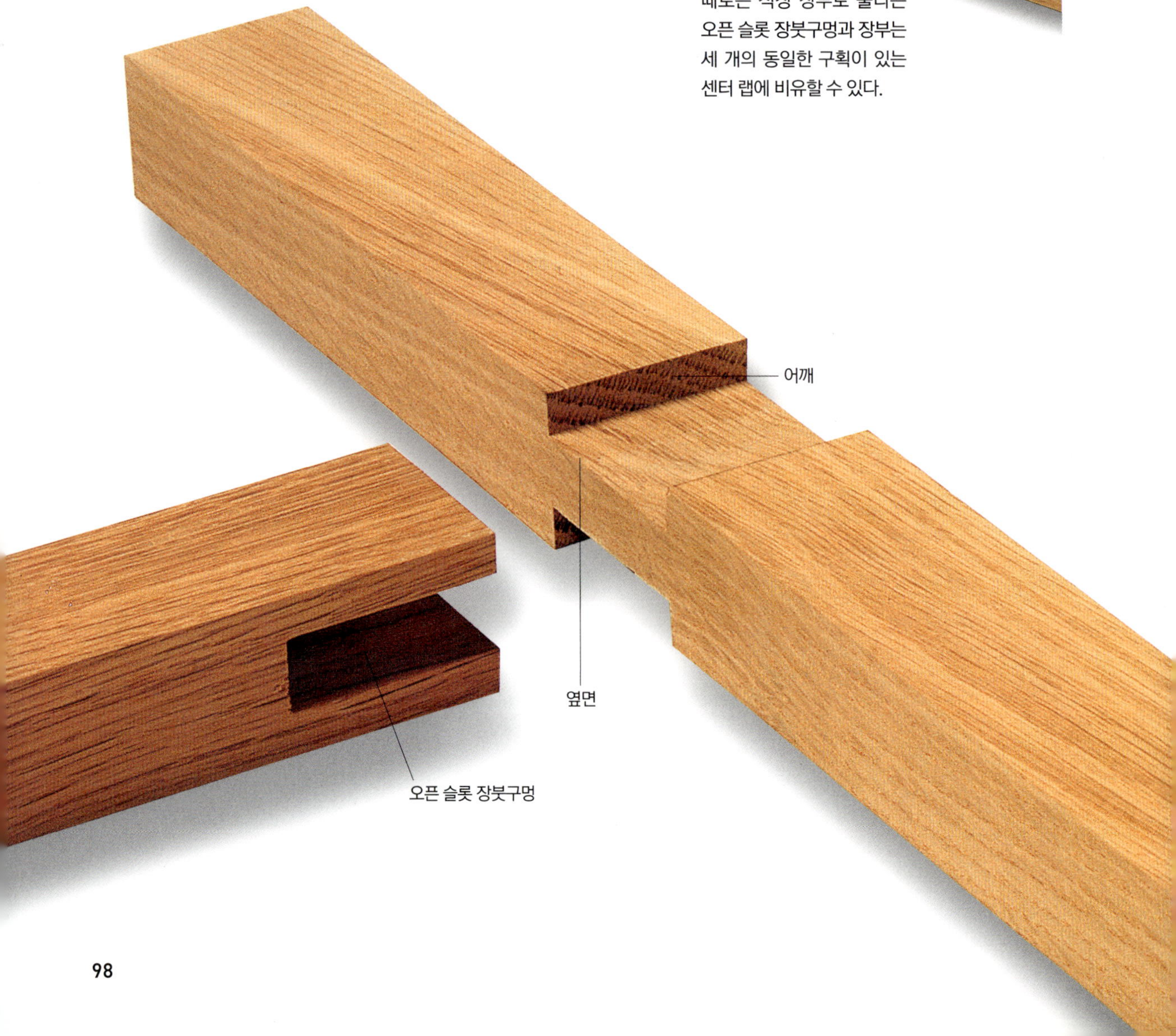

어깨

옆면

오픈 슬롯 장붓구멍

작업 순서

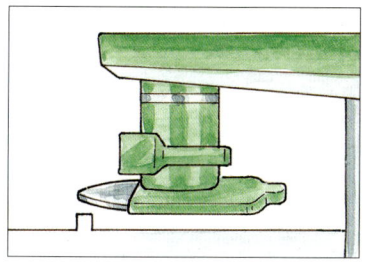

1 원하는 장붓구멍 너비를 설정한 다 도 헤드를 수평 위치에 고정해 블레이드의 바깥지름이 톱 펜스의 전면과 정확하게 정렬되도록 한다.

2 스크랩 합판으로 슬라이딩 지그를 만들고 그 위에 펜스 스퀘어와 스크랩을 부착한다. 이때 손이 미끄러지지 않도록 주의한다.

3 표시된 어깨선이 톱 펜스의 가장자리와 나란해질 때까지 부재를 밀어 넣는다. 블레이드를 따라 지그를 밀어 장붓구멍을 만들도록 블레이드를 정렬한다.

변형 방법

필요 없는 잔여 부분을 제거하는 또 다른 방법들

레이아웃의 중앙에 제거할 부분이 있다면 오픈 슬롯 장붓구멍을 깎은 톱으로 손질한다. 잘려진 조각을 배출하기 위해 구멍을 뚫는 것 외에 톱질 후 끌로 파내는 방법이 있다. 각 측면에서 중앙으로 작업하면서 제거할 부분을 잘라내고 마구리면에서 조각을 정리한다. 이 작업을 더 확실하게 수행하는 방법은 드릴이 장붓구멍의 중앙에 정확하게 정렬되도록 펜스를 조절한 상태에서 드릴 프레스에 포스너 비트를 사용하는 것이다. 구멍들이 서로를 침범할 수 있으므로 조심스럽게 작업하면, 마침내 벤치 끌로 마무리할 부재는 거의 남지 않는다. 찢어짐을 방지하기 위해 스크랩 조각 작업에 공을 들인다.

손으로 관통 장붓구멍 만들기
Through mortise by hand

손으로 관통 장붓구멍을 작업할 때 가장 주의해야 할 점은(접합면과 직각을 유지해야 하는 점 외에) 장부 어깨에 의해 덮이지 않는 면이 갈라지지 않도록 해야 한다는 것이다. 이러한 이유로, 레이아웃은 각 측면에서 중심을 향해 진행하고 작업해야 한다.

관통 장붓구멍을 절단할 때 부재가 갈라지는 것을 방지하려면 먼저 관통 장붓구멍의 레이아웃을 어깨가 있는 면으로 깊숙하게 잘라야 한다. 이렇게 하면 갈라짐 없이 반대쪽으로부터 똑바로 구멍을 뚫을 수 있다. 부재가 양쪽에서 뚫리는 경우라면, 펜스를 사용하여 비트 아래에 레이아웃을 배치하고 펜스에 대해 동일한 접합면을 정확하게 정렬한다.

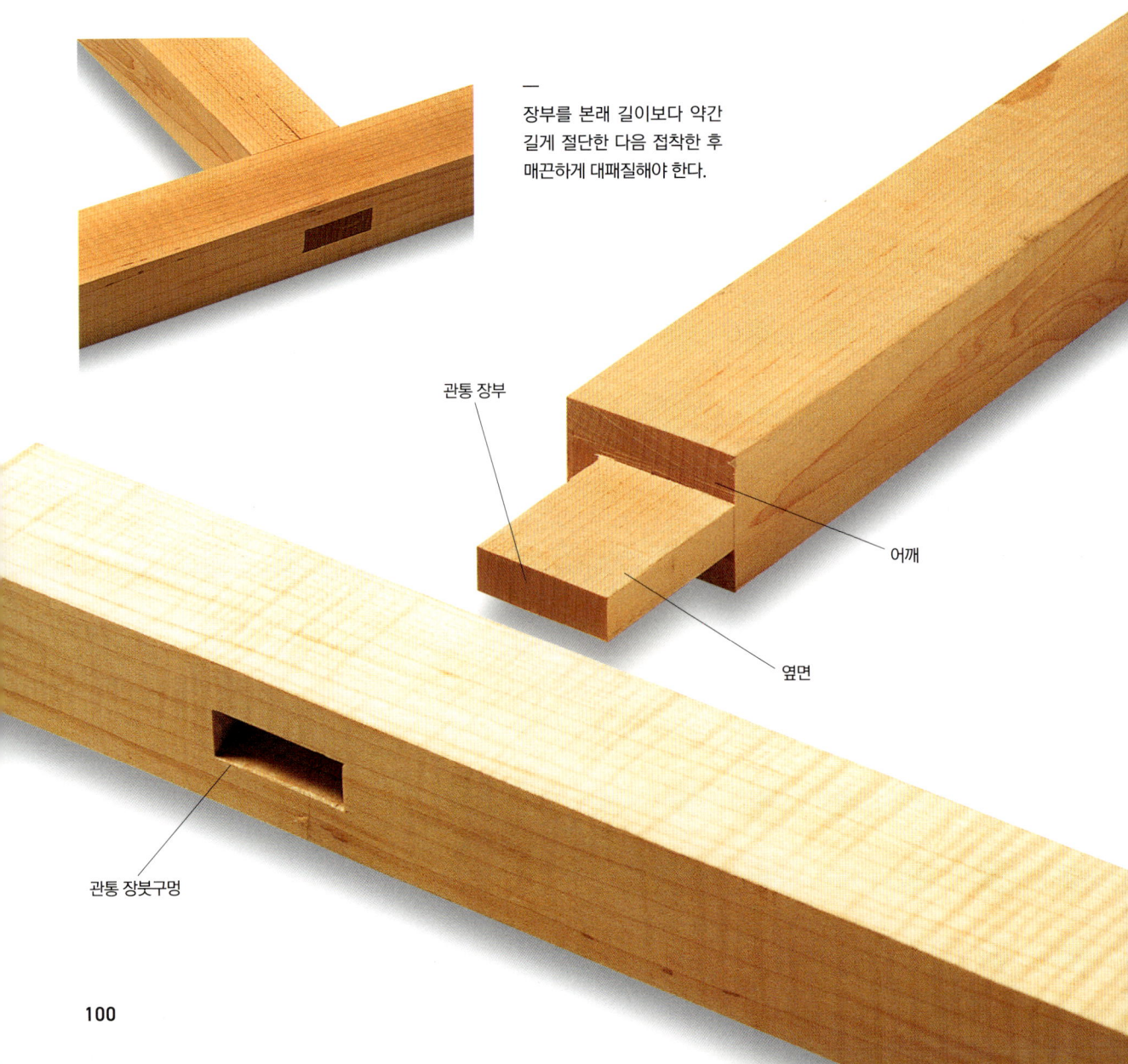

장부를 본래 길이보다 약간 길게 절단한 다음 접착한 후 매끈하게 대패질해야 한다.

관통 장부

어깨

옆면

관통 장붓구멍

작업 순서

1 95쪽의 '손으로 숨은 장붓구멍을 만들기' 단계를 따르되, 이번에는 부재 주변에 표시된 장붓구멍의 마구리면이 반대쪽 접합면과 직각을 이뤄야 한다.

2 레이아웃을 따라서 게이지로 장붓구멍의 너비를 표시한다. 표시하는 동안 같은 면에 펜스를 대고 반대쪽 면에도 너비를 표시한다.

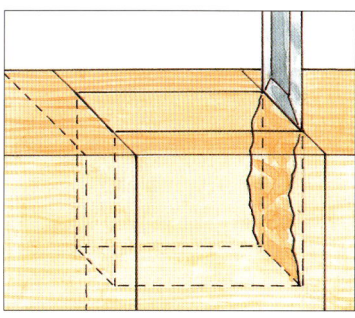

3 각각의 접합면에서부터 중간 지점을 향해 작업한다. 제거해야 할 부분을 자르고 양쪽 끝에 약간 두드러진 부분이 형성되면 조금씩 깎아나가면서 접합면과 직각을 이루게끔 다듬는다.

변형 방법

기계를 이용해 장붓구멍 만들기

각진 장붓구멍 라우트하기

각진 장붓구멍에 라우터 지그를 사용하려면 부재에 장붓구멍 각도를 표시하고 장붓구멍이 직각이 될 때까지 지그를 조절한 다음, 밖으로 밀어낸다.

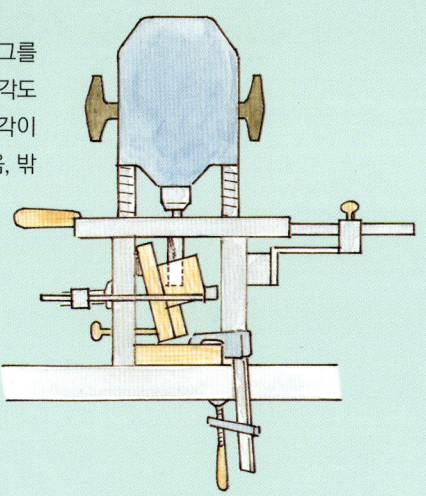

관통 장붓구멍 정리하기

브래드 포인트 비트를 이용해 양쪽 측면에서 부재를 드릴링한다. 그다음 장붓구멍에서 제거해야 할 부분을 뚫어 정리한 다음, 끌을 사용하여 옆면을 평평하게 다듬는다.

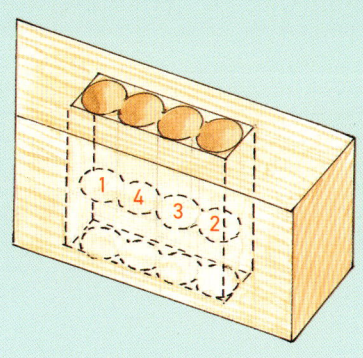

슬롯 장붓구멍의 잔여 부분 정리하기

슬롯 장붓구멍 바닥에 구멍을 뚫고 97쪽의 장부 절단 과정에 따라 슬롯을 톱질한다. 이때 제거해야 할 부분이 잘 배출되도록 한다.

각진 장붓구멍과 장부
Angled mortise and tenon

각진 장붓구멍이 실물 크기 도면에서 부재로 옮겨질 때도 장붓구멍 너비와 끝을 가장자리에 표시해야 한다. 드릴 프레스에 표시된 것과 동일한 각도의 고정 장치는 끌을 수직으로 유지하면서 절단하는 것이 가능하다.

오버핸드 라우팅 박스를 사용하면 장붓구멍을 각지게 자를 수 있다. 이 장치는 톱 슬롯이 없는 마이터 박스와 유사하게, 장붓구멍이 될 부재를 고정하기 위해서 나비나사를 이용한 경첩이 있는 렛지 세트로 수정한다. 장붓구멍의 측면이 벤치 상단과 직각이 될 때까지 부재를 조절하면서 각도를 설정한 후 끝부분에 표시한다.

드릴 프레스에서 폐기면을 뚫을 때처럼 세로로 기울어진 장붓구멍은 직각으로 기울어져야 한다. 이러한 고정 장치로 장붓구멍을 라우팅할 때는 라우터를 위쪽에 두고 부재가 한쪽에 고정되는 동안에 펜스는 상자의 한쪽면에 고정한다.

—
자유각도자는 각진 장붓구멍과 장부를 작업하기 위해 꼭 필요한 도구다.

각진 장부의 옆면

스타일

레일

드릴 프레스를 이용해 각진 장붓구멍 만들기

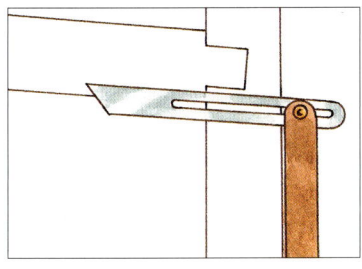

1 실물 크기 도면에서 각도자로 장붓구멍의 각도로 설정하고 부재의 외부 각도를 표시한다.

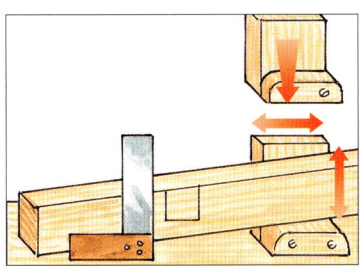

2 둥근 어깨가 있는 계단식 블록을 밀면서 작업하면 부재의 길이를 따라 생기는 손상을 방지할 수 있다. 장붓구멍 레이아웃이 벤치 상판과 직각을 이룰 때까지 높인다.

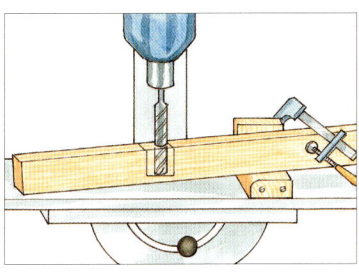

3 블록을 제자리에 고정하고, 필요한 경우 가공할 부재를 보조 테이블 위에 받친다. 표시된 레이아웃에서 비트 깊이를 설정하여 장붓구멍을 판 다음 깨끗하게 정리한다.

변형 방법

장부를 만드는 다른 방법들

기본 장부를 만드는 또 다른 방법은 반턱맞춤을 만드는 방법과 유사하다. 유일한 차이점은 일반적으로 하나의 옆면이 아닌 두 개의 옆면이 잘리기 때문에 레이아웃과 커터 조절이 다르다는 것이다. 마이터 게이지 슬롯에 장착되는 조절 가능한 지그는 앞에서 설명한 펜스형 스트래들링 지그의 변형이다. 지그 사이에 홈이 있는 러너는 지그를 직각으로 유지한다.

스톱 블록

테이블 톱 펜스의 스톱 블록은 어깨의 절단 부위를 설정하고, 어깨 너비까지 올린 다도 헤드 위로 옆면을 통과시키면서 다듬는다.

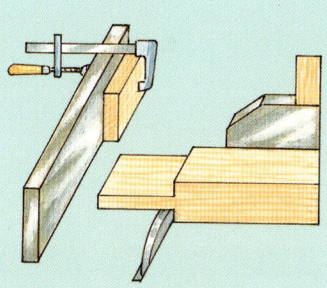

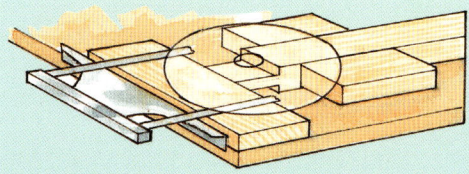

장부의 옆면 다듬기

부재를 고정하고 라우터를 지지하기 위해 합판이 부착된 나무 조각으로 만든 지그를 사용하여 장부의 옆면을 다듬는다. 이 지그는 가장자리 가이드에 의해 어깨에서 멈춘다.

지그를 이용해 장부 만들기

테이블 톱의 블레이드를 어깨 너비로 내린 상태에서 우선 어깨를 커프한다. 그다음 조절 가능한 지그가 마이터 게이지 슬롯에 들어가 바깥쪽에서 각 옆면을 다듬는다.

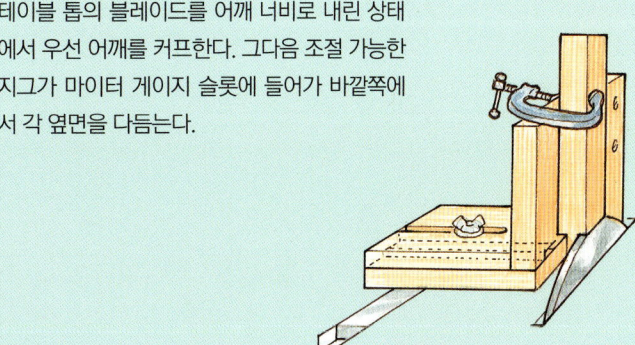

작업 순서

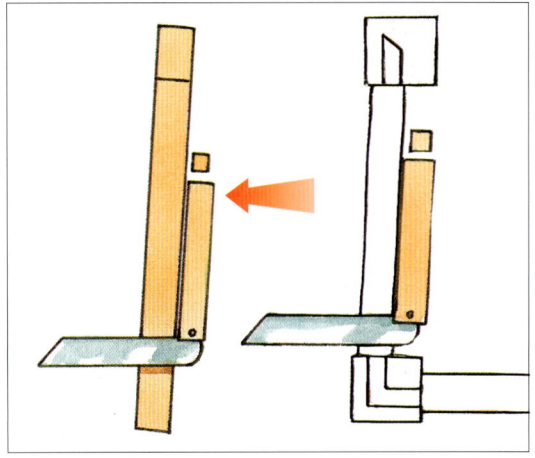

1 실물 크기 도면에서 자유각도자로 가장자리 어깨의 각도를 재고 긴 길이의 목재에 각도를 표시한다. 각도를 고려하여 어깨 사이에 올바른 간격을 표시한다.

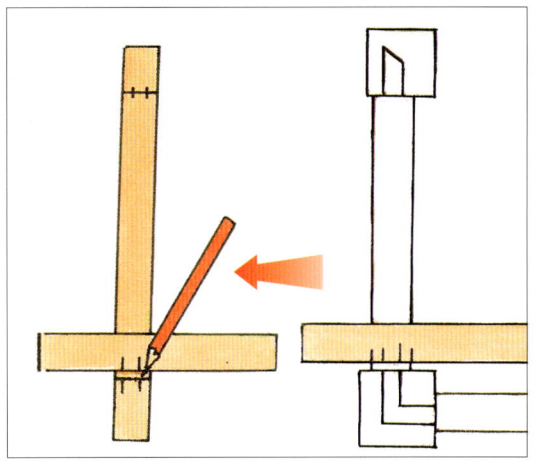

2 스토리 스틱[story stick. 잘려나갈 홈의 위치를 표시하는 용도로 자처럼 사용되는 나무토막]을 사용하여 장붓구멍의 단차와 장부 두께를 각진 어깨 표시가 있는 부재에 표시한다.

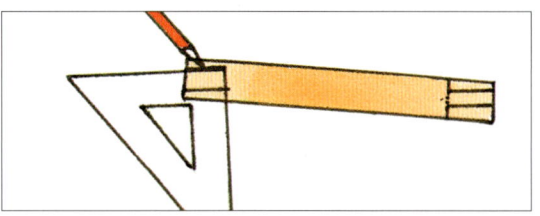

3 삼각자의 직각 모서리를 어깨 표시에 맞추어 정렬하고, 부재의 가장자리를 따라 장부의 두께의 표시를 확장한다.

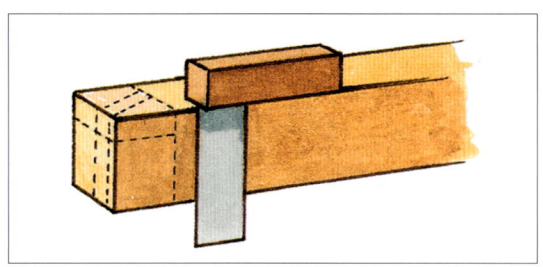

4 접합면이 되는 어깨를 직각으로 맞추고 반대쪽 가장자리에 있는 어깨 각도와 연결한다. 그 각도에서 장부의 아웃라인을 확장하고 두께를 표시한 다음 톱질한다.

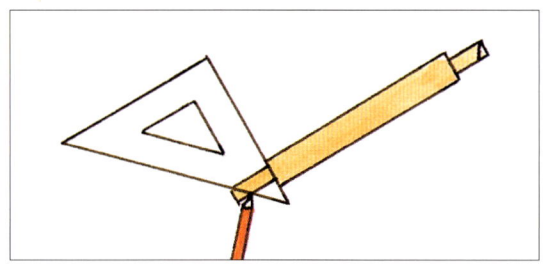

5 장부와 세 번째 어깨를 절단한 후 장부 길이를 표시한다. 삼각자를 사용하여 어깨의 45도 지점을 확인한 후 장부 끝을 사선 절단한다.

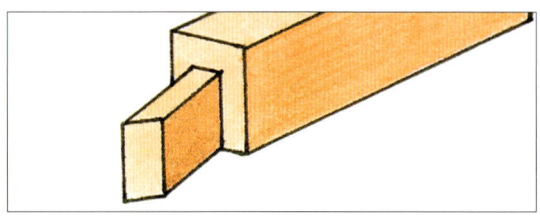

6 장부의 끝을 다듬고 다른 장부맞춤에서와 마찬가지로 옆면과 어깨 부위를 깨끗하게 정리한다.

관통 쐐기 장부
Through wedged tenon

목재의 하중이 장붓구멍과 장부에 장력을 가할 때, 접착제 결합이 이음매를 유지할 수 있는 유일한 방법이다. 핀 공법과 쐐기 공법 그리고 키나 메뚜기 산지를 박는 것은 장력에 대한 저항력을 올리는 기본적인 방법이다.

하나 이상의 쐐기를 박기 위해 관통 장붓구멍의 측면을 벌리고 장부를 깎아내는 것은 내구성이 뛰어난 수공 짜맞춤의 정석을 보여준다. 장붓구멍의 결과 대조되는 결의 나무로 쐐기를 박으면 그 형태가 유지되도록 해야 한다. 각각의 쐐기는 장부 두께보다 넓어선 안 되며 더 두꺼운 쐐기를 사용하려면 얕은 V자 모양으로 장부의 작은 부분을 제거한다.

톱으로 절단하는 부분

드릴 작업된 구멍

쐐기가 장부를 주먹장 모양으로 만들기 때문에 장력에 대한 저항력이 강하게 생긴다.

쐐기

장인의 한마디

보강재에 대한 추가 정보

테이블 톱에서 쐐기를 절단하기 위해서는 쐐기 테이퍼가 노치처럼 가장자리에 잘린 상태여야 하며 단순한 합판 조각을 사용해야 한다. 합판은 쐐기를 자를 때 펜스를 따라 이동할 수 있기 때문에 작업을 순조롭게 진행할 수 있다. 이러한 지그는 작은 톱으로 작업할 때도 배치를 설정할 수 있다. 쐐기는 항상 결을 따라 절단하며 그렇게 하지 않으면 살짝만 집어넣어도 부러지게 된다.

접합부를 관통하는 핀은 어깨 부위 근처에 배치해야 한다. 왜냐하면 핀은 나무의 수축과 팽창을 제한하는데, 목재가 안정적인 종류가 아니라면 결국 장붓구멍의 부재가 갈라질 수 있기 때문이다. 보강 핀의 지름을 작게 유지하되, 돌출된 큰 플러시 원형 플러그나 원형 또는 사각형의 페그 헤드를 장식용으로 사용할 수 있다.

작업 순서

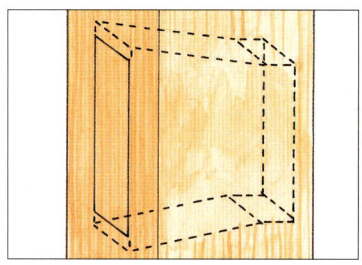

1 장붓구멍 양끝에 약 $1/16$인치(0.16 cm)의 길이를 더하고 끝의 옆면을 앞쪽으로 갈수록 가늘게 하고 장부가 들어가는 곳은 평평하게 한다.

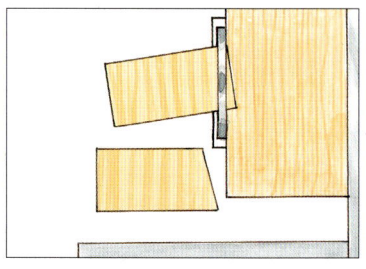

4 별도의 지그를 만들어 장부와 같은 두께로 목재의 결을 따라 쐐기를 절단한다. 그리고 목재를 뒤집어 각각 절단한다.

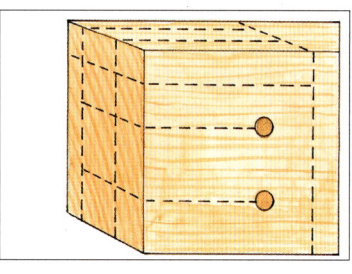

2 옆면, 어깨 및 쐐기 위치에 장부를 배치하고 어깨에서부터 장부 길이의 약 $1/4$ 정도에 작은 구멍을 뚫어 각 쐐기 슬롯의 바닥을 배치한다.

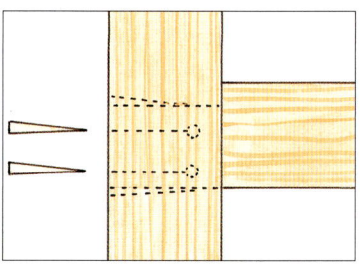

5 접합할 부재를 접착제로 붙이고 옆면이 고정될 때까지 클램프로 어깨를 임시 고정한다. 접착한 쐐기를 번갈아 두드리면서 같은 깊이로 뚫고 들어가도록 한다.

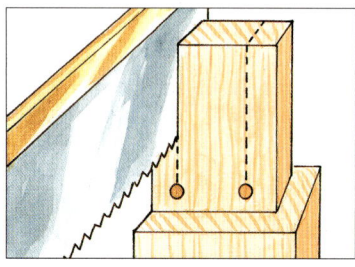

3 먼저 장부의 옆면과 어깨를 톱질한 후 옆면은 쐐기를 박을 때 갈라지지 않도록 만든 작은 구멍까지만 톱질한다.

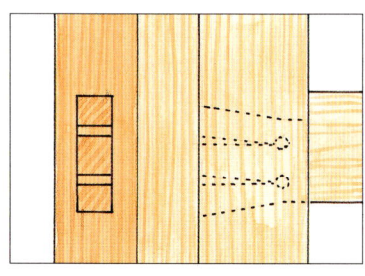

6 접착제가 건조되면 클램프를 제거하고 돌출된 쐐기를 톱으로 잘라낸다. 샌딩이나 대패 작업하여 결합 부위를 매끈하게 다듬는다.

목심을 이용해 장부 결합하기
Draw-bored tenon

장부는 목심을 이용해 보강할 수 있으므로 구멍을 만들어 두드리면 클램프 없이도 접합부를 단단하게 조일 수 있다. 때때로 테이퍼는 부재를 고정하기 위해 직각으로 세게 두드려 박는다. 슬롯 장붓구멍에 목심을 사용할 경우 두 번째 구멍을 정렬하여 장부를 장붓구멍 안쪽으로 잡아당긴다. 목심을 이용한 장부는 내구성을 강조한 투박한 구조로 보일 가능성이 있다.

목심

단차가 있는 구멍

구멍을 제대로 뚫으면 목심이 장부를 팽팽하게 잡아당긴다.

변형 방법

쐐기 절단하기
쐐기 절단 지그를 만들려면 먼저 쐐기 슬롯의 길이와 두께를 삼각자로 표시한다. 표시한 부분을 확장한 다음 모서리를 잘라낸다.

목심 박기
접합부를 접착하고 건조한 후 장부 어깨에서 가까운 곳에 장붓구멍을 뚫어서 핀으로 고정한다. 접착제로 목심을 삽입하고 매끈하게 다듬는다.

메뚜기 장부
메뚜기 장부는 접착제로 조립이 가능하며, 분해용으로 설계된 경우에는 접착제 없이 가공할 수 있다.

작업 순서

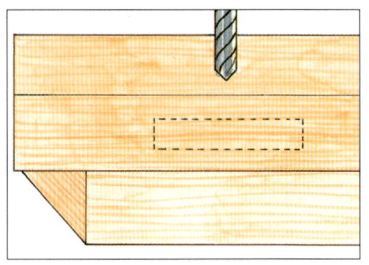

1 장붓구멍을 배치하고 스크랩으로 받쳐 장붓구멍 길이의 중앙에 구멍을 뚫는다. 이는 가장자리에서 목재 너비의 약 $1/4$ 정도 뒤로 물러난 위치다.

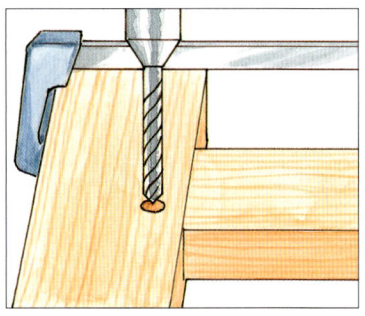

2 장붓구멍과 장부를 절단한 후 클램프로 고정한다. 드릴 비트를 구멍에 삽입하여 장부에 구멍 위치를 표시한다.

3 비트가 표시된 곳보다 어깨에 약간 더 가까운 장부에 구멍을 뚫은 다음 조립하고 끝이 가늘어진 페그를 그 안으로 밀어 넣는다.

각진 장부와 어깨
Angled tenon and shoulder

각진 장부와 어깨는 점점 가늘어지는 테이퍼형 또는 비스듬히 기운 테이블 다리를 연결하고, 의자 좌석 레일과 의자 다리를 연결하는 경우에 사용한다. 작업에 사용하는 실물 크기의 도면은 접합된 각도가 90도가 아닐 때 레이아웃 도구를 설정하고 측정을 결정하는 데 필수적인 보조 도구다.

각진 장부의 가장자리 또는 접합면의 어깨는 재목과 직각을 이루지는 않는다. 하지만 장부는 보통 각진 어깨와 직각으로 배치되므로 장붓구멍이 재목과 직각을 이루도록 만들어질 수 있다. 각진 어깨는 장부의 결을 비스듬하게 돌리는데, 이는 장부가 저항력을 얻기 위해 약간의 연속적인 세로결을 포함해야 하기 때문이다. 도면은 이를 시각화하고 치수 내에서 장부의 크기를 계산하는 데 도움이 된다.

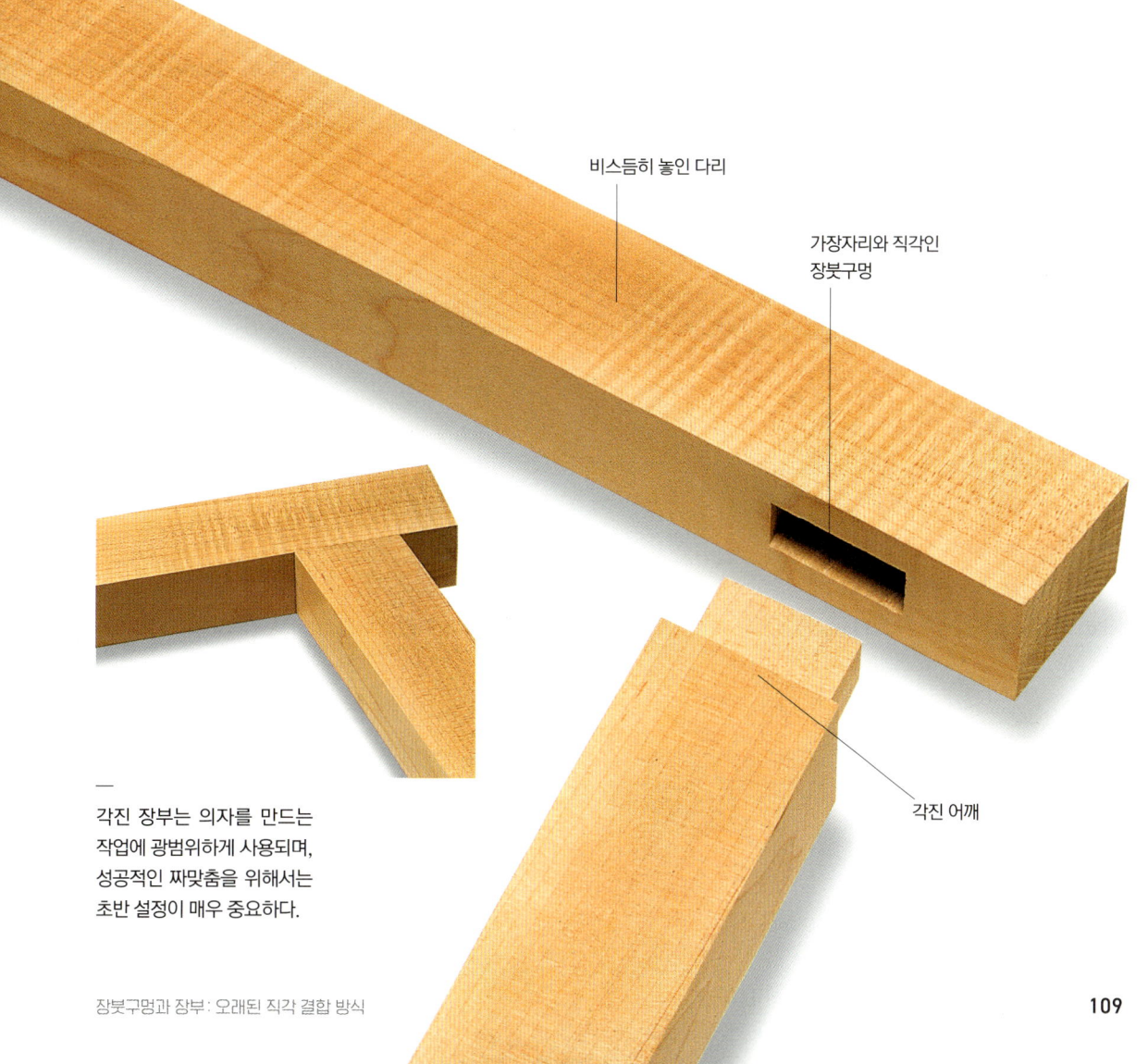

비스듬히 놓인 다리

가장자리와 직각인 장붓구멍

각진 어깨

각진 장부는 의자를 만드는 작업에 광범위하게 사용되며, 성공적인 짜맞춤을 위해서는 초반 설정이 매우 중요하다.

변형 방법

각진 장부를 작업하는 다른 방법
작은 톱이나 띠톱은 각진 장부를 만드는 데 사용하는 공구이다. 작업을 할 때는 레디얼 암쏘에서 블레이드를 수평으로 돌리고 부재 아래에 높이 테이블을 사용한다. 테이블 톱의 기울어진 방향은 다양하므로 테이블에서 장부의 어깨 높이도 다양할 것이다. 날을 기울여서 각진 장부를 만드는 지그를 사용하거나 날을 수직으로 유지하고 부재를 기울인다.

라우터를 이용해 각진 장부를 절단하려면 장부의 옆면을 어깨선까지 정렬한다. 이때 아래쪽에 있는 두 개의 티어(줄, 단)와 클리트가 있는 앵글형 라우터 스텝 지그를 사용한다. 두 번째 단은 비트의 외부 지름에서 라우터 서브베이스의 가장자리까지의 거리를 뒤로 설정한다. 두 번째 단을 약간 더 뒤로 연결하여 신중하게 측정하거나 더 간단하게 측정한 다음 라우터가 첫 번째 단의 가장자리를 비트와 정확히 일치하도록 유도한다.

쐐기 사용하기
전체 치수 설계도에서 테이퍼 각도를 취하여 수직 펜스 슬라이딩 지그에 나무 쐐기로 장부 옆면의 각도를 설정한다.

경첩이 있는 지그
어깨 부위를 커핑한 후 마이터 게이지 슬롯을 따라 움직이는 경첩 지그를 사용해서 장부의 옆면을 블레이드에 맞춘다.

단계별 지그
라우터로 부재의 옆면을 각도에 맞춰 자르려면 정확한 단계별 길이 조절이 가능한 지그를 사용한다. 라우터는 지그의 단차에 의해 가공 범위와 가공되지 않는 범위를 조절할 수 있다.

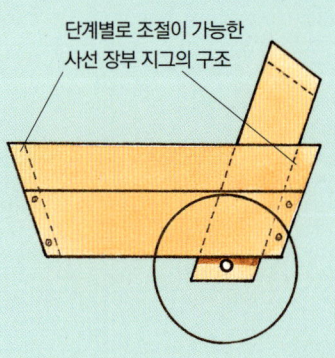

단계별로 조절이 가능한 사선 장부 지그의 구조

작업 순서

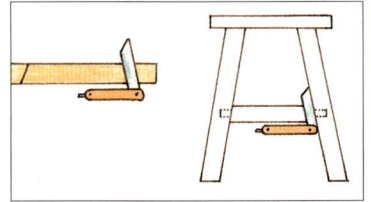

1 부재를 자르고 어깨의 각도와 위치를 실물 크기 도면에 표시한 다음 그 각도를 이용하여 테이블 톱에 마이터 게이지를 설정한다.

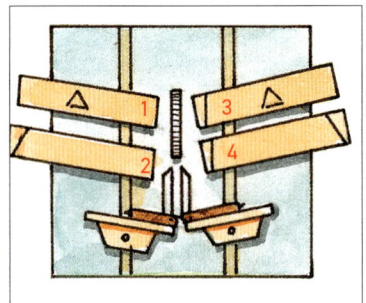

2 다도 헤드를 어깨 너비로 올리고 옆면 1을 자르고 목재를 뒤집어 옆면 2를 자른 후, 오른쪽에 마이터 게이지를 재설정하여 옆면 3과 옆면 4를 자른다.

3 장부를 톱질해서 너비에 맞게 다듬고 가장자리 어깨를 가로질러 각도를 따라가면서 제거해야 할 부분을 다듬는다.

여유를 두고 재단된 장부
Loose or slip tenon

'여유를 두고 재단된 장부'는 키 또는 메뚜기 산지로 보강되지만 접착되지 않은 관통 장부와 혼동하기 쉽다. 여기서 느슨한 장부 또는 슬립 장부는 별도의 부유식 장부로 연결된 두 개의 장붓구멍 부재로 구성된 방식이다.

느슨한 장부는 기계적 결합 기술에 기초한다. 장붓구멍의 너비와 같은 지름의 둥근 비트를 장붓구멍의 한쪽 끝에 끼우고, 장붓구멍 길이를 따라 움직이면서 장붓구멍의 끝을 둥글게 남긴다. 이런 유형의 장붓구멍을 슬롯 장붓구멍이라고 부르지만, 오픈 슬롯 장붓구멍과 같은 것이 아님을 유의한다.

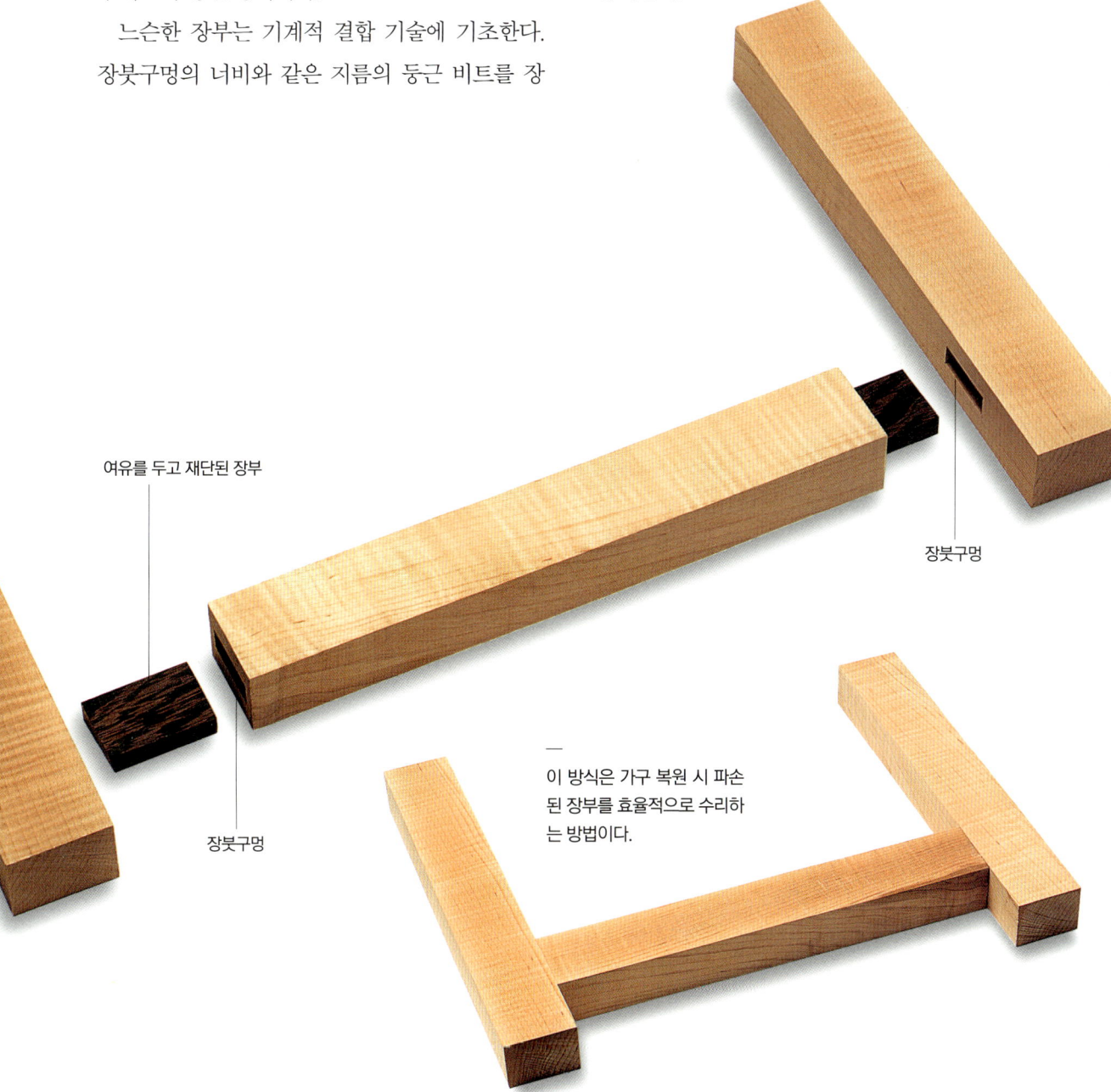

여유를 두고 재단된 장부

장붓구멍

장붓구멍

이 방식은 가구 복원 시 파손된 장부를 효율적으로 수리하는 방법이다.

변형 방법

둥근 장부와 둥근 재목

둥근 장부는 양쪽 부재에 구멍을 뚫고 목심이나 목심 구멍을 만드는 막대를 장부처럼 사용하여 느슨하게 만들 수도 있다. 일체형의 원형 장부를 만들려면 어깨를 커프한 후에 드릴 프레스 또는 선반[lathe. 나무·쇠붙이 절단용 기계]에 부재의 끝을 놓고 플러그 커터를 중앙에 놓아 작업한다.

둥근 끝을 가진 장부를 수평으로 노출할 경우 볼베어링 라벳 비트와 지그를 사용해 수직으로 라우팅한다. 작업은 부재의 고정과 라우터 핸드헬드 및 이동으로 종료되기도 하고, 이동 가능한 지그로 고정된 부재와 라우터 테이블의 비트 고정으로 종료된다. 둥근 장부에 구멍을 뚫는 것은 꽤 간단하지만, 표시와 홀딩 작업에 V 블록을 사용해 마무리하면 장붓구멍이 된다. 평평한 어깨는 끌로 다듬어 직각 어깨로 만든다.

작업 순서

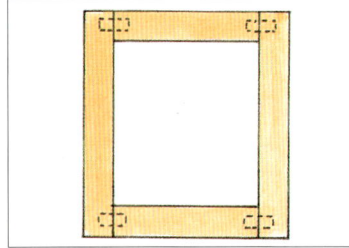

1 실물 크기 도면을 만들어 부재 너비와 길이, 장붓구멍과 장부의 위치를 결정한 다음 스타일은 길이대로 레일은 스타일 사이의 길이대로 자른다.

4 작업물을 바이스 죠와 같은 높이로 클램프한다. 엔드 컷팅 스트레이트 비트를 죠에 대해 설정된 라우터 에지 가이드와 정렬한 다음 각 장붓구멍을 여러 차례 지나가면서 절단한다.

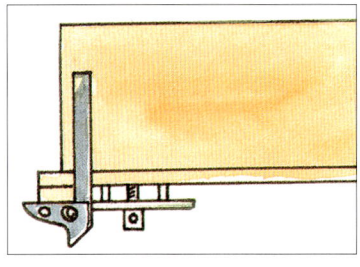

2 한쪽 모서리의 레일을 바이스에 수직으로 고정한다. 해당 레일을 수평으로 정렬하고 레일 끝과 스타일 가장자리에 동시에 장붓구멍을 표시한다. 각 모서리마다 이 작업을 반복한다.

5 장붓구멍의 길이만큼 넓고 그것의 너비만큼 두꺼운 장부를 밀링 작업한다.

3 95~96쪽에 있는 방법 중 하나를 이용한다. 이 경우 보조 바이스 죠는 볼트 구멍을 통해 부착되고 죠[Jaw. 부재가 클램핑(조이는)되는 부분]의 높이를 연장한다.

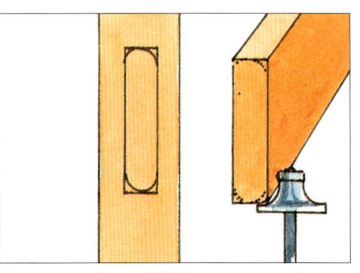

6 장붓구멍 모서리들을 직각으로 만들거나 장부 목재의 가장자리를 둥글게 만들어서 장부를 장붓구멍에 맞춘다.

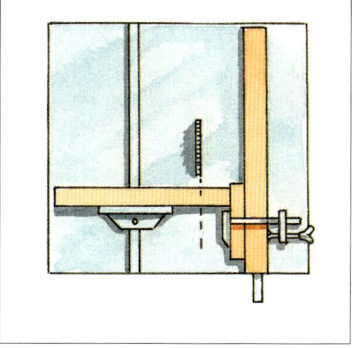

7 톱 펜스에 스톱 블록을 설치하고 장붓구멍의 2배 깊이에 약간 못 미치는 절단 장부를 반복해서 만든다.

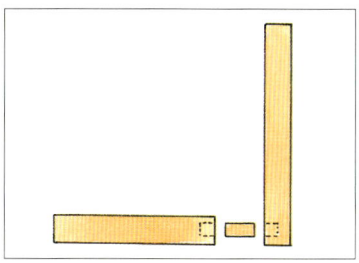

8 절단한 장부를 장붓구멍과 장부에 접착하고 조립한 다음 클램프로 조인다.

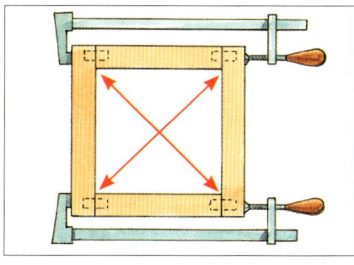

9 각 대각선이 동일하게 측정될 때까지 클램프를 조절하여 프레임이 정사각형인지 확인하고 손상되지 않도록 주의하여 건조시킨다.

변형 방법

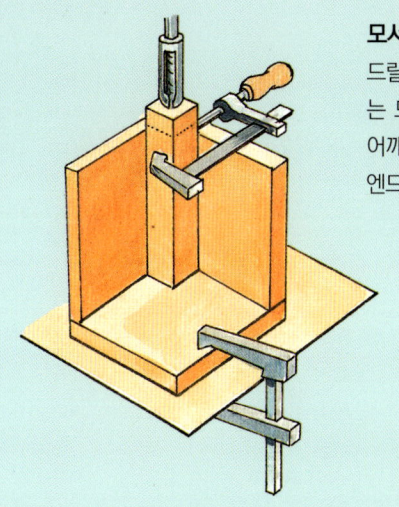

모서리 지그
드릴 프레스 테이블과 함께 하강하는 모서리 지그를 사용하는 것은 어깨를 커프한 후 플러그 커터로 엔드 컷을 하는 하나의 방법이다.

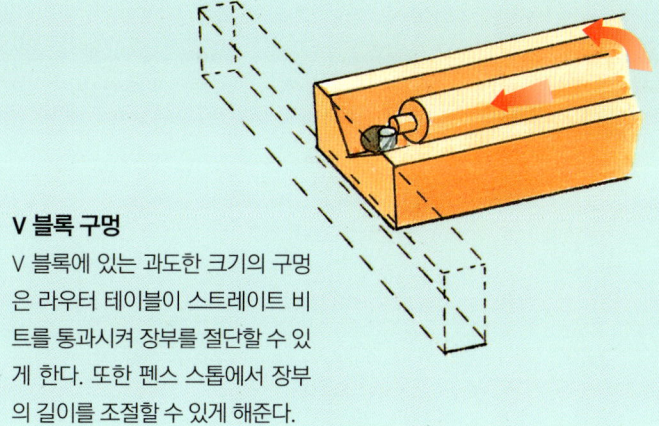

V 블록 구멍
V 블록에 있는 과도한 크기의 구멍은 라우터 테이블이 스트레이트 비트를 통과시켜 장부를 절단할 수 있게 한다. 또한 펜스 스톱에서 장부의 길이를 조절할 수 있게 해준다.

둥근 장붓구멍
원형 부재를 V 블록에 고정하여 둥근 장붓구멍을 뚫거나 가장자리를 따라 마킹 장치를 밀어 기존 장붓구멍 스타일의 평행선을 만든다.

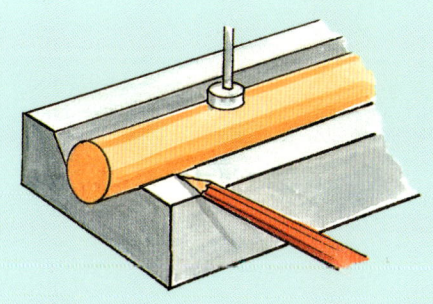

보강용 어깨가 있는 장부
Haunched tenon

장부의 가장자리와 접합면의 어깨는 래킹에 대한 기계적인 저항력을 높인다. 각 어깨는 장부의 재료를 줄이고 부족한 접착력을 보강하는 기능으로 사용한다. 반면에 깊게 작업한 가장자리 어깨는 장부의 옆면에서 비틀림에 취약한 넓은 부분을 생성한다. 이로써 어깨의 마구리면의 접착력이 쉽게 약해진다. 또한 접합부의 수축과 팽창은 접착력에 큰 영향을 주는데, 이때 보강용 어깨를 사용하면 이러한 문제를 극복할 수 있다.

보강용 어깨는 목재 끝에 사용될 때 더 넓은 접착 부위를 제공한다.

보강용 어깨

작업 순서

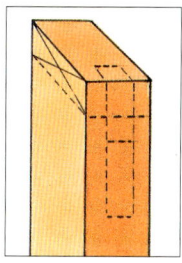

1 가장자리와 돌출부위[horn. 그림에서 점선으로 길게 표시되어 있는 부분] 끝의 장붓구멍 너비를 측정하여 같은 깊이로 만든다. 그것의 너비만큼 돌출부위의 절단선에서 멀리 있는 곳부터 장붓구멍 작업을 시작한다.

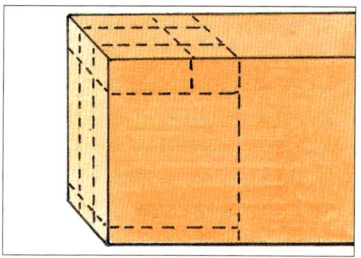

4 장붓구멍에 맞게 장부를 놓고 접합면 어깨의 앞 바깥쪽 가장자리를 가로질러 장부 두께와 같은 보강용 어깨를 만들 선을 긋는다.

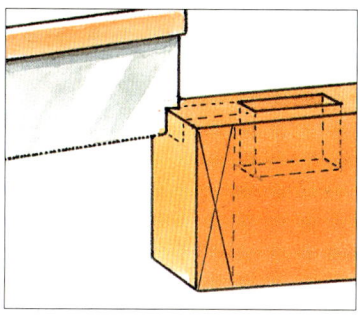

2 가공될 돌출부위의 가장자리에서부터 연장된 선을 따라 톱질하고 끝까지 내려가 표시된 깊이까지 장붓구멍을 만든다.

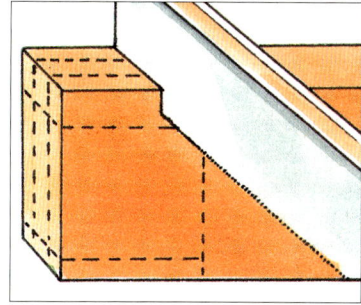

5 선을 따라 아래로 톱질한 다음 접합면과 바닥의 가장자리 어깨와 옆면을 톱질한다.

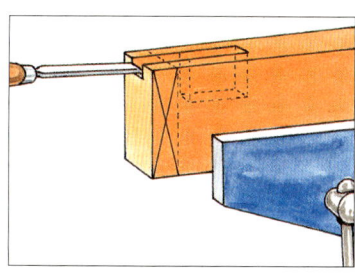

3 톱질된 선 사이의 마구리면까지 가볍게 끌질한다. 표시된 깊이까지 잘려진 조각을 파내고 바닥을 접합면과 평행하게 깎는다.

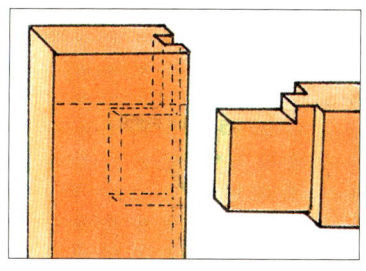

6 보강용 어깨와 장부의 길이가 어깨가 안착되는 것을 막지 않도록 장부를 테스트한다. 접착한 후에는 돌출부위를 잘라낸다.

변형 방법

더욱 안정적인 장부 만들기

넓은 장부를 헌칭하고 나누는 것은 많은 재료를 사용하지 않고도 뒤틀림에 대한 장부의 저항력을 유지하는 또 다른 방법이다. 장부를 위한 장붓구멍은 보강용 어깨를 위해 두 번째 얕은 장붓구멍에 의해 겹쳐져 있다. 장부는 보강용 어깨의 위치가 표시되고 얕은 장붓구멍에 맞게 절단된 후에 정상적으로 만들어진다. 보강용 어깨와 같은 깊이까지 톱질하는 것에 맞게 장부를 나누는 것이 가장 쉬울 수 있다. 쌍둥이 장부는 보통 단면에서 정사각형으로 목재에 나타난다. 장부 밑부분이 비틀리지 않도록 넓게 유지하고, 접착 표면을 두 배로 늘리면서 장부와 어깨를 목재에 비례하게 놓는다. 쌍둥이 장부의 방향을 조절하여 하중이 장부 가장자리에 오도록 한다.

경사진 보강용 어깨가 있는 장부
Sloped haunched tenon

프레임 패널 구조에서 스타일의 끝을 패널홈에 맞추는 것보다 더 중요한 것이 있다. 보강용 어깨를 수용하는 두 번째 얕은 장붓구멍이 장부가 그곳에 들어올 때 부재의 끝을 약화시키지 않고 가장자리 어깨를 목재 안으로 들어가게 하는 것이다. 이렇게 하면 옆면이 만들어져서 세로결을 접착할 수 있다. 이는 짜맞춤의 주요 목적 중 하나이다. 옆면이 만들어지면 가장자리 어깨와 장부는 뒤틀리지 않고 기계적으로 지지되며 장붓구멍의 옆면에 적절하게 결합된다.

경사진 보강용 어깨

장붓구멍의 경사진 끝

경사진 보강용 어깨는 시야에서 보이지 않는다. 오른쪽 사진은 잉글리시 느릅나무에서 흔히 볼 수 없는 '스폴팅'[spalting. 목재가 균이나 스트레스로 인해 부후(腐朽)되었을 때 나타나는 특이한 색상이나 무늬를 뜻함]이다.

작업 순서

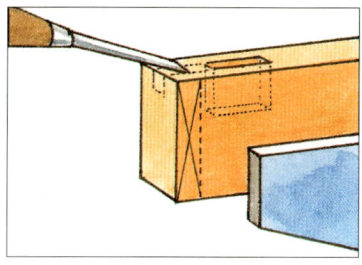

1 장붓구멍을 배치하고 자른 다음 가동될 돌출부의 절단선 안쪽에서부터 끌질을 시작한다. 장붓구멍의 너비와 같은 깊이까지 다듬는다.

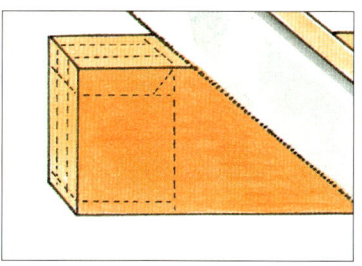

2 장부를 배치한 후 접합면 어깨선부터 가장자리 상단을 기울게 톱질하고 그곳에서부터 장부 두께와 같은 곳까지 측정하여 자른다.

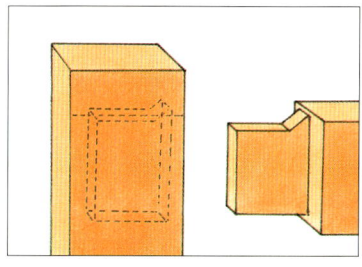

3 가장자리 상단에서 약간 아래로 경사면을 깎아내고 (레이아웃 내부에서 시작된 홈과 맞춤) 부재를 평평하게 다듬어 경사면을 숨긴다.

변형 방법

장부의 너비 줄이기
넓은 장부에서 보강용 어깨를 자르면 장부의 너비를 줄여 장붓구멍 부분의 결합력을 높이고 과도한 치수 충돌로 인해 접착력이 감소하는 것을 방지한다.

쌍둥이 장부
펜스를 따라 움직이는 라우터 테이블과 푸시 블록을 설정하고 각 어깨와 장부 사이를 다듬으면 접착면을 두 배로 늘려 비틀림의 저항력을 높인다.

커프 절단하기
접합 라인의 움직임을 제한하는 장부의 경우, 장부 옆면과 어깨에 톱질 커프를 네 번 절단한다. 그런 다음 짧아진 제혀를 슬롯에 맞추고 접착한다.

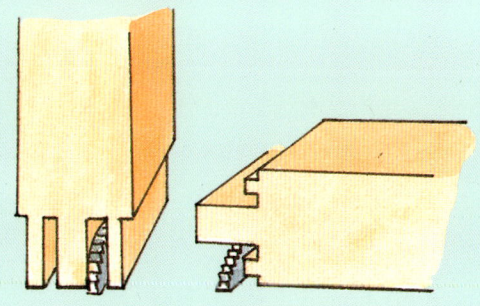

패널홈이 있는 장붓구멍과 장부
Mortise-and-tenon with panel groove

프레임과 패널 사이에서 하는 기본적인 짜맞춤은 홈 하우징 또는 패널에 스톱 홀딩이 있는 라벳 하우징이다. 이때 어떻게 틀에 박힌 장붓구멍과 장부가 그들을 수용하는지 아는 것이 중요하다.

홈은 프레임의 안쪽 가장자리 중앙의 장붓구멍 바로 위에 있다. 홈의 너비는 목재 두께의 약 $1/3$이며, 깊이는 재료를 강하게 유지하기 위해 너비와 거의 같다. 보강용 어깨의 직각 부분은 프레임 패널 구조에서 스타일의 끝을 통과하는 패널홈을 깔끔하게 채운다.

—
찬장 문에 사용되는 홈은 필드 패널 또는 평면 패널을 배치하기 위해 사용된다.

장붓구멍

보강용 어깨

도어 패널이 들어갈 홈

작업 순서

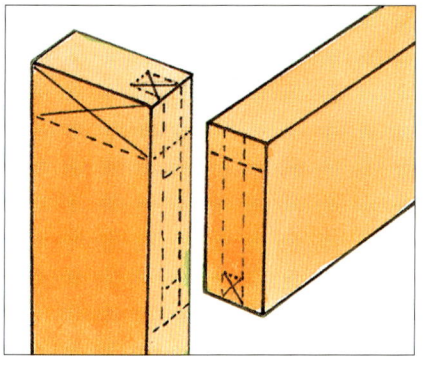

1 패널홈의 너비를 선택하고 장붓구멍과 장부의 옆면을 배치한다. 이때 장부 아래에 패널홈의 깊이를 표시하여 장부의 너비를 구하고 장붓구멍을 놓는다.

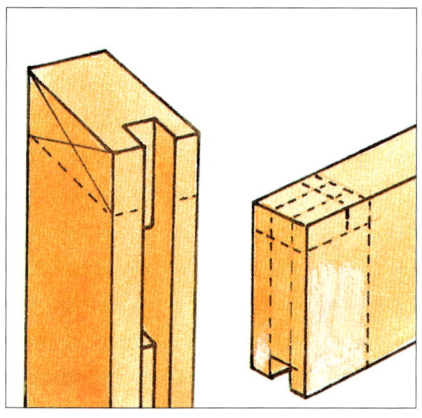

2 장붓구멍을 파내고 패널홈을 모든 부재의 안쪽 가장자리에 배치한 다음 보강용 어깨의 길이가 홈을 채우도록 장부를 배치한다.

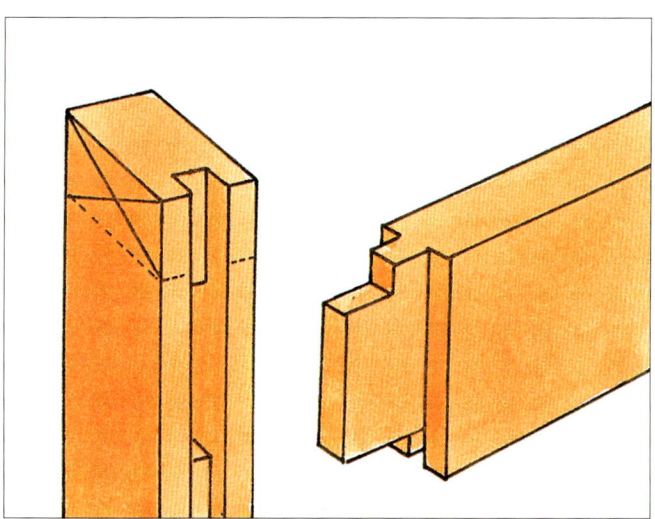

3 보강용 어깨 부위를 먼저 톱질한 다음 접합면 어깨와 장부 옆면을 톱질한다. 접착 작업을 한 후 돌출부위를 톱질해 떼어낸다.

변형 방법

장부를 더 많이 틀에 넣기

여러 개의 판넬을 고정하기 위해 중앙레일 또는 직교홈처럼 보이는 세로홈을 추가한다. 이때 판넬의 양쪽 가장자리에는 틀이 만들어지는데, 홈이 있든 은촉이 되어 있든지에 상관없이 만드는 틀의 너비는 장부와 일치하도록 사선접합한다. 그리고 잘라낸 틀의 너비만큼 장부 어깨 사이의 길이를 조절한다. 또한 아치형 레일의 약한 짧은결을 방지하기 위해 사선접합된 장부 어깨는 장붓구멍으로 들어가는 양만큼 길이를 늘린다.

라벳 처리된 장붓구멍과 장부
Mortise-and-tenon for a rabbeted frame

장붓구멍 너비와 장부 두께는 홈 너비와 일치한다. 이 너비를 먼저 정하고 장붓구멍과 장부의 옆면을 배치한다. 그런 다음 홈의 깊이를 장부 끝에 표시하고 나머지 부분을 장부와 보강용 어깨에 할당한다. 목재에 장붓구멍의 길이와 위치를 배치하고 장부 끝에 은촉이 들어갈 부분을 표시하여 장부 너비를 구한다. 이를 이용해 장붓구멍의 길이와 위치를 찾는다. 은촉은 패널을 감싸기 위해 재료 두께의 약 $2/3$를 제거하고 멈춰야 하며, 두께의 약 $1/3$ 또는 그 이상의 너비를 절단한다. 접합면에 있는 장부의 어깨는 라벳팅에 의해 형성된 마감면을 감싸기 위해 뒤로 물러난다.

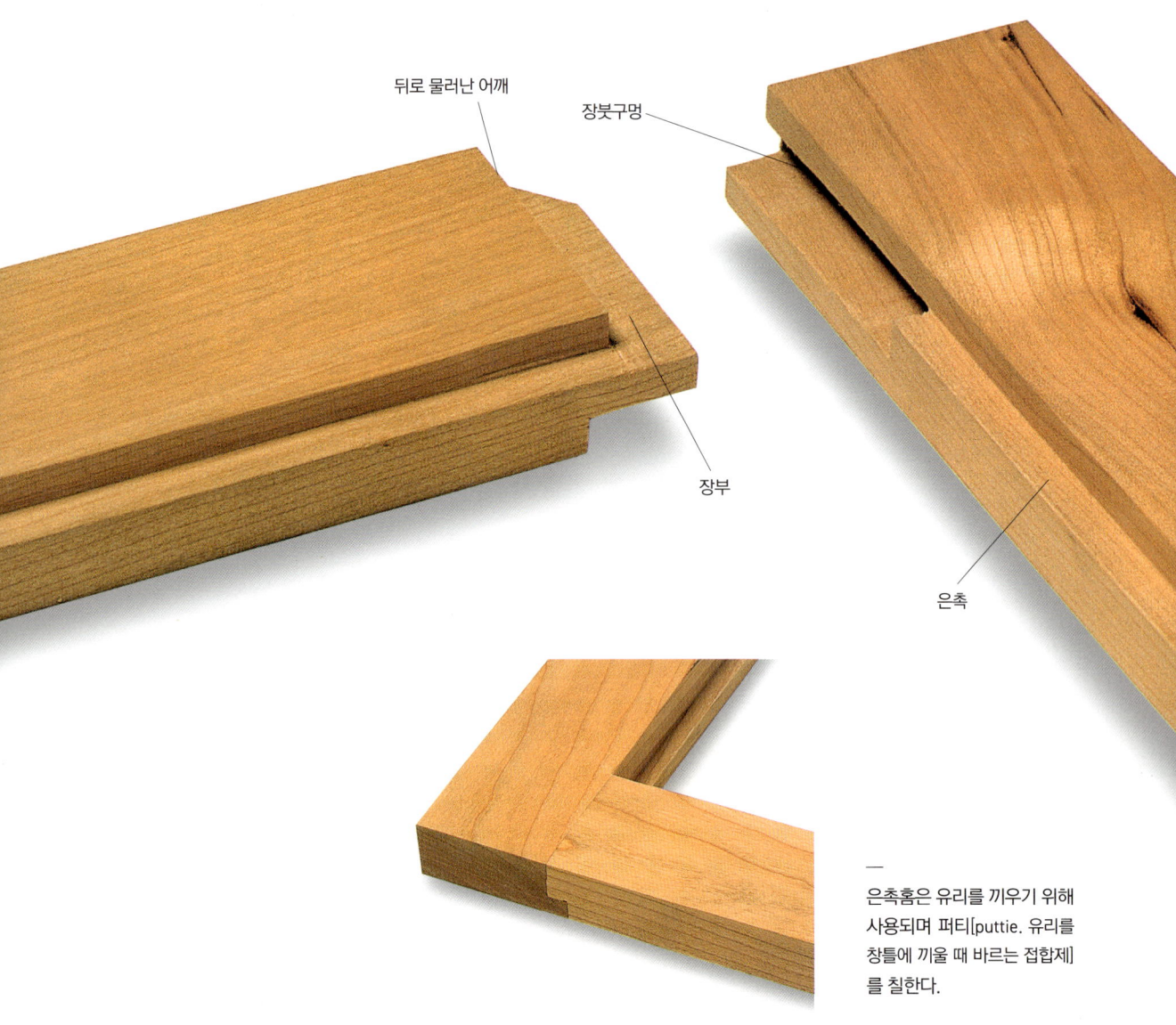

뒤로 물러난 어깨

장붓구멍

장부

은촉

은촉홈은 유리를 끼우기 위해 사용되며 퍼티[puttie. 유리를 창틀에 끼울 때 바르는 접합제]를 칠한다.

작업 순서

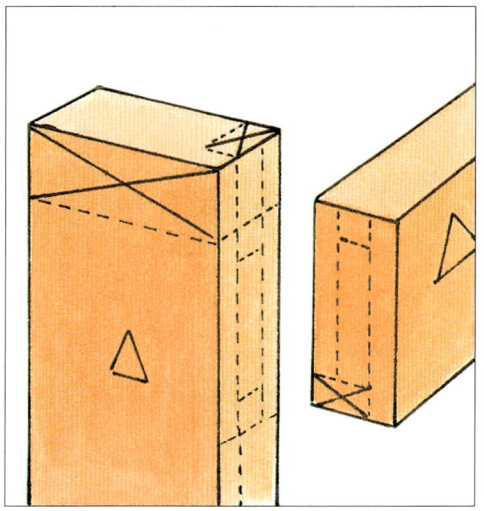

1 경사진 보강용 어깨가 있는 장부의 경우, 장부 아래에 놓일 은촉홈의 치수를 정하여 장붓구멍의 크기와 위치를 찾는다. 그 다음 장붓구멍을 배치하고 절단한다.

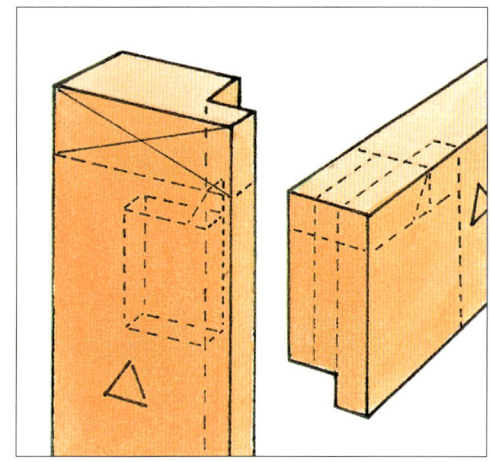

2 장붓구멍과 장부의 접합이 되는 옆면에 장부의 어깨를 표시하고 은촉홈에 의해 남겨진 마감면을 감싸기 위해 접합면 어깨를 뒤쪽으로 설정한다.

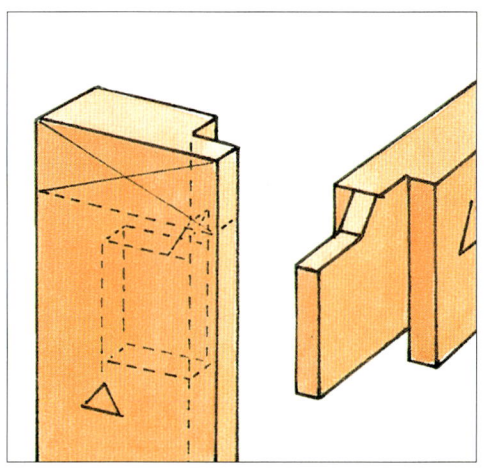

3 먼저 보강용 어깨를 경사지게 톱질한 다음, 양쪽 어깨와 옆면을 톱질한다. 장부의 두께를 따라 절단한 후 접착제가 건조되면 돌출 부위를 잘라낸다.

변형 방법

가공된 틀의 정교함
여러 개의 판넬을 고정하기 위해 양쪽 가장자리에 중앙 레일 또는 직교홈처럼 보이는 세로홈을 추가할 수 있는데, 이때 마이터링 기법으로 정교하게 작업한다.

사선 절단
아치형 레일의 약한 짧은결을 방지하기 위해 장부 어깨를 사선으로 절단하면 장붓구멍의 어깨는 감싸진다.

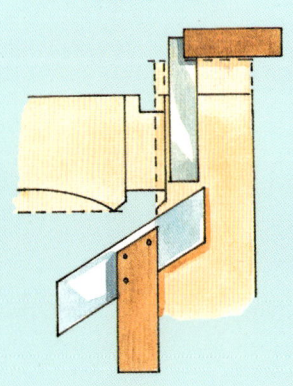

가공된 틀이 있는 장붓구멍과 장부
Mortise-and-tenon for a moulded frame

일부 프레임의 안쪽 가장자리에는 가공된 틀이 있는데 이것은 매끄럽게 이어지거나 연귀 작업 덕분에 잘 맞아떨어진다. 장붓구멍을 만든 후 틀의 너비와 같은 깊이까지 은촉홈을 만든다.

그러나 장부의 접합면에서 어깨를 자르지 않고 약간 뒤쪽으로 설정하면 장붓구멍 부분에 남은 마감면을 감싸준다. 마지막으로 장붓구멍과 은촉홈으로 가공된 틀의 플러시를 제거한 다음 장부와 일치하도록 연귀 절단한다.

접합면에 만들어진 틀

연귀 부위

보강용 어깨

연귀된 두 개의 몰딩 부재를 정확하게 결합하기 위해 끌 가이드를 만들어라.

작업 순서

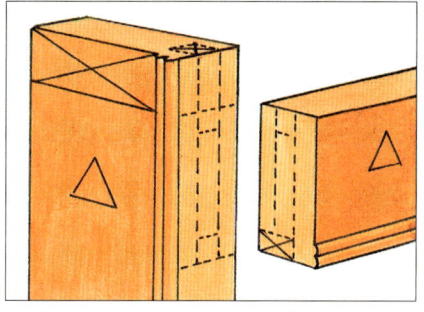

1 목재의 안쪽면 가장자리에 가공된 틀을 만들기 위해 작업을 실행한다. 은촉홈과 보강용 어깨가 있는 장부에 장붓구멍을 배치하여 가공된 틀과 일직선을 이룰 수 있게 작업한다.

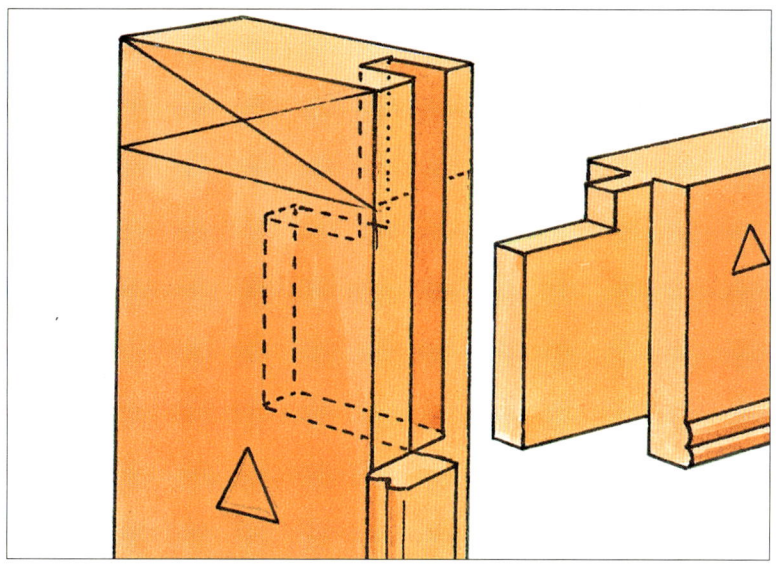

2 틀을 만들 부분까지 장붓구멍을 파고 은촉홈을 작업한 후 장부의 레이아웃을 끝내고 톱질한다. 이때 가공된 틀이 장붓구멍과 수평이 되도록 한다.

3 목재의 가장자리에 45도의 끌 가이드를 사용하여 장부 어깨와 장붓구멍의 가공된 틀을 사선으로 절단한 다음 함께 맞춘다.

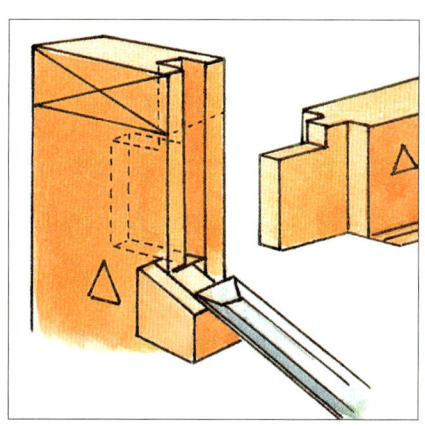

변형 방법

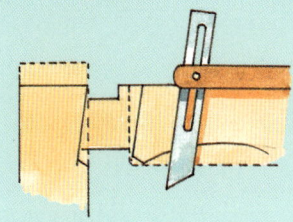

각진 장부

장부의 약한 짧은결을 방지할 수 있는 또 다른 방법은 장붓구멍 틀 안에 작은 사선면과 각진 장부를 수용하는 것이다. 예를 들어 식탁의 모서리 접합부를 더욱 세련되게 만드는 방법은 사선으로 절단된 장붓구멍과 장부를 궁극적으로 변형시키는 것이다. 45도로 절단한 연귀는 스타일의 양쪽 끝을 절단한다. 레일에 있는 장부 어깨도 45도의 연귀를 이용해 자른다. 가장자리 어깨를 자른 후 장부 길이는 연장하지 않으며 접합을 위한 장붓구멍은 신중하게 작업한다.

연귀접합과 사선접합:
부드러운 이음매를 더해주는 구조

6

연귀접합과 사선접합에 대하여
About miters and bevels

사선접합 방식에는 세 가지 기본 유형이 있다. 그리고 이들을 응용한 네 번째 유형이 있다. 연귀접합은 목재 너비를 가로지르는 블레이드의 각도를 기울이지만 블레이드는 접합면과 수직을 이룬다. 십자형 또는 평행한 길이를 만들기 위한 사선접합은 블레이드를 접합면 쪽으로 기울여 베벨 컷 하는 것이다. 네 번째 유형은 복합 사선접합이며, 이 유형은 베벨 기울기를 엇결 또는 결을 따라 가는 각진 경로와 결합한다.

평행한 길이를 만드는 유형의 접착 표면은 모두 세로결이지만 다른 유형의 경우 접착 표면이 마구리면이기 때문에 접합 강도가 약하다.

또한 접착 강도가 강하더라도 딴혀와 다른 기계적 조건이 특수 클램핑 기술과 잘 결합되지 않으면 클램프의 압력으로 인해 사선접합 부위가 접착면에서 미끄러져 빠져나온다. 따라서 사선접합 방식은 보강이 필수적이다. 부정확한 사선접합은 수정하거나 교정하기가 어렵기 때문에 실제 절단 작업을 하기 전에 반드시 기계를 조절하고 스크랩으로 테스트하는 시간을 가져야 한다.

사선접합은 기계들의 각도 측정이 부정확한 경우가 많아서 정밀 게이지와 지그는 사후 관리를 받아야 한다.

기계로 연귀접합과 사선접합을 절단하면 나무를 당기거나 밀어내는 추가적인 힘이 발생하는데 이는 목재가 올바른 위치에서 미끄러지도록 한다.

마이터 게이지의 날카로운 칼날, 억제 장치와 정지 장치, 목재 접합면의 사포는 미끄러짐과 불필요한 사고를 예방한다.

절단된 모서리는 시각적으로 나뭇결이 끊김 없이 보여 디자인적으로 조화를 이룬다.

연귀접합과 사선접합의 종류

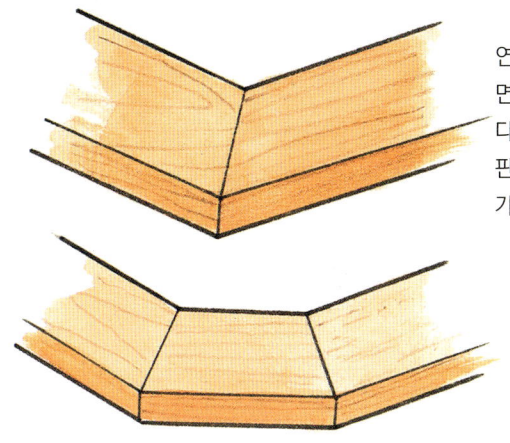

연귀접합의 각도는 측면이 몇 개인지에 따라 다르지만, 절단은 항상 판재 접합면의 너비를 가로질러 이뤄진다.

십자형을 만드는 사선접합은 실제로 판재 끝에서 하는 베벨이므로 엔드 베벨이라고도 불린다.

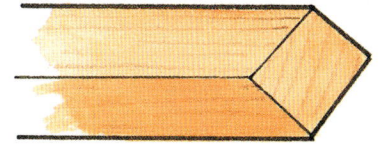

복합 사선접합 방식은 베벨 컷과 틀을 만드는 사선접합 또는 테이퍼 컷을 결합하여 얕은 상자나 다른 경사면이 있는 모양을 만든다.

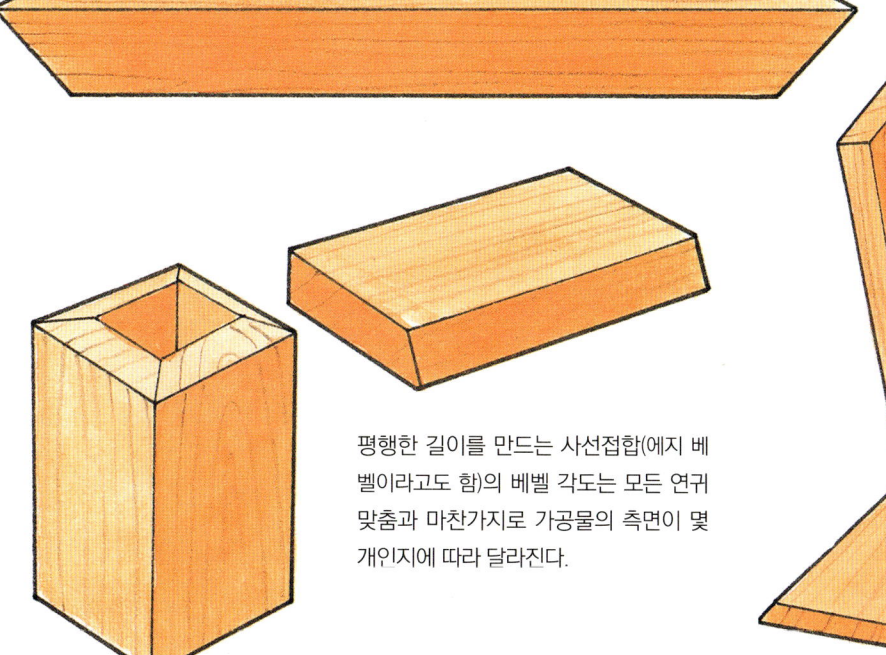

평행한 길이를 만드는 사선접합(에지 베벨이라고도 함)의 베벨 각도는 모든 연귀 맞춤과 마찬가지로 가공물의 측면이 몇 개인지에 따라 달라진다.

연귀접합과 사선접합의 설정 및 확인

간격은 오차의 두 배

45도로 설정한 연귀접합이 정확한지 확인하려면 삼각자를 맞춰 정렬한 다음, 직각자를 뒤집어 모든 간격에 오차의 두 배가 나타나는지 확인한다.

각 프레임의 직각 다리 위에 표시한 것과 동일한 증분을 마이터 게이지 슬롯에 정렬한다. 정확한 설정을 위해 더 긴 길이를 사용하여 게이지를 45도로 설정한다.

스크랩 끝을 다듬고, 두 번째 컷을 위해 뒤집은 다음 삼각형 컷오프의 정점이 직각인지 확인하여 45도로 설정한 마이터 게이지를 테스트한다.

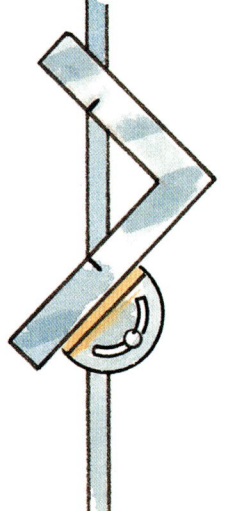

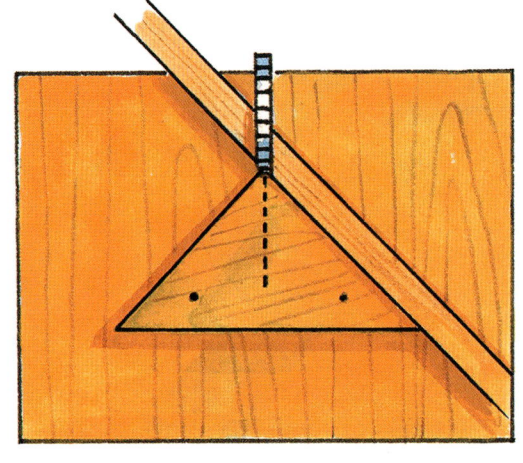

일반 시중에서 판매하는 지그는 테이블 톱의 마이터 게이지 슬롯에서 미끄러지거나 레디얼 암쏘 테이블에 고정되는데 특히 큰 부재를 정확하게 사선 절단한다.

삼각자에서 직접 45도 이외의 각도를 설정하거나 도면에서 각도를 목재에 표시하고 그곳에다 마이터 게이지를 설정한다.

부재를 직각자(또는 슬라이딩 T-베벨이 더 큰 각도를 위해 도면에 설정된 경우)에 기대어 제자리에 고정하고 베벨을 테스트한 다음 블레이드를 조절한다.

각도가 마이터 게이지 용량을 초과하면 보조 펜스 또는 테이퍼 블록이 게이지의 범위를 확장한다.

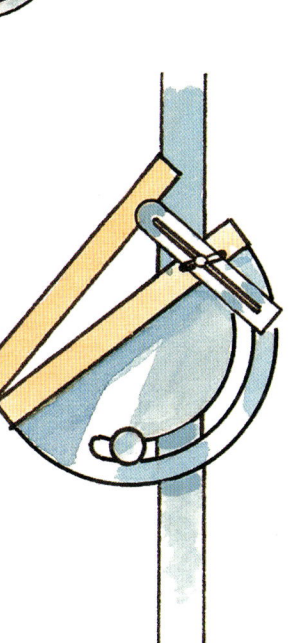

슬라이딩 T-베벨을 사용하여 각도기에서 베벨 각도를 표시하고, 테이블 톱이나 레디얼 암쏘에 블레이드 기울기 또는 연귀 각도를 설정한다.

연귀접합과 사선접합 측정하기

연귀접합과 사선접합을 측정할 때는 수학을 많이 사용한다.

연귀접합과 베벨 조인트의 절단 각도는 측면의 수를 원의 360도로 나누어 각도를 찾아 계산한다. 절단 각도는 계산한 결과의 절반이다. 각도 또는 기계 눈금에 따라 게이지, 블레이드 또는 레디얼 암을 절단 각도와 그것의 보완각도(절단 각도를 90도에서 뺀 나머지)로 설정한다. 마이터 게이지의 정확도를 높이려면 프레임 직각자와 약간의 기하학을 사용하여 테이블 톱 상단에 공통 각도에 대한 영구적인 설정을 배치하고, 테이블 톱날을 마이터 게이지 슬롯에 평행하게 배치해야 한다.

직선 가장자리가 있는 마이터 펜스를 이등분선에 표시된 지점까지 연장하고 설정을 잠근 후 레이아웃 도구나 도면을 사용하여 컷의 정확도를 테스트한다. 테스트 지점이 이등분선을 따라 더 멀리 배치될수록 게이지 설정을 위한 조절이 더 세밀해진다. 올바른 설정을 찾으면 테이블 상판에 영구적으로 작게 움푹 들어간 덴트(dent)를 펀칭한다.

삼각법

삼각법은 덜 일반적인 각도의 정확도를 구할 때 유용하다. 삼각법을 이용해 프레임 직각자로 마이터 게이지를 직접 설정하거나, 각도의 상승과 실행을 지그나 종이에 배치하면 레이아웃 도구가 있는 기계로 전달된다. 삼각법은 또한 기존 프레임에 대한 내부와 외부의 길이를 찾거나 정의된 공간 안에 프레임을 맞추는 데 사용한다.

이 장에는 베벨 각도와 연귀 또는 테이퍼 각도를 구하는 두 가지 제도 방법이 나와 있다.

각도를 구하는 제도 방법

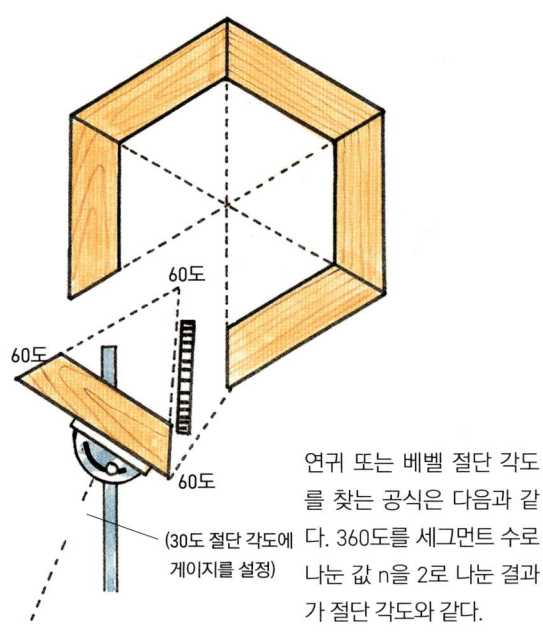

연귀 또는 베벨 절단 각도를 찾는 공식은 다음과 같다. 360도를 세그먼트 수로 나눈 값 n을 2로 나눈 결과가 절단 각도와 같다.

$$(360 \div n) \div 2 = 절단\ 각도$$

중심이 같은 등변 모양의 내부 길이를 찾는 공식은 다음과 같다. 길이는 연귀 각도의 탄젠트(접선)로 나눈 반지름의 두 배다.

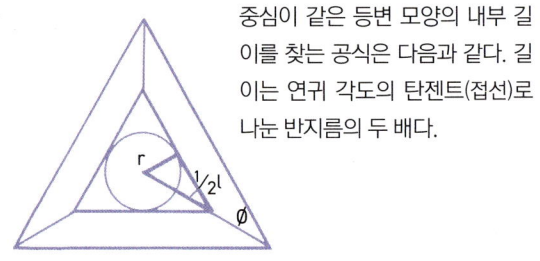

$$l = 2r \div \tan \emptyset$$

중심이 같은 등변 모양의 외부 길이를 찾는 공식은 다음과 같다. 길이는 반지름의 2배와 연귀 각도의 코사인을 곱한 것과 같다.

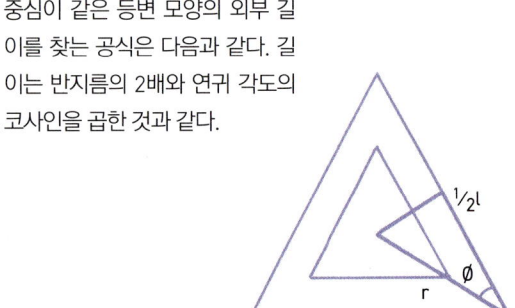

$$L = 2r \cos \emptyset$$

기계 설정에 기하학 적용하기

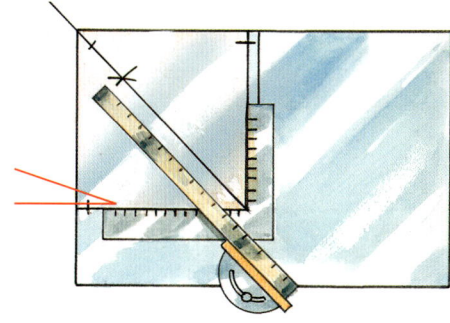

테이블 톱에서 45도 각도를 찾으려면 마이터 슬롯을 수직으로 세우고 각도를 이등분한다. 그다음 직선 가장자리로 마이터 펜스를 설정하는 데 사용할 선에 덴트를 펀칭한다.

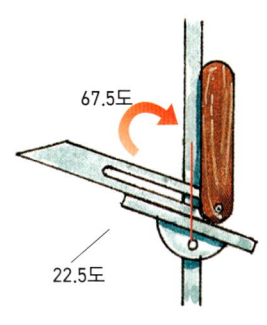

45도 각도를 이등분하면 정확히 22.5도가 나온다. 표시된 각도 또는 보완 각도를 이용해 슬라이딩 T-베벨의 각도를 맞춘 후에 블레이드 기울기를 설정한다.

제도를 이용해 각도 찾기

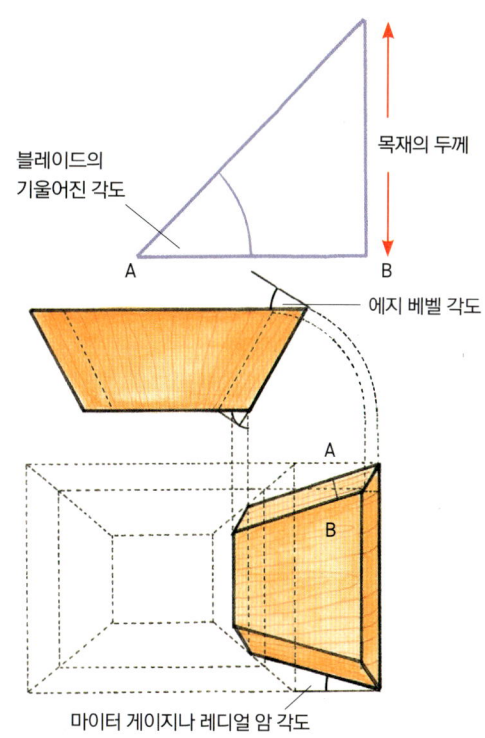

복합 사선접합을 할 부재를 평평하게 놓고 실제 모양과 각도를 확인한 다음, 수직선 A와 B를 세우고 목재 두께를 측정해 비례를 조절하여 블레이드의 기울기를 찾는다.

마이터링에 삼각법 적용하기

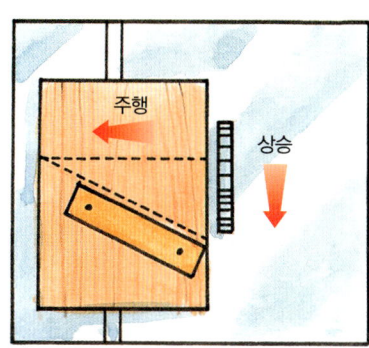

직각 다리에서 상승 및 주행의 증분이 마이터 게이지 슬롯에 정렬된다면, 삼각 비율을 사용하여 마이터 게이지를 설정할 수 있다.

삼각측량표를 사용하여 원하는 각도의 접선과 상승 대 주행의 비율을 찾을 수 있다. 그런 다음 펜스가 빗변을 따라 움직이는 슬라이딩 지그에 지점을 표시할 수 있다.

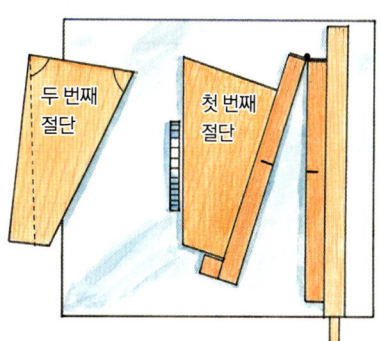

중심축이 되는 지점에서 테이퍼 지그를 벌려 피트당 12인치(30.5cm)의 기울기로 판재를 떼어낸 다음, 시작 부분을 두 배로 설정하고 판재를 뒤집어서 두 번째 절단을 한다.

손으로 연귀맞춤 만들기
Frame miter by hand

목재의 접합면에 수직으로 날을 세워 엇결로 자르고 패널 프레임이나 평대패를 사용하면 아래 그림과 같은 프레임을 만들 수 있다. 일반적인 45도의 연귀맞춤은 4면의 직선으로 된 모양을 만든다. 6면 또는 8면 모양도 있으며, 이들은 테이블 상판 밴딩으로 사용되는 것과 같은 타원형 및 원형 프레임으로 더욱 모양을 내기 위한 기초가 된다.

간단한 연귀맞춤은 마구리면 맞대기 이음으로, 사용하는 접착제의 유형에 따라 강도가 결정된다. 에폭시로 접착된 매우 가벼운 결합은 응력이 적어도 괜찮은 분야에 활용할 수 있지만 대부분은 지속력을 보강할 필요가 있다.

간단한 연귀맞춤이지만 마구리면의 접착제 표면은 결합 강도가 높지 않다. 이때 비스킷을 사용하면 강도가 향상된다.(188~191쪽 참고)

작업 순서

1 레이아웃 도구로 45도를 표시하거나 측면이 목재 너비와 같은 사각형에 대각선을 긋고 블록을 고정하여 톱을 안내한다.

2 은촉이나 다른 대패로 마이터 슈팅 보드에 톱으로 표시된 부분을 가볍게 깎고, 펜스와 부재 사이에 두꺼운 카드지를 끼워 잘못된 곳을 수정한다.

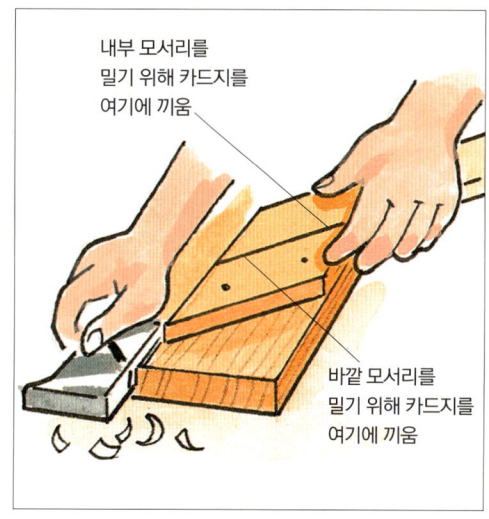

내부 모서리를 밀기 위해 카드지를 여기에 끼움

바깥 모서리를 밀기 위해 카드지를 여기에 끼움

3 접착제로 마구리면을 두껍게 코팅한다. 그런 다음 클램프로 조인다. 클램프 압력이 가해질 때 부재가 제자리에서 미끄러지지 않도록 조절 가능한 장치를 사용하여 조이고 고정한다.

변형 방법

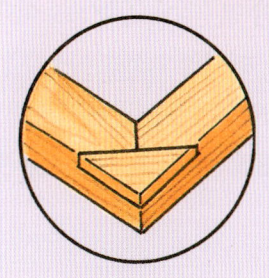

연귀맞춤을 이용해 틀 만들기

펜스 지그를 사용하여 테이블 톱에 연귀접합한 부분을 부착하거나, 모서리 뒷면의 일부를 제거하고 보강판을 접착한다. 보강재를 숨기는 것을 선호하는 경우에 하나 이상의 비스킷을 사용한다. (188~191쪽 참고) 전문가용 사진틀을 위해 연귀맞춤할 때는 특수 설계된 커넥터를 사용한다.

반연귀맞춤
Lap miter

반연귀맞춤은 기존의 반턱맞춤에서 우아하게 변형된 것이다.(61쪽 참고) 반연귀맞춤의 장점은 기존 연귀맞춤보다 접착면이 증가하여 훨씬 결합 강도가 세며, 오직 앞쪽 접합면에만 있어도 '액자' 구조의 외관을 제공한다는 점이다.

그림과 같이 반연귀맞춤은 가게에서 제작된 간단한 슬라이딩 지그를 사용하여 테이블 톱에서 정확하고 빠르게 제작할 수 있다. 톱질 작업으로 부재가 깔끔하게 절단되면 끌로 이음매를 다듬는다. 이렇게 하면 연질 목재에서도 이음매가 완벽하게 밀착된다. 특히 접합면을 가로질러 커프할 때 너무 깊게 자르지 않도록 주의한다. 너무 깊게 자르면 결합이 약해지고 마감된 모양 역시 손상되기 때문이다.

연귀접합된 부분의 뒤쪽에 반턱을 넣으면 접착면이 넓어져 결합 강도가 매우 향상된다.

작업 순서

1 부재들을 최종 길이로 자른 후 설단 깊이를 두께의 절반으로 설정한다. 프레임 스타일(수직 부재)의 접합면 모서리를 가로질러 45도로 커프한다.

2 톱 테이블에서 45도의 스톱이 있는 슬라이딩 펜스 지그를 사용한다. 이때 어깨는 건드리지 말고 스타일의 커프된 모서리 두께만큼 절반을 잘라낸다.

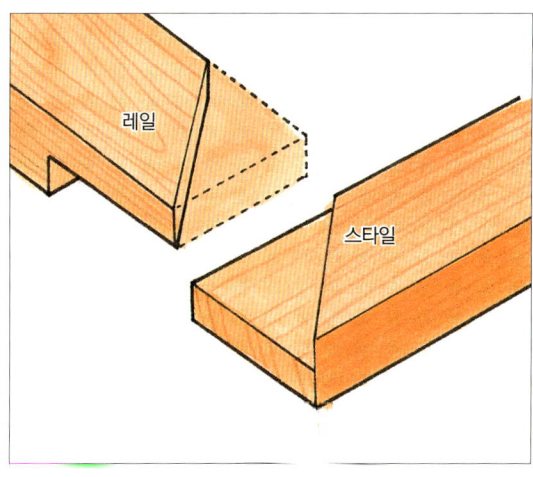

3 수평 레일의 각진 반턱맞춤(67쪽 참고)을 절단하고, 절반 부분을 45도로 다듬어 각 스타일의 어깨에 맞춘다.

장인의 한마디

연귀의 각도

연귀의 각도가 한 부재에 표시되고 슬라이딩 T-베벨으로 다른 부재에 표시한 경우, 마이터링은 다른 너비를 가진 부재를 수용한다.

접합되는 부재들의 너비 차이가 클수록 짜맞춤을 정확하게 작업하기가 더 어려워지고 만들어진다 해도 결합이 약하다. 너비의 차이가 2:1 이상인 것은 권장하지 않는다.

연귀촉을 이용해 사선접합 구조 만들기
Housed rabbet miter

엇결에서 베벨 컷하여 만든 십자형 사선접합은 연귀접합과 마찬가지로 마구리면의 접착면이 본질적으로 약하다.

다행스러운 점은 연귀접합처럼 이것 역시 구조적 기능보다는 보충용으로 더 많이 사용된다는 점이다. 연귀접합에 사용되는 대부분의 보강 기술은 교차형 사선접합에도 적용되지만 장식적인 은장은 제거되고 주먹장 키로 대체되어(168쪽 참고), 보강 역할을 한다.

내장된 연귀촉을 이용한 접합 구조는 교차형 사선접합 방식이지만 세로결 접착면을 추가하지 않는다. 또한 약간의 어깨를 만들면 접착제의 강도와 래킹에 대한 저항에 다소 도움을 주지만, 실제 강도는 외부로부터 이음매를 통해 전달되거나 세로결에서 비롯된다.

가게에서 제조된 목심

이 우아한 짜맞춤 방식은 일본에서 유래되었다. 장식 효과를 주기 위해 서로 다른 나무로 만들어진 목심을 사용한다.

작업 순서

1 짝을 이루는 모서리와 같은 두께(또는 서랍면과 같이 더 얇은 목재)의 부재를 사용하여 끝을 45도로 베벨 컷한다.

2 서랍의 앞면을 길이에 맞게 자르고 옆면 두께의 아웃라인 내에서 안쪽 면을 베벨의 높이 절반까지만 절단한다.

3 날을 45도로 기울여 앞면 내부의 폐기면을 제거하고 부재를 접착한다. 건조한 후 옆면을 관통하는 목심으로 보강한다.

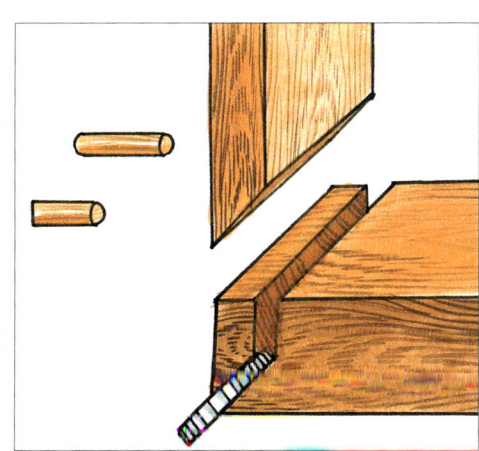

변형 방법

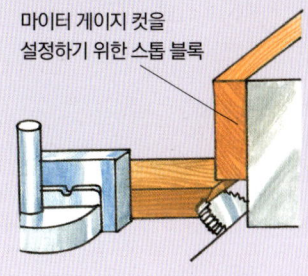

십자형 연귀접합 보강하기
마구리 접착면의 바깥쪽 3/4이 되는 지점에 있는 딴혀를 커프하기 위해 칼날을 45도로 둔다.

다른 각도에서 만드는 십자형 사선접합
45도가 아닌 다른 각도의 십자형 사선접합은 라우터 테이블이나 테이블 톱에서 날을 직각으로 하고 베벨을 평평하게 올린 채 부재의 끝을 다도 컷한다.

보강을 위한 연귀촉맞춤(은촉연귀맞춤)
Locked miter

L방향으로 마구리면끼리 이어져 있기 때문에 십자형 연귀접합은 사개맞춤(71쪽 참고)과 결합하지 않는 한 세로결 접촉을 위한 수정이 어렵다. 접합 각도가 120도보다 큰 6면이나 8면 구조의 일부가 아닌 한 내부의 딴혀조차 세로결 접촉을 하지 않는다. 이때 모서리 부분을 딴혀 작업하면 십자형 연귀접합에 세로결로 접촉한 만큼의 결합 강도를 낼 수 있다.

테이블 톱으로 재단된 연귀촉맞춤은 아래 그림처럼 자동으로 맞물려서 접착력에 덜 의존하게 된다. 하지만 장력에 저항하려면 올바른 방향으로 맞물려야 한다. 연귀촉맞춤은 서랍에 흔히 쓰이는 방식으로 서랍 앞면을 당기는 데 강하며 앞면이나 옆면에 마구리면이 보이지 않는다.

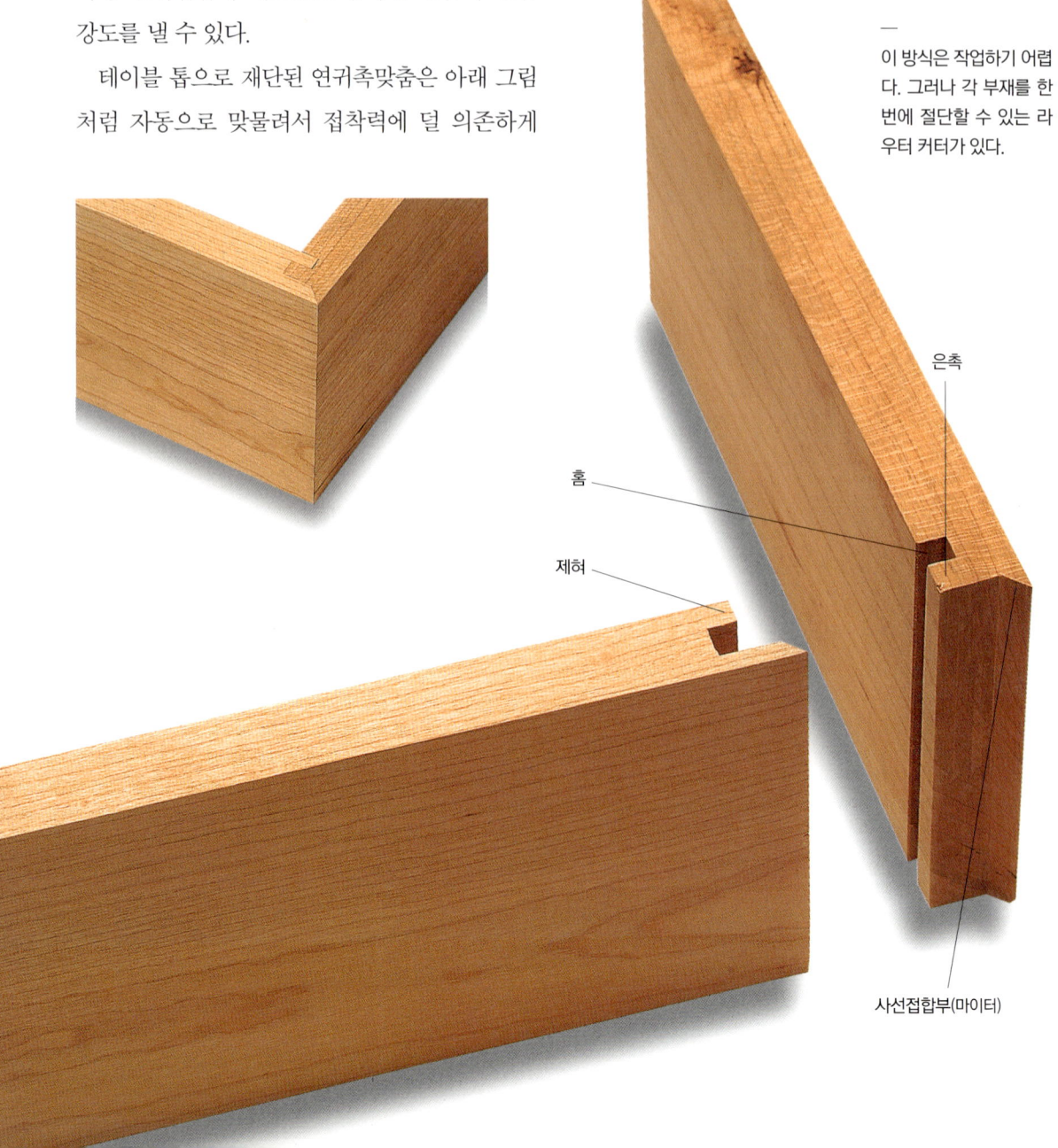

—
이 방식은 작업하기 어렵다. 그러나 각 부재를 한 번에 절단할 수 있는 라우터 커터가 있다.

은촉

홈

제혀

사선접합부(마이터)

작업 순서

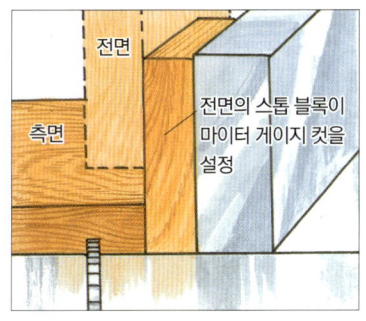

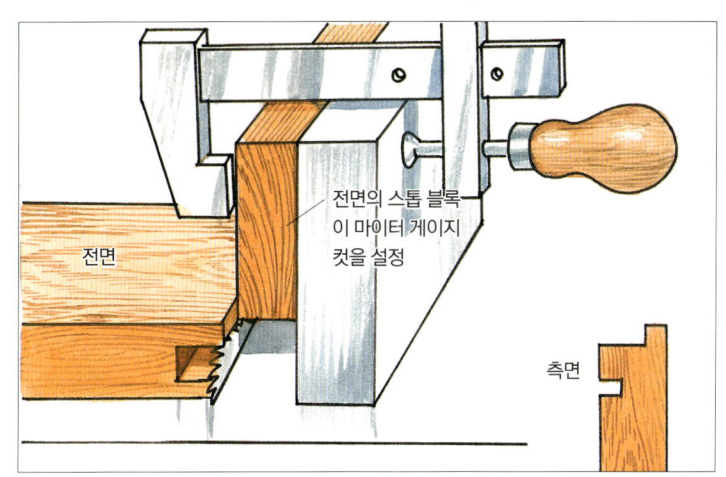

1 전면 두께에 맞게 블레이드를 설정한다. 측면 두께의 ⅓ 정도 되는 높이로 블레이드를 설정해 측면의 안쪽 접합면을 커프 절단한다.

4 블레이드를 내려 전면에서 좁은 촉만 자르고, 측면 두께의 ⅓까지 커프된 다도의 깊이까지 다듬는다.

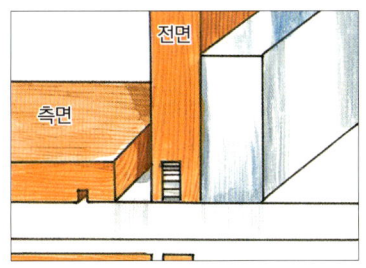

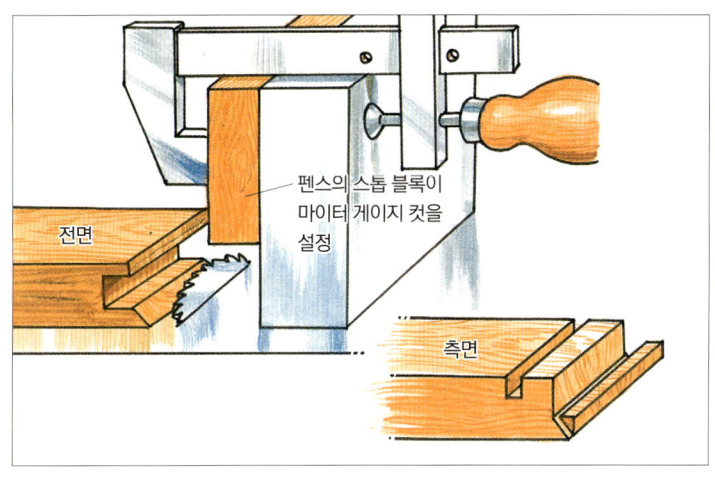

2 전면 두께의 절반 정도의 높이로 절단된 측면에 맞게 좁은 촉을 남겨둔다.

5 블레이드를 45도로 기울이고 펜스의 스톱 블록을 사용하여 전면과 측면에 돌출된 촉의 경사를 조절한다.

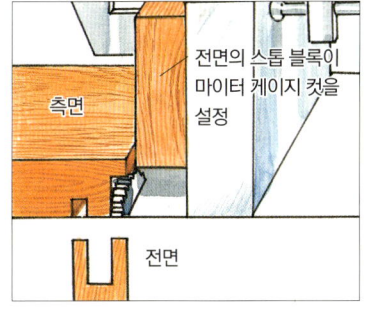

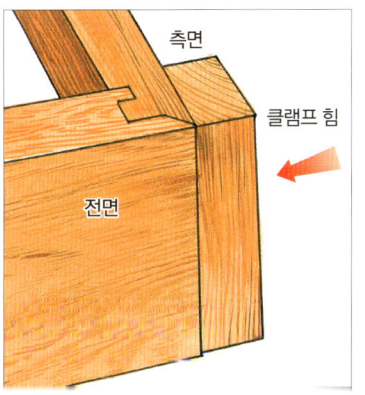

6 대부분의 연귀맞춤과 다르게 연귀촉맞춤은 한 방향으로만 클램프 힘을 가해야 한다. 하지만 블록은 연귀 자체에 압력을 분산한다.

3 스톱 블록을 설정하고 다도를 블레이드 두께의 ⅔ 정도로 낮춘 다음, 전면 다도에 맞는 촉을 남기기 위해 다듬는다.

워터폴 조인트
(고하중 사선접합 작업 시 사용하는 방식)
Waterfall joint

워터폴 조인트는 같은 조각의 목재를 가지고 고하중의 캐비닛이나 테이블을 만드는 데 사용하는 짜맞춤 방식이다. 이음매와 부재가 결 따라 진행되어 하나로 합쳐진 듯 보인다. 이 덕분에 조화로운 분위기를 연출한다.

이러한 평행한 길이를 만드는 사선접합(또는 베벨 조인트)은 우산꽂이, 파종기, 만화경에 잘 쓰이는 분할 구조를 보여준다.

또한 부재가 클램핑되면 접착에 강한 결 방향을 가진다. 워터폴 조인트는 뒷면이 보이는 맞춤형 베니어 합판 캐비닛에 특히 적합하다. 뒷면은 시트 중앙에서 가져오고 양끝은 폭포처럼 결 방향이 하나로 연결되면서 접합면이 접착된다.

—
'워터폴' 조인트라는 이름은 결의 패턴이 직각 이음매 위로 굴러 떨어진다는 사실에서 비롯된다. 나뭇결 방향이 같아서 보다 완성도가 높고, 마감이 아름답다.

작업 순서

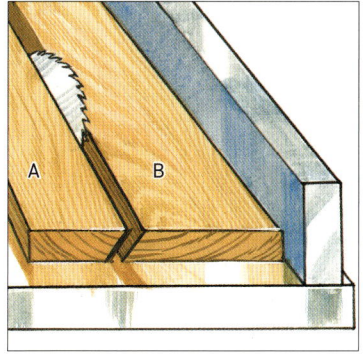

1 날을 펜스 쪽으로 45도 기울이게 하려면 바깥 접합면을 위로 하여 베벨 컷을 한다. 바깥쪽으로 기울어지게 하려면 내부 접합면을 위로 한다.

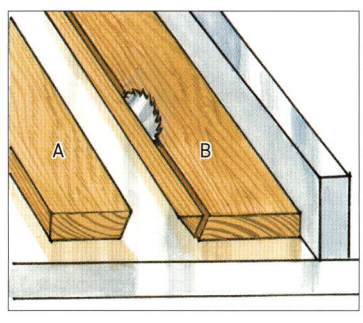

2 펜스에 닿는 부분을 끝까지 뒤집고 다시 베어 나무 가장자리에서 삼각형 모양의 스트립을 제거한다.

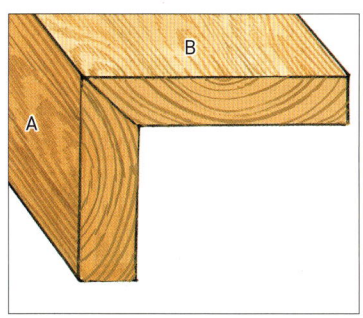

3 펜스 조각을 다시 뒤집고 첫 번째 조각에 결합하면 거의 완벽하게 나뭇결이 일치한다.

장인의 한마디

분할 구조
분할 구조는 쌍으로 접착하기가 쉽기 때문에 베벨 조인트가 틀어지지 않게 전체 길이 방향을 따라 강하게 결합한다.

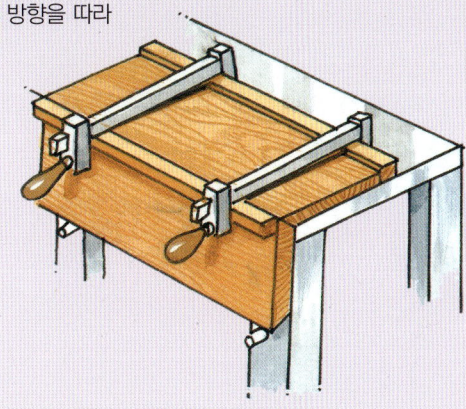

각진 핑거보드
날의 각도를 설정하기 위해 커팅 틸트(cutting tilt)를 사용하여 45도로 홈에 경사면을 만든다. 펜스에 부재를 수직으로 고정할 수 있을 때까지 각진 핑거보드를 조인다.

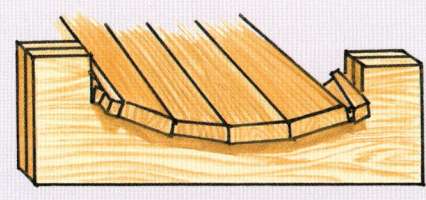

쿠퍼링(Coopering)
이 기법은 베벨로 수정된 너비를 사용하여 각각의 원호들을 하나로 결합한다. 접착제가 건조된 후 뒤집어서 매끄럽게 대패질한다.

라벳하여 사선접합 구조 만들기
Rabbet miter

평행 길이를 만드는 사선접합은 접착선이 길고 베벨의 각도가 압력에 의해 미끄러진다. 딴혀(43쪽)나 비스킷(188쪽)은 미끄러짐을 멈추게 하지만 만약 클램프 압력의 방향이 잘못되면 안이나 바깥에서 접합부가 해체되어 미끄러지는 것을 막기 어렵다. 박스 형태로 4개 이상의 분할 구조를 가진 경우, 한 번에 두 부분씩 나누어 단계별로 베벨 조인트를 접착하는 것이 더 쉽다. 라벳 작업하여 만든 사선접합 구조는 내부에 있는 턱이 접합부를 충분히 지탱하고 제 위치에 유지하게끔 한다. 또한 바깥쪽 모서리는 클램핑 블록 덕분에 단단히 고정된다. 이 짜맞춤 방식은 직선 비트와 모따기 비트가 있는 라우터 테이블에서 작업하기 수월하다.

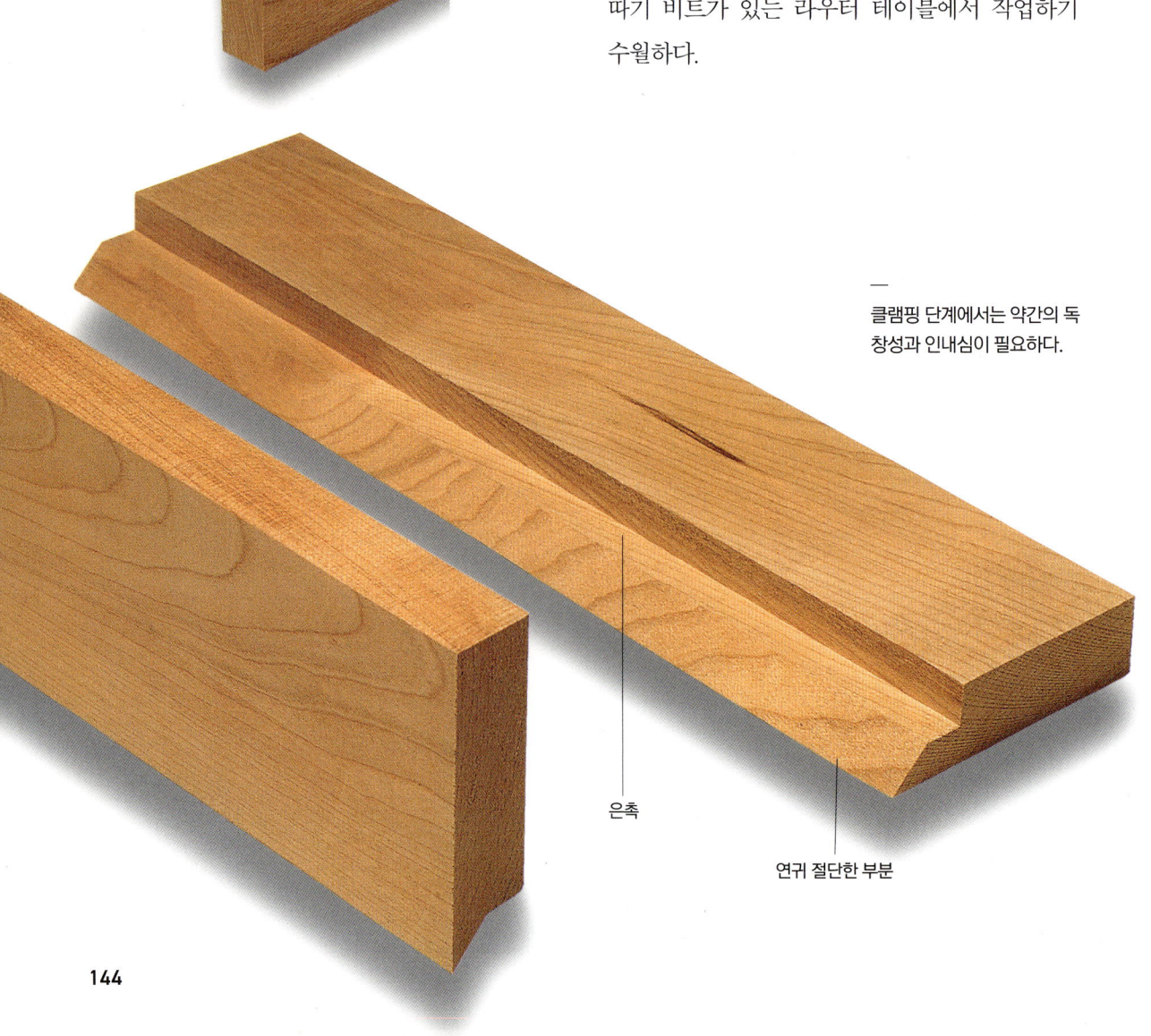

클램핑 단계에서는 약간의 독창성과 인내심이 필요하다.

은촉

연귀 절단한 부분

작업 순서

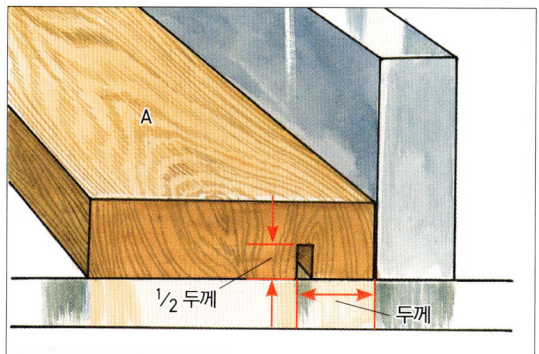

1 펜스와 블레이드의 외부 사이의 거리를 목재 두께와 같게 하고 블레이드의 높이를 목재의 절반 두께로 설정하여 내부 접합면을 커프한다.

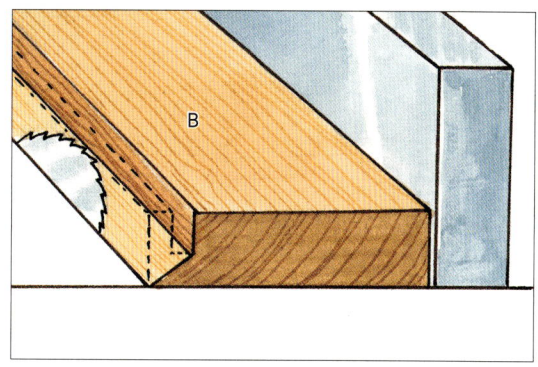

4 두 번째 부재의 끝을 뒤집어서 안쪽이 위로 오게 하고 블레이드를 기울여 45도로 커프한 후 제거해야 할 부분을 절단한다.

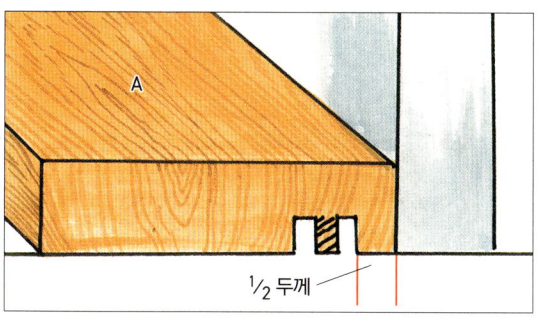

2 블레이드 안쪽까지의 거리가 다시 목재 두께와 커프의 절반이 되도록 펜스를 움직인 다음 커프 사이의 제거해야 할 부분을 절단한다.

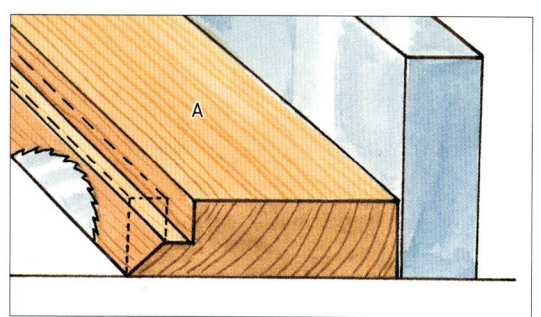

5 첫 번째 부재를 뒤집어 똑같이 45도의 베벨 각도로 가장자리를 비스듬히 절단한다. 제거해야 할 부분을 절단하고 남은 홈까지 자른다.

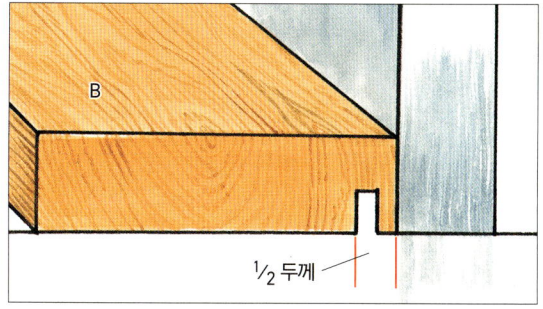

3 블레이드의 높이를 변경하지 않고 펜스를 뒤로 이동하면서 블레이드 바깥쪽까지의 거리가 부재의 절반 두께가 되도록 한다. 그다음 두 번째 부재의 내부 접합면을 커프한다.

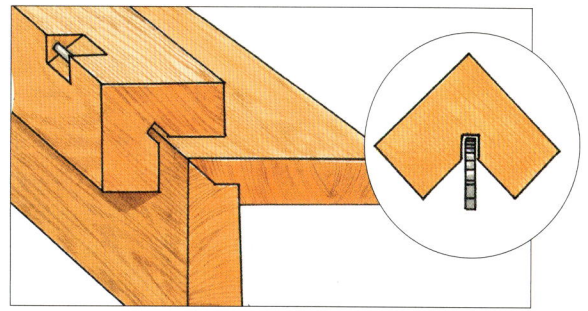

6 긴 나무 목재의 직각 부분에 두 개의 컷을 낸다. 클램핑 블록의 각도 내부에 있는 모서리와 커프를 제거하여 접착제가 연귀 부위에 들러붙지 않도록 한다.

기계를 이용해 복합 사선접합 구조 만들기
Compound miter by machine

연귀 각도와 칼날의 기울기를 결합하면 복합 사선접합 구조가 만들어진다. 이러한 방식은 측면을 기울여 구조물이 바깥이나 안쪽을 향하도록 한다. 경사 각도(안이나 밖으로 기울어지는 정도)가 크게 중요하지 않은 경우, (야구 경기장에서 볼 수 있는) 사다리꼴 각도와 블레이드 기울기를 맞춰 서로 잘 맞는 구조물을 만들 수 있다.

테이블 톱이나 레디얼 암쏘는 이러한 구성을 스크랩으로 테스트하고 복합 사선 절단을 신속하게 한다. 이때 다른 작업과 마찬가지로 정확성이 가장 중요하다.

접착할 때 한두 군데만 살짝 잘못 정렬해도 접합부가 어긋나므로 주의를 기울인다.

목재에 경사진 면이 있을 때 복합 사선접합 방식이 필요하다.

작업 순서

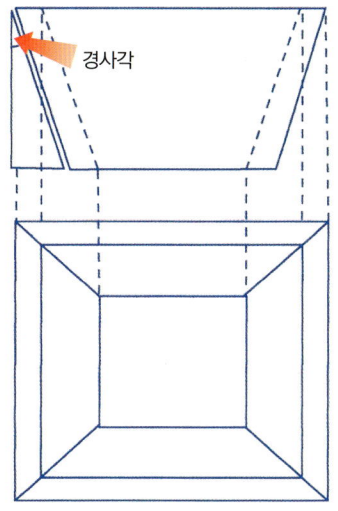

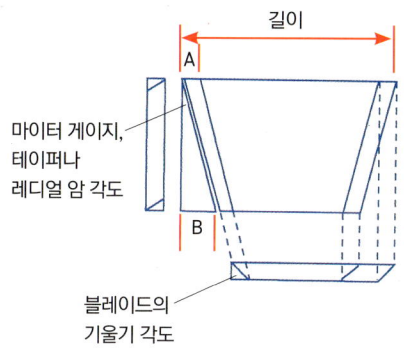

3 측면도에서 투영하고 측정값 A와 B를 사용하여 연귀 각도를 배치한다. 이 각도와 평행한 선을 연장하여 기울기 각도를 구한다.

1 원하는 경사 각도에서 실물 크기의 고도와 평면도를 만든다.

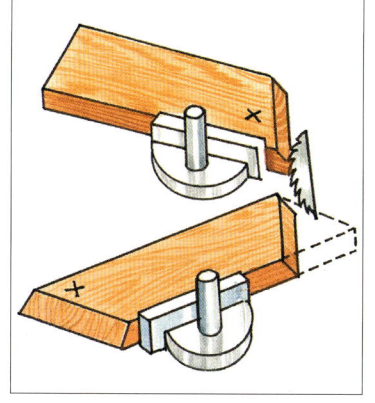

4 블레이드와 게이지 각도를 설정하고 모든 부재의 한쪽 끝을 연귀 작업한 다음 게이지를 반대 방향으로 기울인다. 다른 가장자리를 게이지 펜스 쪽으로 돌린 후 최종 길이로 절단한다.

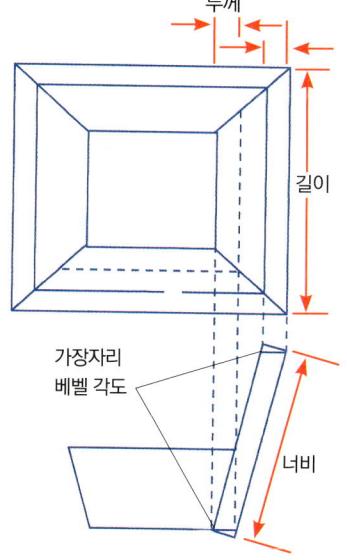

5 상단의 가장자리에서 베벨 컷하고, 부재가 평평하게 놓이도록 한다. 필요하면 펜스를 움직여 작업할 지점이 밑으로 미끄러지지 않도록 한다.

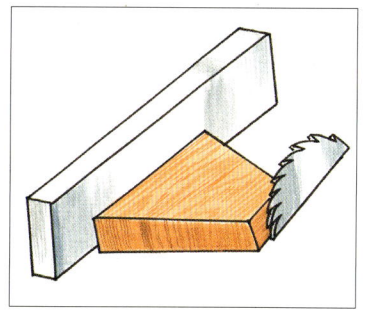

2 평면도에서 수직으로 선을 긋고 이를 가로질러 경사각을 배치한다. 실제 부재 너비와 가장자리에서 베벨 각도를 찾아 부재가 평평하게 놓이도록 한다.

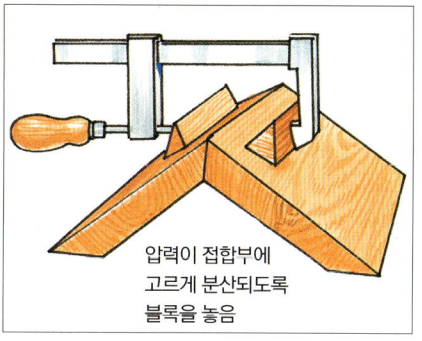

압력이 접합부에 고르게 분산되도록 블록을 놓음

6 클램프 압력을 접합부로 유도하기 위해 쉽게 제거할 수 있는 종이를 사이에 끼워 사선 절단한 스트립을 임시로 접착한다. 이때 조각의 단면을 접착제로 붙인다.

손으로 복합 사선접합 구조 만들기
Compound miter by hand

절단을 시작하기 전에 계획을 짜고 평면도를 그려야 한다. 그러나 펼친 도면에는 실제 부재의 모양이나 연귀, 블레이드의 기울기 각도를 표시하지 않는다.

복합 사선접합 구조를 수작업하는 것이 불가능하지는 않지만 측면이나 분할된 면이 많은 경우에는 실용적이지 않다. 수작업한 복합 사선접합의 성공 여부는 손 대패 기술에 달려 있다.

두 개의 평면을 이용한 사선접합은 높은 지붕과 계곡 주변에 있는 집을 짓는 일 등에 사용된다.

작업 순서

1 147쪽의 평면도를 이용해 작업하는 방법을 참고하여 베벨 각도를 찾은 후 가이드 블록의 양 끝에 표시하고 가장자리를 대패질한다.

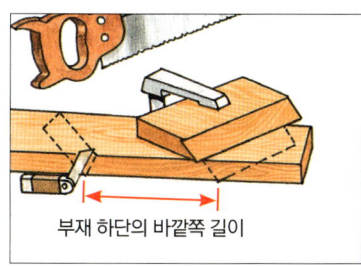

부재 하단의 바깥쪽 길이

2 톱 가이드 블록을 사선접합할 각도로 설정하고 부재 내부를 가로질러 클램프로 조인다. 베벨이 톱 절단 부분을 부재의 외부 길이로 향하도록 유도한다.

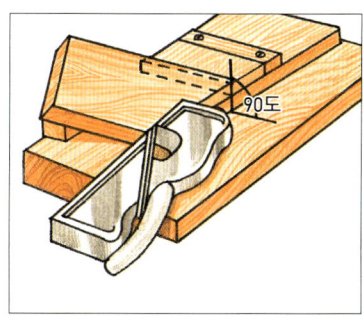

3 슈팅보드(직각틀)에서 더블 스틱 테이프를 사용하여 사선접합 부위를 정렬하기 위해 테이퍼 펜스 블록과 베벨을 90도로 기울이는 나무 스트립을 고정시킨다. 부재를 여기에 맞춰 사선 절단한다.

장인의 한마디

커핑 및 사선접합을 이용해 몰딩하기

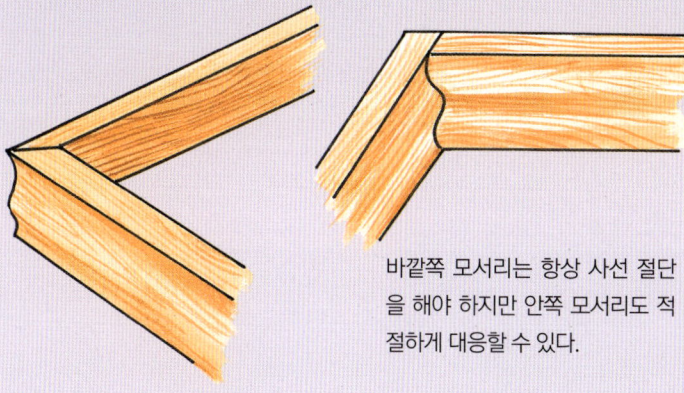

바깥쪽 모서리는 항상 사선 절단을 해야 하지만 안쪽 모서리도 적절하게 대응할 수 있다.

돌출부위는 사선 절단만 가능하다.

일반적으로 뒤로 쏠린 몰딩도 이와 같이 대응할 수 있다.

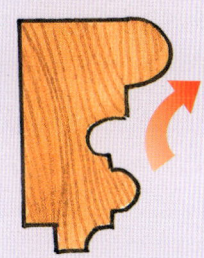

옆면을 코프 톱질한 것

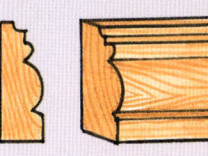

몰딩을 처리하려면 일단 접합면을 비스듬히 가로질러 사선 절단한다. 수직이나 약간 언더 컷된 단면을 따라 톱질하고 줄질을 해서 샌딩 작업한다.

장식된 몰딩을 자르려면 바닥에 캐비닛 너비를 표시하고 마이터 슬롯에 맞춰서 몰딩을 거꾸로 뒤집는다. 그다음 펜스를 평평하게 배치해 사선 절단한다.

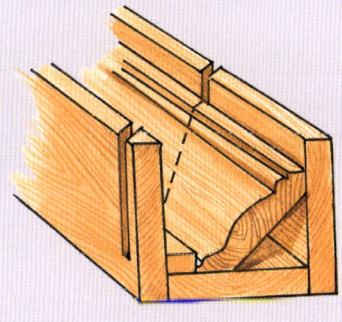

주먹장 짜임:
가장 견고한 짜맞춤의 대명사

7

주먹장 짜임 선택하고 사용하기
Choosing and using dovetails

훌륭한 목공 기술의 징표로 여겨지는 주먹장 짜임은 역학적인 강도가 매우 강한 맞물림 기법이다. 주먹장 짜임은 이름에 어울리는 모양의 각진 숫장부와 그에 맞는 유사한 모양의 암장부로 구성된다. 마구리면의 접합면 모서리에서 가장 잘 만들 수 있는 방식으로, 암장부 사이의 부분을 숫장부라고 하며 여러 숫장부는 맞물리는 장부들처럼 암장부 사이의 공간에 꼭 들어맞는다. 암장부가 넓어지면 숫장부와 암장부 사이의 세로결 접착 표면에 매우 강한 역학적인 힘이 더해지면서 장력에 대항한다.

기본 주먹장 짜임에는 관통 주먹장, 반 숨은 주먹장, 장식 주먹장 그리고 숨은 주먹장과 이중 장식 주먹장이 있다. 각각의 방식을 사용하는 유형은 가구 스타일과 강도 조건에 따라 다르다. 골동품 가구에서는 가장 튼튼한 관통 주먹장(양끝이 판재의 접합면을 뚫고 나옴)이 가공된 틀 아래 숨도록 배치된다. 숨은 주먹장 역시 주먹장의 양끝이나 전체 이음매가 보이지 않는다. 현대적인 가구 디자인에서는 구조물의 모서리와 서랍에 관통 주먹장을 넣는 것이 특징이다. 조절 가능한 현대식 주먹장 지그는 수공품을 모방하여 다양한 간격의 주먹장을 만들어낸다.

주먹장 짜임은 다른 짜맞춤 기법을 변형해 장력에 대항하는 힘을 강화한다. 슬라이딩 주먹장은 숫장부의 촉이나 장부를 수정하여 암장부 하우징에 일치하도록 한다. 변형된 반턱맞춤은 주먹장이

위 그림과 같이 대표적인 전통 주먹장 짜임은 매우 튼튼하며 보기보다 만들기 어렵지 않다.

접착 본드의 장력을 완화하는 데 사용되며, 십자 걸침턱맞춤의 경우 지지되지 않은 마구리면을 유지하는 주먹장 어깨를 포함할 수 있다.

겹침과 촉, 장부 변형에는 두 가지 형태가 있다. 첫 번째로 단일 주먹장은 오직 하나의 각진 측면과 어깨만 드러낸다. 반면 이중 주먹장은 전체를 주먹장 형태로 만드는 구조와 같으며 일반적으로는 각 면에 어깨가 있다.

주먹장의 딴혀는 일반 딴혀처럼 결합을 보강하는 데 사용된다. 이와 마찬가지로 은장과 주먹장 키는 짝이 되는 홈에 연결하는 장식적인 기능 보강 장치다.

주먹장 짜임의 전문 용어

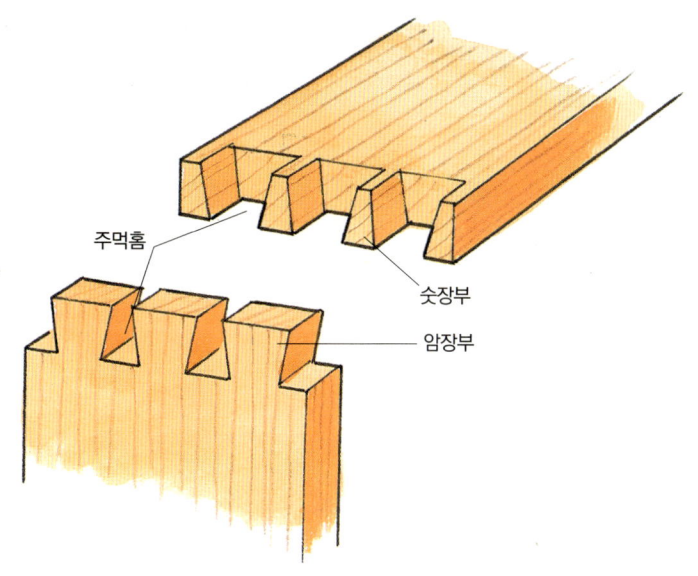

기본 주먹장 짜임의 종류

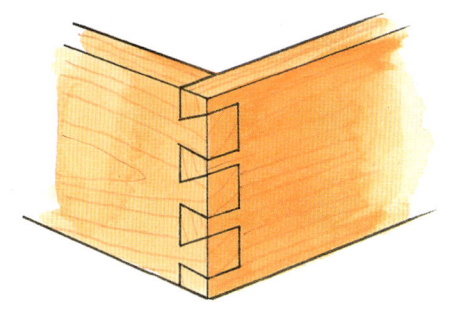

관통 주먹장은 가능한 한 가장 큰 접착 표면을 얻을 수 있지만 판재의 끝부분은 접합면을 통해 전면에서 드러난다.

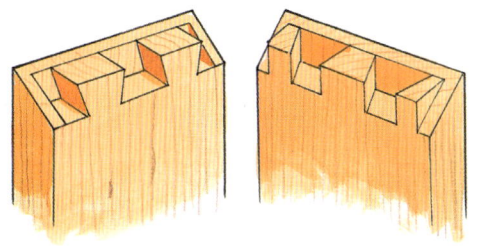

연귀 숨은 주먹장은 모서리 이음매에 강한 결합력을 제공하면서 나뭇결이 계속 이어지게 한다.

숨은 주먹장은 판재 끝이 전면에서 보이지 않고 접합면이 측면을 향한다.

숨은 주먹장에서 암장부는 반 숨은 주먹장과 같이 두 접합면을 관통하지 않고, 주먹장이 있다는 것을 드러내지 않도록 숫장부나 암장부가 겹쳐 있다.

주먹장 짜임을 장식하는 보강재

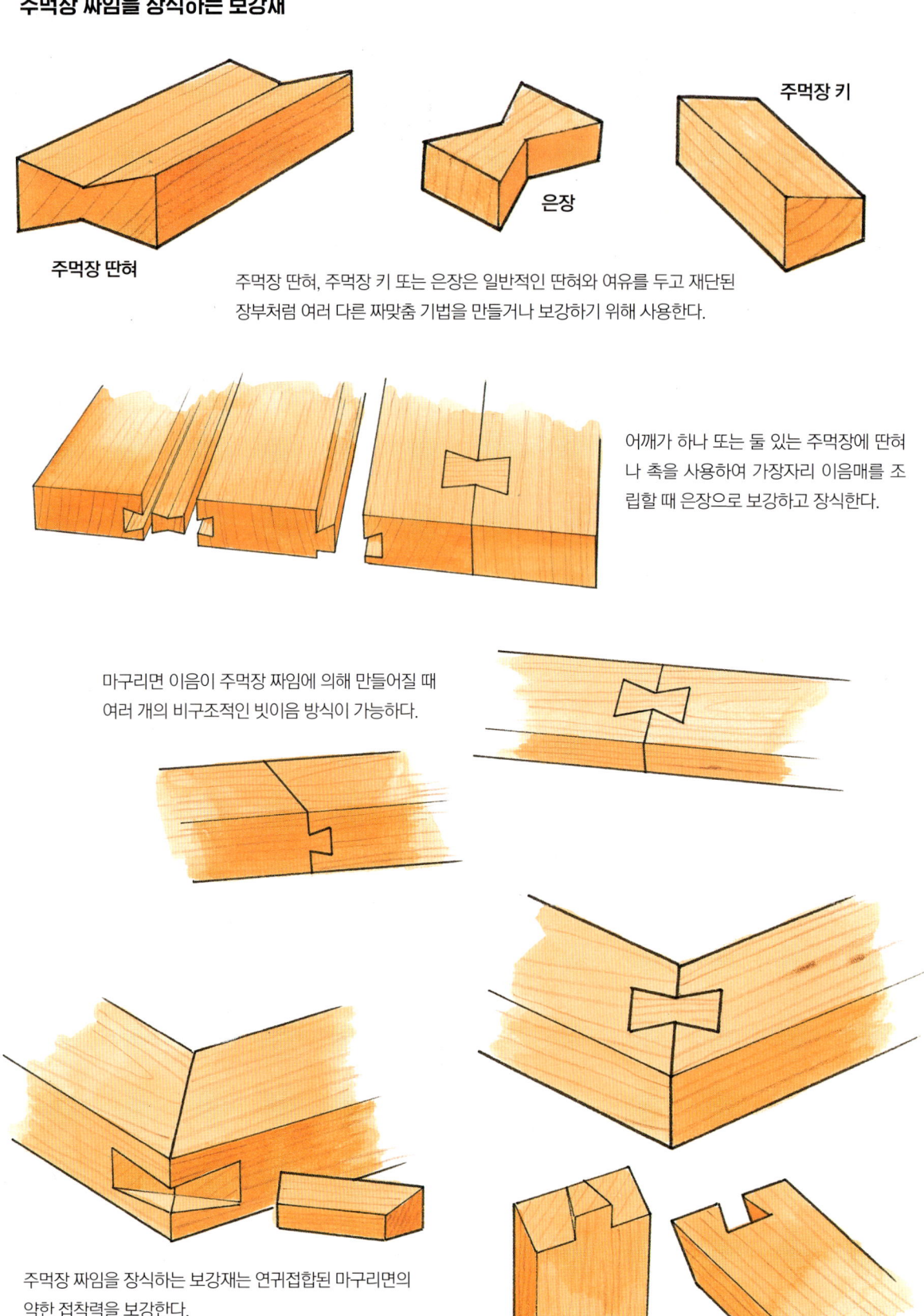

주먹장 딴혀

은장

주먹장 키

주먹장 딴혀, 주먹장 키 또는 은장은 일반적인 딴혀와 여유를 두고 재단된 장부처럼 여러 다른 짜맞춤 기법을 만들거나 보강하기 위해 사용한다.

어깨가 하나 또는 둘 있는 주먹장에 딴혀나 촉을 사용하여 가장자리 이음매를 조립할 때 은장으로 보강하고 장식한다.

마구리면 이음이 주먹장 짜임에 의해 만들어질 때 여러 개의 비구조적인 빗이음 방식이 가능하다.

주먹장 짜임을 장식하는 보강재는 연귀접합된 마구리면의 약한 접착력을 보강한다.

주먹장 짜임의 이음매를 수정하는 방법

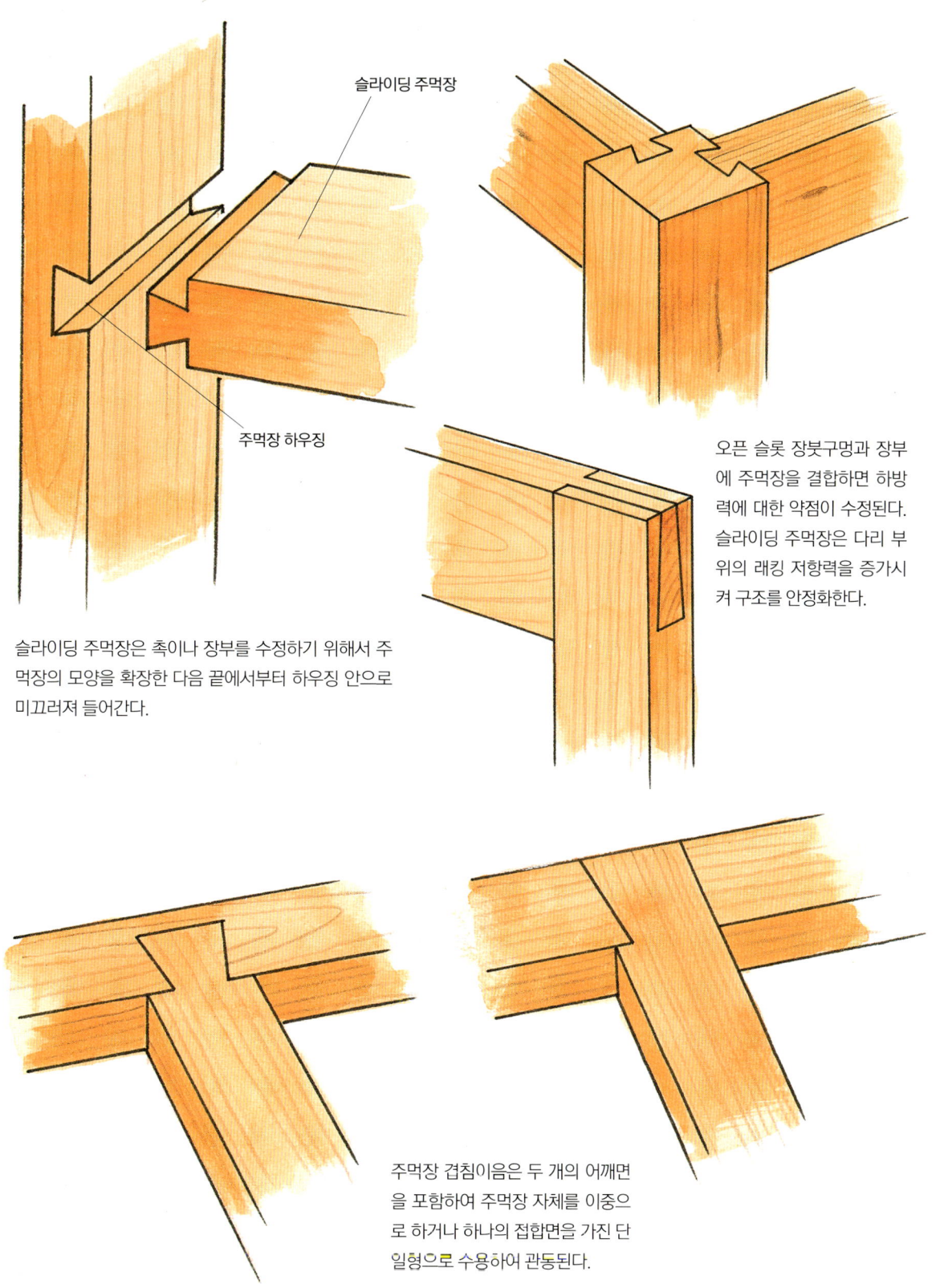

슬라이딩 주먹장

주먹장 하우징

슬라이딩 주먹장은 촉이나 장부를 수정하기 위해서 주먹장의 모양을 확장한 다음 끝에서부터 하우징 안으로 미끄러져 들어간다.

오픈 슬롯 장붓구멍과 장부에 주먹장을 결합하면 하방력에 대한 약점이 수정된다. 슬라이딩 주먹장은 다리 부위의 래킹 저항력을 증가시켜 구조를 안정화한다.

주먹장 겹침이음은 두 개의 어깨면을 포함하여 주먹장 자체를 이중으로 하거나 하나의 접합면을 가진 단일형으로 수용하여 관동된다.

관통 주먹장
Through dovetail

모서리에 주먹장을 레이아웃할 때, 숫장부를 나무 두께의 절반 정도로 만들어 너비의 2~3배 정도 간격을 두고 균일한 암장부를 만든다.

간격이 가변적이라면 중심에서 넓은 암장부를 사용하고 목재 끝을 향해 더 좁은 암장부를 설정한다. 따라서 숫장부의 접착 표면은 증가하지만 숫장부가 암장부에 반드시 비례할 필요는 없다. 이것은 필요한 곳에 견고한 구조물을 배치하고 나무가 건조되면 커핑을 억제하는 데 도움이 된다. 건조할 때 측면이 바깥쪽으로 휘어질 경우 서랍이 결합되는 것을 감안해서 심재가 바깥쪽을 향하게 배치한다.

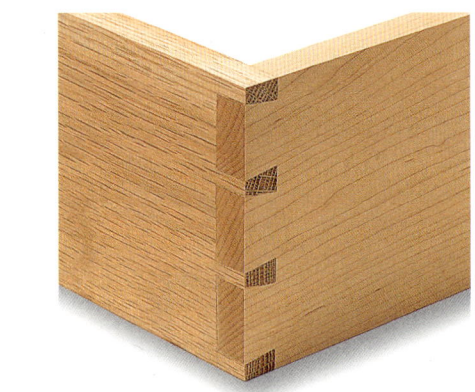

서랍을 다시 양 측면으로 연결하는 데 사용하는 오크 핀은 뒷면을 형성하고 단풍나무의 암장부는 측면을 형성한다.

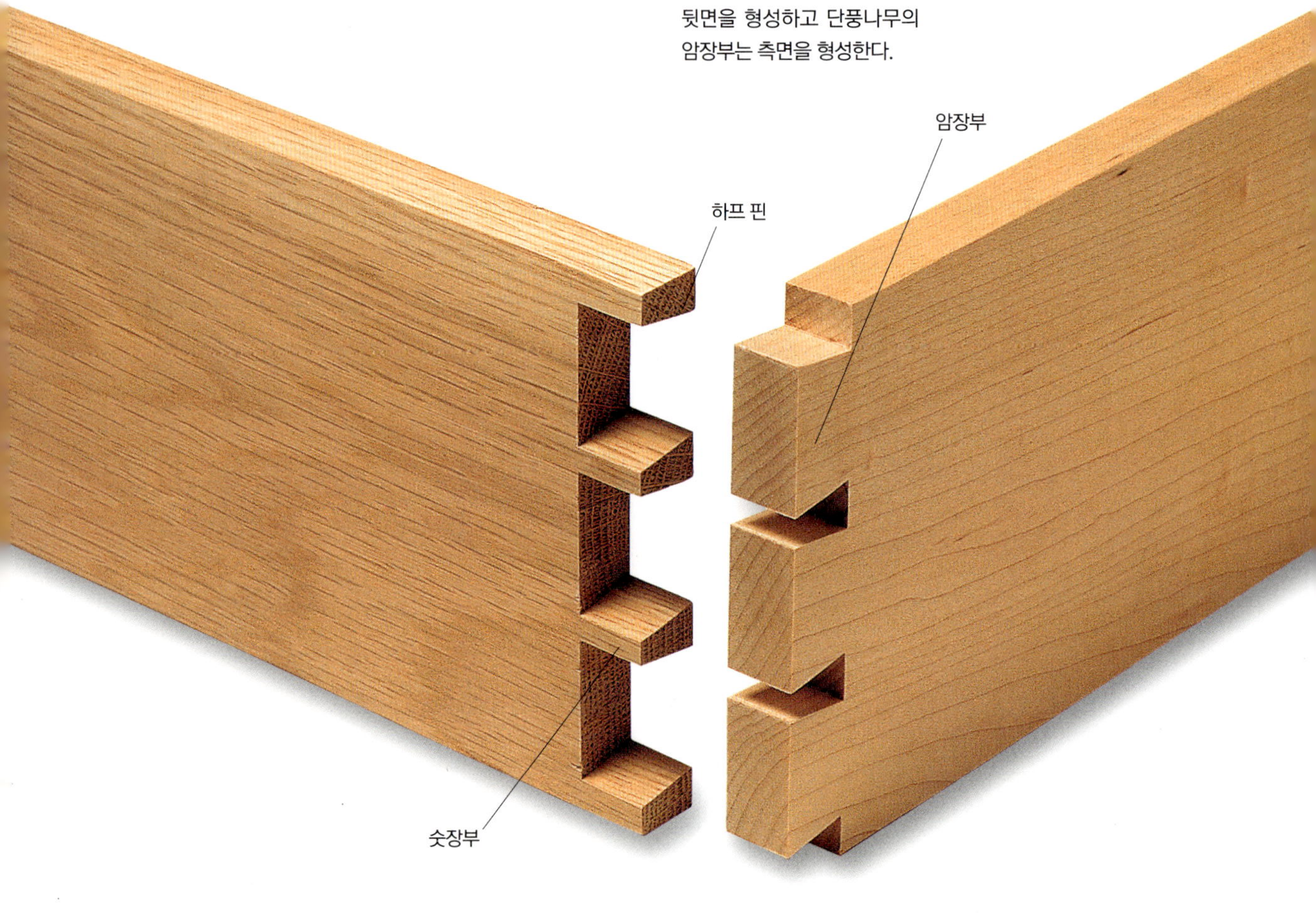

암장부

하프 핀

숫장부

작업 순서

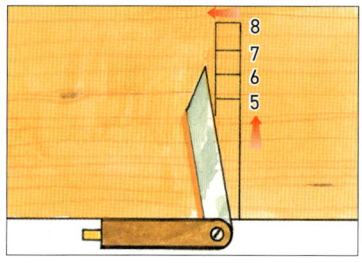

1 목재의 종류와 종을 고려하되, 슬라이딩 T-베벨을 벤치 가장자리로 하여 주먹장 각도의 1:5 또는 1:8 사이의 비율을 설정한다.

4 판재의 안쪽을 향하여 숫장부의 중심선을 배치한다. 숫장부의 가장 넓은 끝을 중심선 양쪽에 절반씩 표시한 후 칼로 각도를 긋고 제거할 부분을 표시한다.

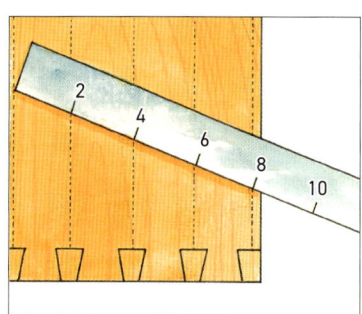

2 종이에 레이아웃을 그리고 크기를 키운다. 자를 대각선으로 기울이면 숫장부의 중심선과 짝을 이루는 암장부 공간에 동일한 증분을 설정하기 쉽다.

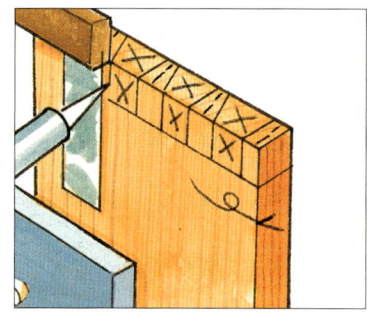

5 판재의 각 접합면 아래로 숫장부의 각도를 측정된 선까지 직각으로 표시하고 제거할 부분도 표시한다.

3 목재에 드레싱과 샌딩을 하고, 꼬리 부분의 두께 바로 위에 마킹 게이지를 설정한다. 집합면과 가장자리에 숫장부의 끝이 올 자리를 표시한다.

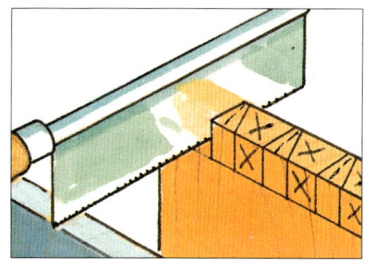

6 표시한 선의 제거되어야 할 부분에서 전면 모서리를 기준으로 접합면과 끝부분을 톱질한다. 그다음 같은 방식으로 측정된 선까지 톱질한다.

장인의 한마디

주먹장 작업에 편의를 돕는 간단한 지그

주먹장 각도에서 절단해서 끝에 고정 장치가 달린 스크랩은 마킹을 도와주고 그 각도가 동일하게 유지되도록 보장한다.

[최근에는 주먹장 템플릿이나 마커를 사용한다.]

테이블 톱을 이용해 숫장부 가공하기

측정된 지점까지 블레이드를 낮춰 테이블 톱으로 숫장부를 톱질하고, 주먹장 각도로 절단부를 맞춰 마이터 게이지를 조절한다.

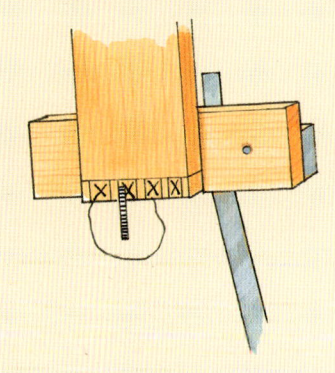

장인의 한마디

띠톱을 이용해 숫장부 가공하기

띠톱으로 숫장부를 가공하려면, 띠톱 테이블 자체를 기울여 작업해야 한다. 또한 기울어진 지그를 만들면 클램프된 블록으로 측정선에서 절단을 중지할 수 있다.

레이아웃 도구

주먹장 짜임을 위한 수제 레이아웃 도구는 암장부와 숫장부의 각도를 설정하고 마구리면을 가로질러 접합면 아래로 내려가는 선을 직각으로 만들 수 있다.

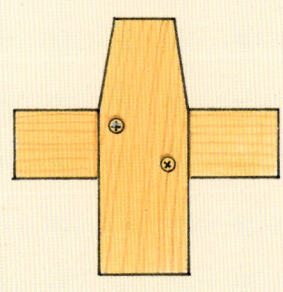

7 측정된 선에서 가이드 블록으로 벤치 다리 위에 부재를 고정하고, 선을 따라 잘라낸다. 마구리면에서부터 아래를 향해 끌로 제거해야 할 면의 절반을 다듬는다.

8 부재를 뒤집어 남은 제거 부분이 모두 절단될 때까지 측정선을 향해 다시 아래로 움직이면서 잘라낸다.

9 끌을 사용해 옆면이 평평하고 수직이 되도록 숫장부 안쪽을 깨끗이 정리한다. 이때 마구리면을 평평하게 다듬거나 약간 V자로 움푹 들어가게 깎아낸다.

관통 꼬리 작업 순서

1 마킹 게이지를 숫장부가 있는 목재의 두께보다 약간 높게 설정한다. 꼬리가 될 부재를 드레싱하고 직각 처리하여 샌딩한 후 부재의 끝 주위에 선을 긋는다.

2 절단된 숫장부의 가장 넓은 면을 꼬리의 측정선에 고정하거나 클램핑한다. 암장부 안에 선을 그어 홈 내부에 들어갈 숫장부의 위치를 표시한다.

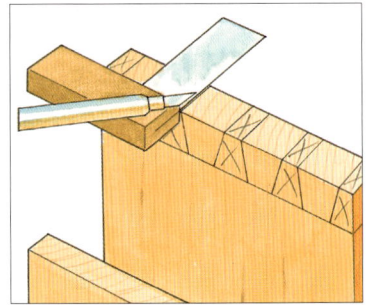

3 판재 끝을 가로질러 선을 그은 숫장부의 각도를 직각으로 설정한 후 숫장부의 위치를 제거될 부분으로 표시한다.

4 숫장부 각도를 기준삼아 제거해야 할 부분을 톱질한 후, 전면 모서리에서 시작하여 접합면과 끝을 동시에 톱질한다. 필요에 따라 판재를 기울여 수직으로 절단한다.

7 필요한 경우 암장부의 돌출부 아래에 닿을 수 있는 각진 모서리에서 특수 빗끌 또는 주먹장 끌을 사용하여 홈을 정리한다.

서랍 주먹장
서랍에 관통 주먹장 짜임을 배치하면 하단에 있는 홈이 암장부 아래로 빠져나와 서랍 측면의 열린홈이 있는 숫장부를 통과한다.

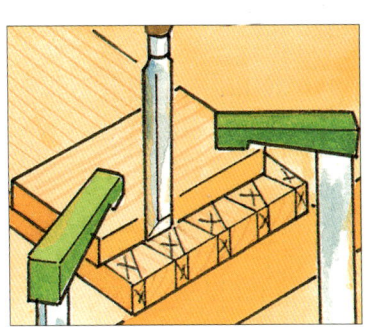

5 또 한 가지 방법은 숫장부와 동일한 공정으로 좁은 끌을 사용해 제거하는 것이다. 언더 컷된 마구리면이 필요한 경우 끌을 약간 기울여 작업한다.

8 블록으로 이음매를 보호하고, 숫장부와 암장부를 홈에 정렬한다. 넓은 끝이 너무 조여 갈라지지 않도록 함께 두드린다.

사선접합된 주먹장 레이아웃
모서리를 사선접합한 주먹장 레이아웃은 가장자리에 하프 핀을 끼워 넣지만, 하프 핀의 한 접합면은 톱질되지 않으며 그 외 다른 부재는 사선 절단된다.

6 또 다른 방법은 선 근처를 톱질하여 제거하는 것이다. 마구리면의 플러시를 측정선까지 조금씩 깎아낸다.

9 접착 후 목재의 두께를 약간 두껍게 한다. 선을 측정하여 약간 돌출된 숫장부와 암장부를 다듬기 위해 블록을 사용한다.

숨은 주먹장
Half-blind dovetail

관통 주먹장과 다르게 숨은 주먹장과 연귀 숨은 주먹장은 설계에 사용할 접합부의 일부 또는 전부를 숨겨 디자인에 도움이 된다. 숨은 주먹장은 부재 두께에 상관없이 레이아웃에 두 가지 게이지 설정을 사용하는 반면, 관통 주먹장은 부재 두께가 다르지 않은 한 모든 측정에 동일한 설정을 사용한다.

숨은 주먹장을 배치할 때, 마구리면에 긋는 금은 암장부의 길이를 설정할 뿐만 아니라 접착 표면과 역학적 저항을 기반으로 하는 강도를 설정하기도 한다. 절대로 이 치수를 줄여서 암장부에 선을 긋거나, 암장부를 잘못 정렬해 선을 긋지 않도록 한다. 주의하지 않으면 접합부가 잘 맞지 않는다.

숨은 주먹장은 서랍의 전면을 측면에 연결하는 데 이용한다. 서랍 전면은 여전히 주먹장의 강한 힘을 활용한다.

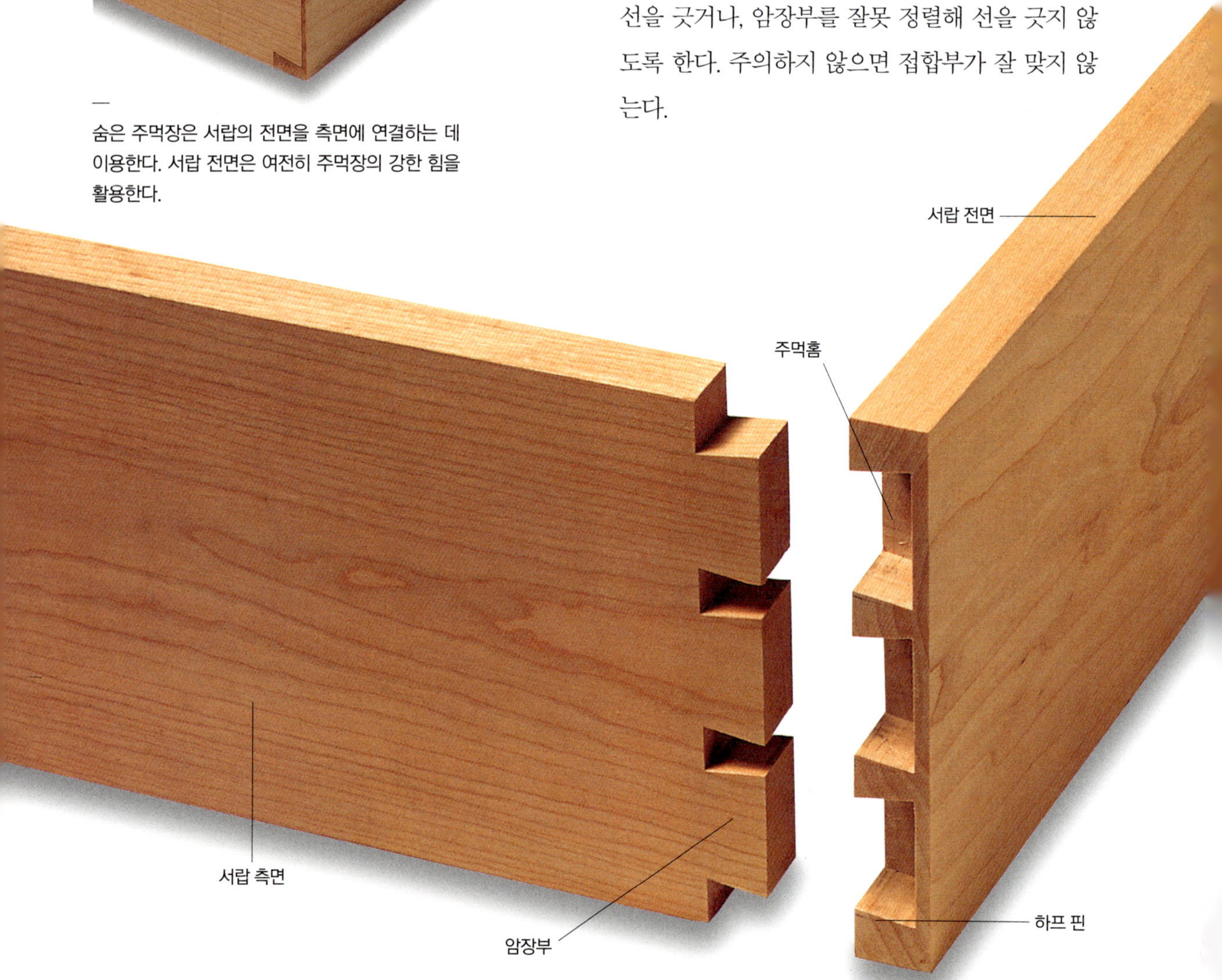

서랍 전면

주먹홈

서랍 측면

암장부

하프 핀

작업 순서

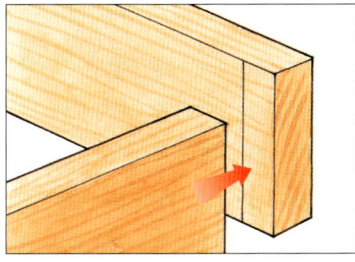

1 서랍을 만들려면 목재를 직각으로 두고 마킹 게이지를 측면 두께로 설정한 다음, 앞쪽 내부 접합면에 금을 긋는다.

4 암장부를 톱질하고 끌로 다듬은 후, 부재를 조립할 위치에 고정한다. 암장부를 앞쪽 마구리면에 정확히 대고 끝부분까지 선을 긋는다.

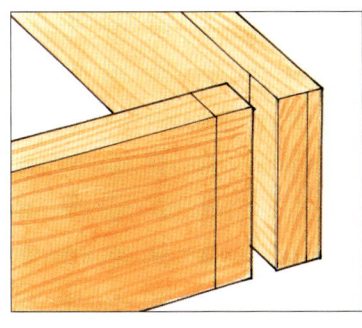

2 게이지를 재설정하여 마구리면에서 앞쪽의 약 2/3 두께에 선을 긋고 접합면과 가장자리의 양쪽 측면 끝에도 선을 긋는다.

5 앞쪽 끝에 새겨진 암장부를 제거할 부분으로 표시하고, 커프는 양쪽에 새겨진 선에 도달하지만 넘지는 않을 정도로 앞쪽 모서리에 기울여 톱질한다.

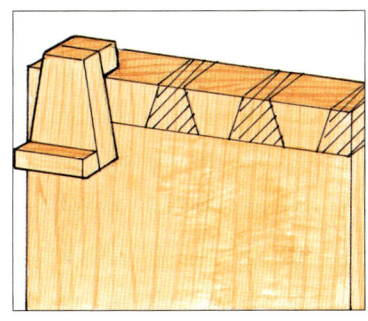

3 레이아웃 간격과 크기를 결정한 후 템플릿 또는 자유 각도자를 사용하여 측면 바깥쪽 접합면에 있는 암장부에 각도를 긋는다. 이때 끝을 가로지르는 선은 직각으로 긋는다.

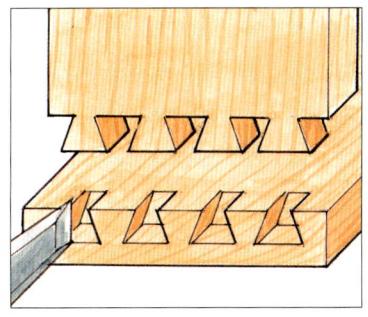

6 제거할 부분을 잘게 썰어 마구리면에서 한 조각씩 절단한 다음, 끌을 숫장부 옆면에 대고 톱질하지 않은 내부 모서리에 도달하게끔 유도한다. 이때 결합이 잘 맞는지 테스트한다.

변형 방법

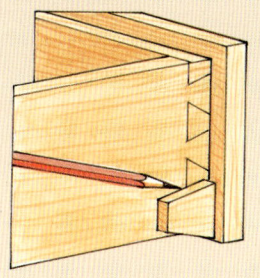

장식 마감 서랍장
측면은 서랍 앞부분의 가장자리를 따라 라벳 컷하면 주먹장 짜임이 되며 숫장부는 템플릿이나 먼저 만들어진 암장부에서부터 표시한다.

러너홈
숨은 주먹장을 사용할 때, 서랍 측면에 러너홈을 배치하면 서랍 앞부분을 멈춤쇠처럼 이용할 수 있다.

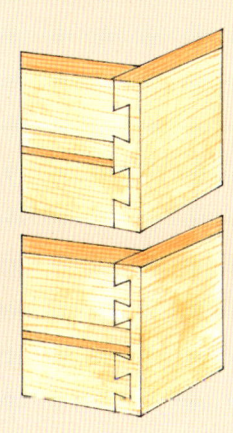

연귀 숨은 주먹장
Blind mitered dovetail

연귀 숨은 주먹장의 암장부와 숫장부는 숨은 주먹장과 똑같이 배치한다. 두꺼운 부분은 안쪽 접합면에서 반대쪽 접합면을 향해 약 ⅔의 두께로 동일하게 라벳 처리되며, 안쪽에 그어진 선까지 약 ⅓ 정도 떨어져 있다.

라벳 너비와 깊이는 부재 가장자리에 새겨진 45도의 어깨선을 따라 한 지점에서 교차해야 한다. 그런 다음 모서리가 사선접합된 주먹장처럼 숫장부를 라벳에 배치하고 암장부는 그 지점에서부터 선을 긋는다.

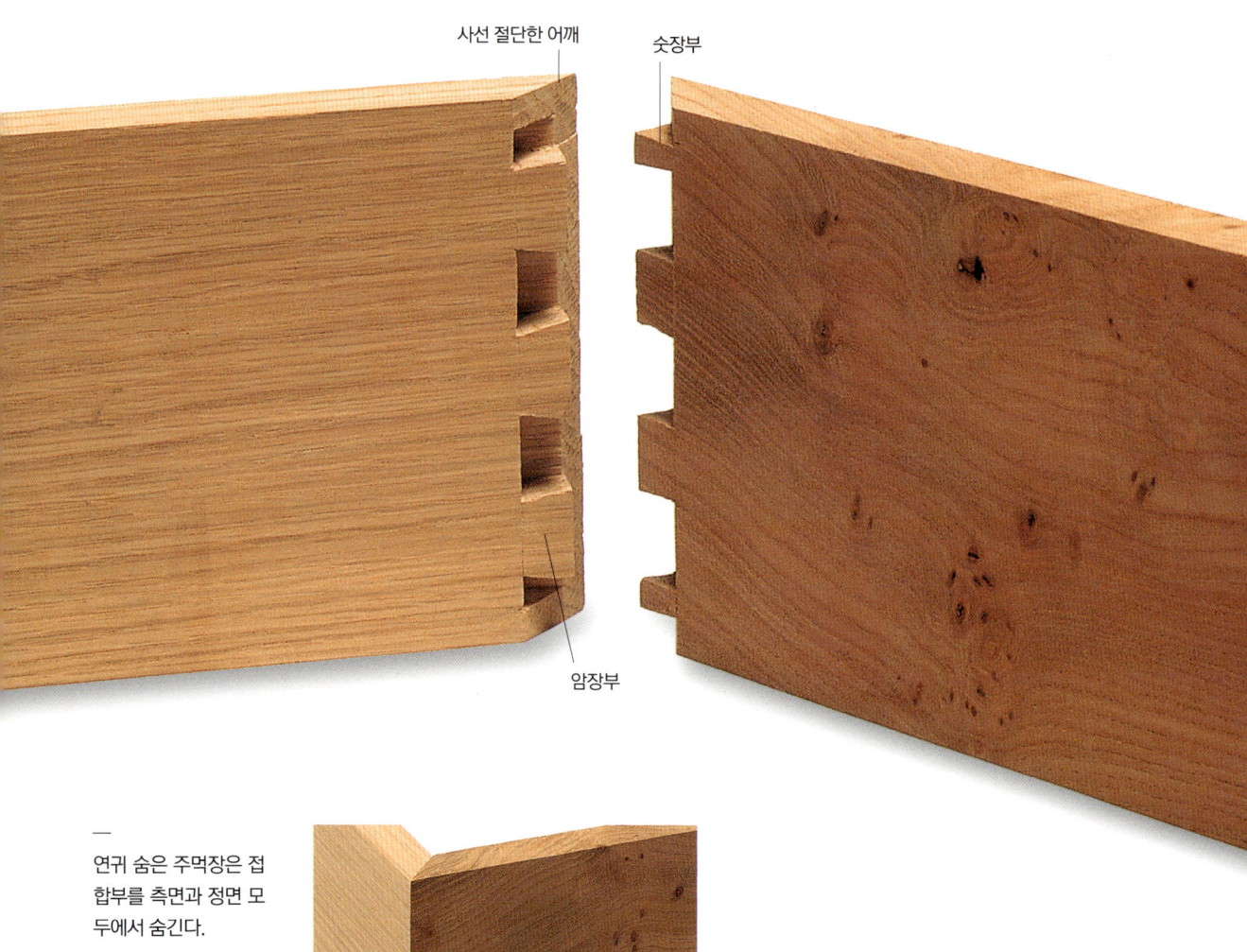

사선 절단한 어깨
숫장부
암장부

연귀 숨은 주먹장은 접합부를 측면과 정면 모두에서 숨긴다.

작업 순서

1 각 부재의 내부에 정확한 두께를 긋고 각 가장자리에서 45도로 선을 연결한 다음, 접합면에 그은 선을 향해 약 1/3 정도 라벳한다. 이때 각진 선을 넘지 않도록 한다.

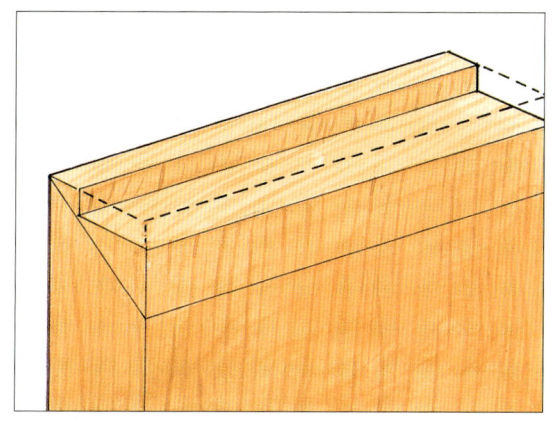

변형 방법

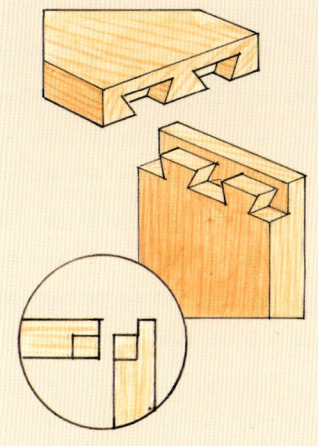

숨은 주먹장
이들은 연귀 숨은 주먹장과 유사하며, 숫장부나 암장부가 겹쳐지고 접합부는 보이지 않게 배치된다. 하나의 부재가 하중을 버티는 경우 해당 부재에는 반드시 숫장부가 있어야 한다.

2 모서리를 사선 접합한 주먹장에서와 같이 숫장부를 템플릿으로 배치하여 하프 핀이 지나도록 한다. 암장부를 비우고 가장자리의 사선 절단된 어깨를 톱질한 다음 마구리면을 연귀접합하여 마감한다.

3 숫장부를 그어진 선에 기대어 암장부에 놓는다. 암장부에 선을 긋고 주먹홈에서 제거해야 할 부분을 절단한 후 사선 절단한 어깨와 연귀된 마구리면을 자른다.

주먹장 짜임: 가장 견고한 짜맞춤의 대명사

손으로 고정된 테이퍼형 주먹장 만들기
Stopped tapered dovetail by hand

슬라이딩 주먹장은 장력에 대비하여 특정한 촉이나 장부를 역학적으로 보강하는 변형 방식이다. 하우징 결합 방식인 테이퍼형 슬라이딩 주먹장과 같이 가장 오래된 핸드 컷 버전은 종종 테이퍼[taper. 판재의 결이 좁은면을 따라 점차 기울어지는 결을 가지도록 하는 절단 방법] 없이 라우트 버전으로 대체되고 있다. 라우트 버전은 마지막 몇 인치가 미끄러져 들어갈 때만 조이기 시작하는 테이퍼형에 비해 미끄러져 들어가기 더 어려울 수 있다.

슬라이딩 주먹장을 라우팅하는 방법은 많지만, 접합부가 어떻게 만들어지든 재료의 평탄한 정도가 정확한 밀링과 조립의 용이성에 영향을 미친다.

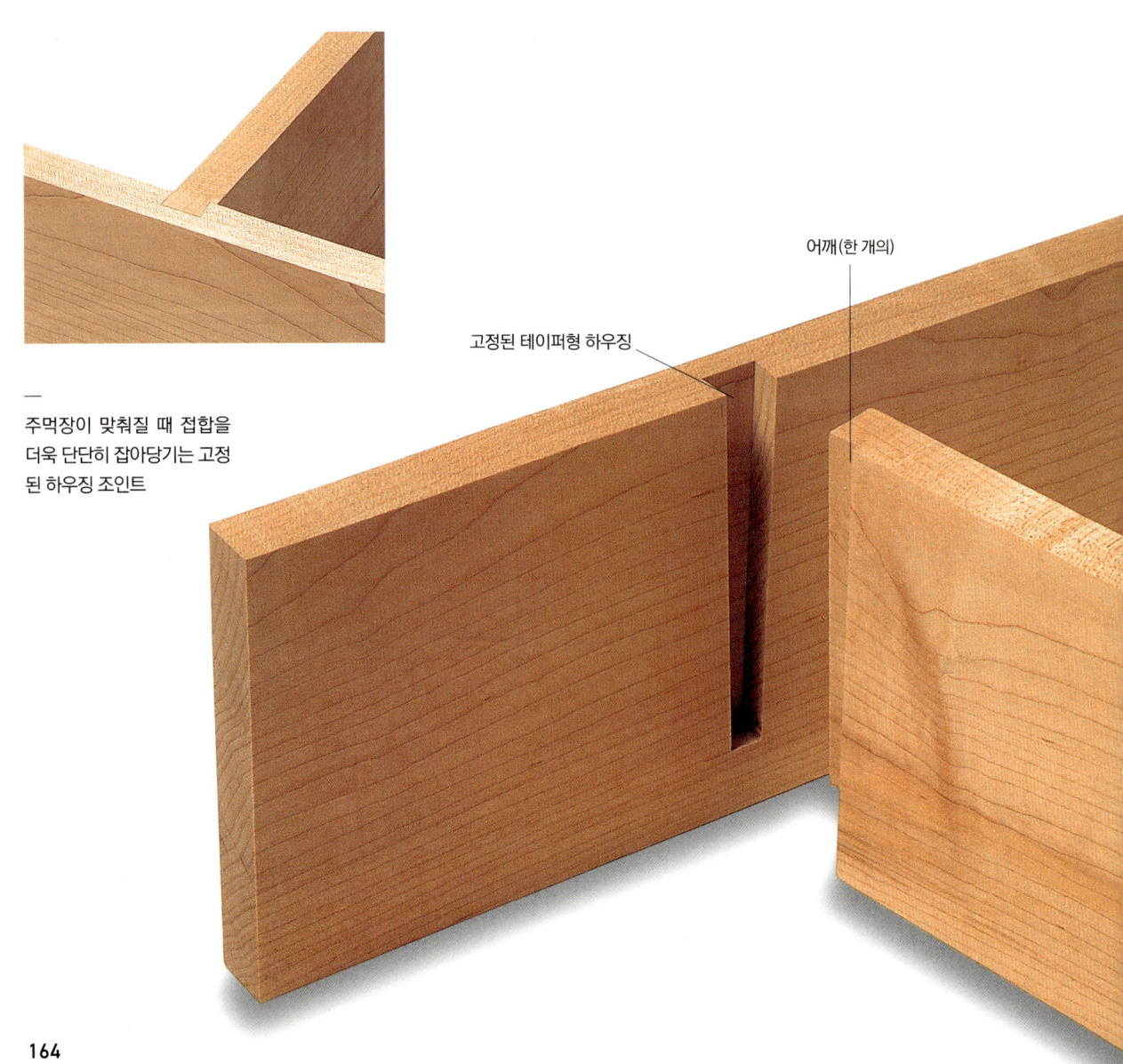

주먹장이 맞춰질 때 접합을 더욱 단단히 잡아당기는 고정된 하우징 조인트

고정된 테이퍼형 하우징

어깨(한 개의)

작업 순서

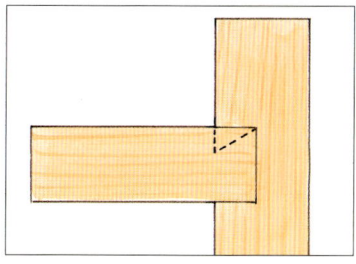

1 주먹장 톱과 대패에 각도를 설정한 다음, 작은 어깨 부위를 남기면서 목재 두께 내에 들어갈 주먹장 너비를 결정한다.

4 선반의 접합면을 가로질러 직각으로 주먹장 깊이를 긋는다. 뒤쪽 가장자리에 주먹장의 측면을 표시한 다음 끝을 가로지르는 하우징과 동일한 테이퍼 각도를 표시한다.

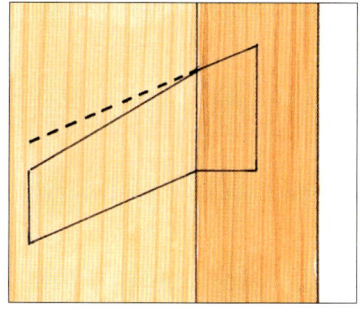

2 주먹장 너비는 하우징 부분의 후면 가장자리 두께의 절반 미만으로 배치한다. 직각 선을 가로지르되, 상단 선은 앞쪽을 향해 더 좁게 테이퍼한다.

5 주먹장 대패[감수자 주. 209쪽 참고]를 사용하여 어깨를 제거하고 주먹장 촉이 표시된 마구리면까지 테이퍼한다.

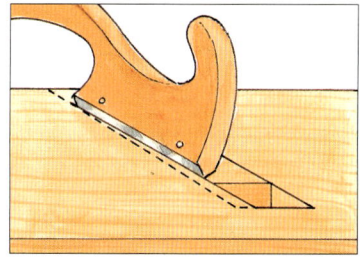

3 다른 고정된 하우징과 마찬가지로 톱질을 할 수 있도록 끌로 구멍을 내고, 곧은 형태의 어깨를 정확한 깊이까지 둡쳘인 다듬 주먹장 톱을 사용하여 어깨를 자른다.

6 촉을 고정할 위치까지 다듬고 하우징 안으로 밀어 넣으며 테스트하는데, 이때 클램프를 최대한 단단히 당길 수 있을 때까지 밀어 넣는다.

변형 방법

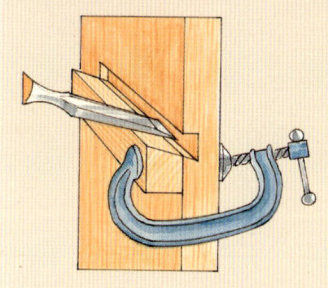

가이드 블록을 이용해 주먹장 하우징하기

특별한 도구 없이 주먹장을 떼어내거나 대패질하여 가이드 블록으로 각도를 맞춘다. 그다음 하우징과 촉을 끌질하고 톱질할 수 있는 각도를 설정하여 주먹장을 하우징한다.

라우팅하여 주먹장 하우징하기

라우팅된 주먹장 하우징은 다도를 유도하기 위해 새들 지그를 사용한다. 주먹장 비트로 변경하여 하우징의 전면 끝을 관통이나 고정된 방식으로 주먹장을 만든다.

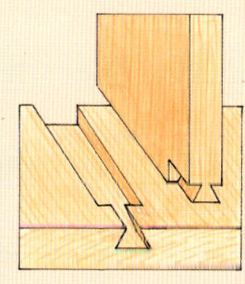

슬라이딩 주먹장으로 서랍맞춤 만들기
Sliding dovetail drawer joint

일부 전통 디자인은 슬라이딩 주먹장을 사용하여 서랍 측면과 후면을 결합한다. 측면은 서랍을 완전히 열었을 때 서랍이 빠지지 않도록 뒤쪽으로 연장되었다. 이렇게 해서 고정된 하우징 부분이 약해지는 것을 방지하는 보강 부위를 만들어 지지력을 높인다. 주먹장 짜임은 내용물의 무게와 목재 건조의 힘에 대항하여 측면을 유지한다. 서랍 앞쪽 레이아웃에는 주먹장 하우징이 짧은결로 인해 약해지지 않도록 양쪽 끝에 장식 마감이 필요하다.

클램프는 긴 슬라이딩 주먹장을 결합하는 데 도움이 되며, 선반에 사용할 경우 전체 길이를 접착할 필요가 없을 만큼 고정력이 강하다. 일반적으로 부재를 제자리에 고정하려면 앞쪽 가장자리를 접착하는 것으로 충분하다.

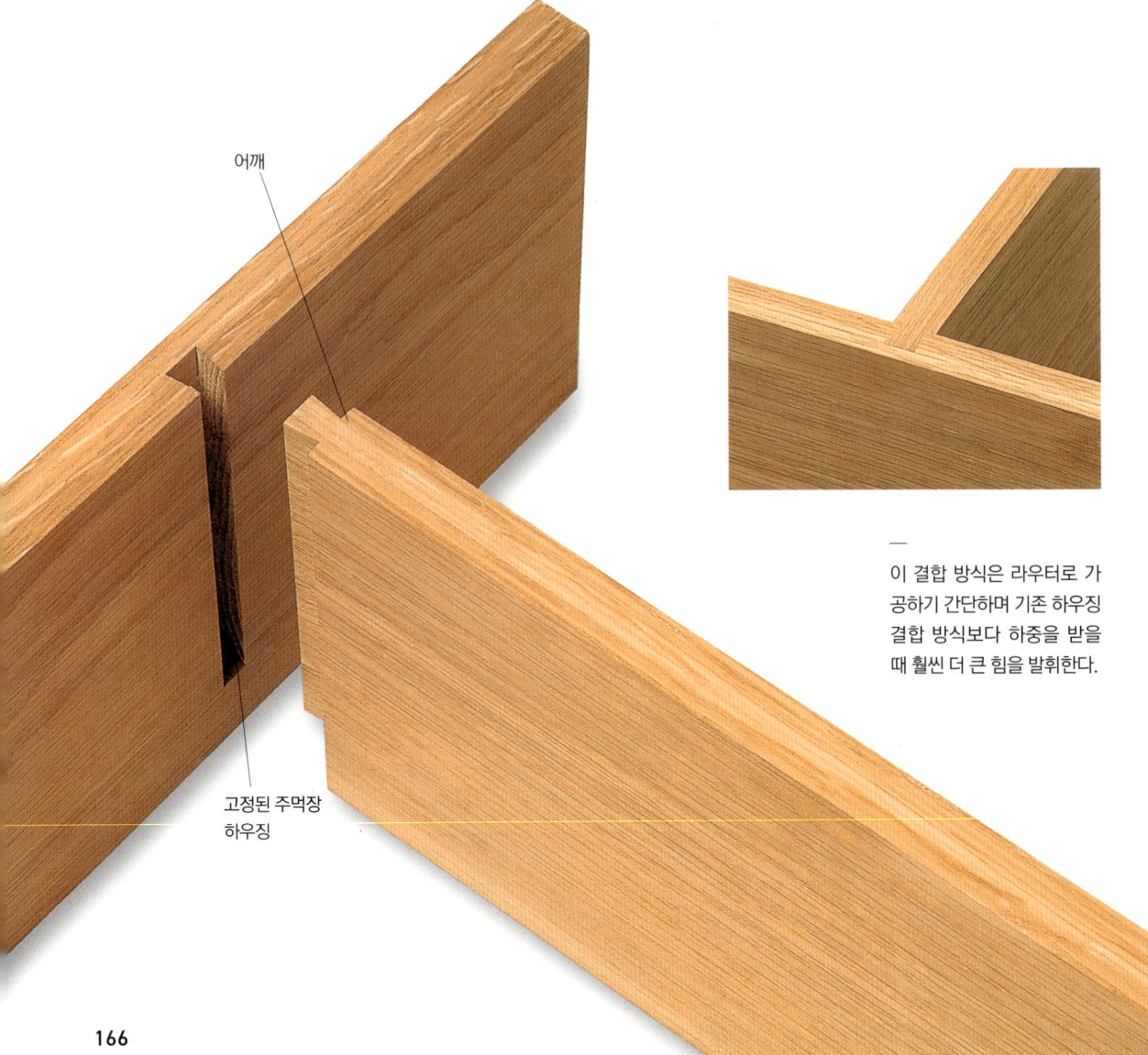

어깨

고정된 주먹장 하우징

이 결합 방식은 라우터로 가공하기 간단하며 기존 하우징 결합 방식보다 하중을 받을 때 훨씬 더 큰 힘을 발휘한다.

작업 순서

변형 방법

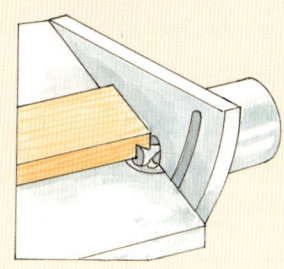

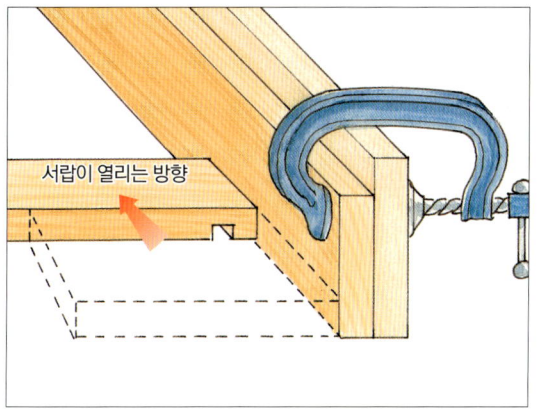

1 보조 목재 펜스가 있는 라우터 테이블 위에 합판으로 서랍을 고정하고 직선 비트를 사용하여 부재 깊이 절반 정도로 홈을 깎아낸다.

촉 라우트하기

회전식 펜스에 장착된 라우터로 촉을 수평으로 라우팅한다. 이 라우터는 테이블 가장자리에 있는 손잡이에 의해 고정되어 비트를 들어 올리면서 두 번째 어깨를 자른다.

전통적으로, 서랍 뒷면 너머로 연장되는 서랍의 측면은 테이퍼링 작업을 한다. 이때 상단 가장자리로 절단되어 서랍이 완전히 열리면 약간 아래쪽으로 처친다. 이를 방지하기 위해서는 테이퍼 컷의 이상적인 각도를 찾고 서랍 측면 깊이까지 잘라낸 조각을 사용해 테스트해야 한다.

2 하나의 어깨를 가진 주먹장의 경우, 주먹장 비트로 변경한다. 비트를 직선으로 배치해 바깥쪽 어깨에 닿지 않게 하고 각진 어깨를 자른다.

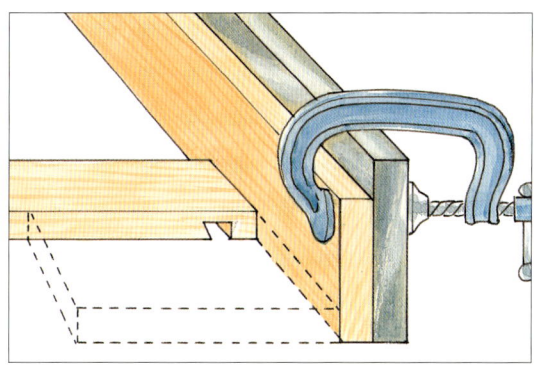

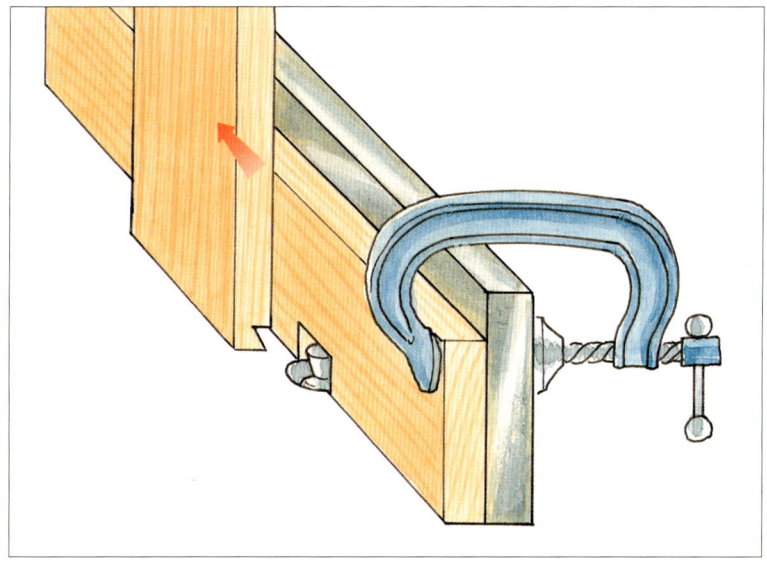

3 비트 높이를 변경하지 않고 펜스를 위로 밀어 비트 중 일부만 주먹장 하우징에 맞을 때까지 서랍 측면 끝에 있는 속을 깎아준다.

주먹장 키
Dovetail keys

키, 딴혀, 은장 형태는 주먹장의 장식용 보강재로 널리 사용되며 효과적이다. 특히 은장은 특정 공예품의 상징적인 보강재가 되었다.

더욱 보강하려면 주먹장 키를 결대로 자른다. 한 번 사용하면 모서리 연귀접합을 강화한다. 키는 대조되는 나무로 만들 수 있지만, 같은 종이라도 다듬어진 키가 모든 마구리면을 보여주기 때문에 색상의 변화를 준다.

이것은 비둘기 꼬리의 시각적인 매력을 모방한 장식용 짜맞춤이다. 효과를 극대화하려면 서로 다른 목재를 사용하는 것을 추천한다.

주먹홈

주먹장 키

작업 순서

1 비트 통로를 위해 관통 다도가 있는 V 블록을 사용하여 사선 절단된 모서리에 주먹장 하우징을 라우트한다. 하나의 주먹장을 작업한 다음 판재를 돌려 다른 주먹장을 라우트한다.

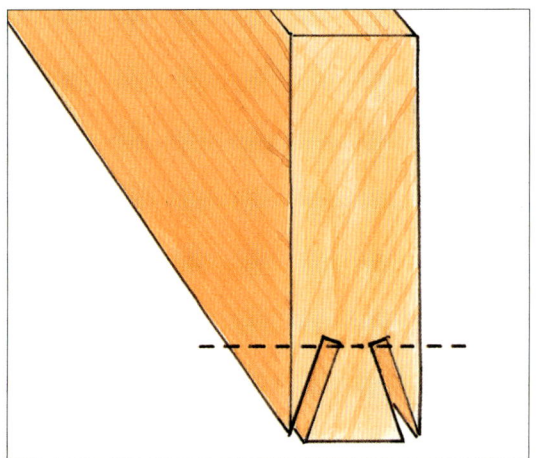

2 테이블 톱날을 주먹장 각도로 설정하고 가장자리 결을 따라 두 개의 커프를 만든다. 일치하는 주먹장 모양을 만들고 키를 떼어낸다.

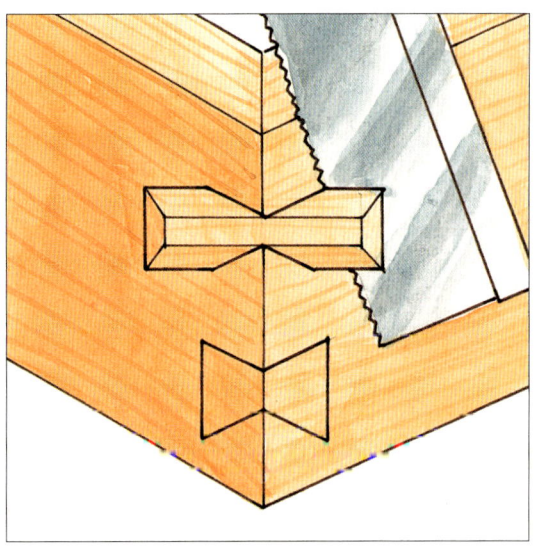

3 접착제를 사용하여 짧은 길이의 키를 주먹장 하우징에 가볍게 두드린 후, 건조되면 톱으로 다듬고 샌딩 작업을 한다.

변형 방법

슬라이딩 펜스 지그

목재를 라우팅 위치에 고정하기 위해 45도에 두 개의 정지점이 있는 슬라이딩 펜스 지그로 주먹장 키의 모서리를 천천히 라우트한다. 정지점이 있는 부분이 긴 경우, 일시적으로 두 개의 널빤지를 핀으로 고정하여 결합이 잘 맞도록 한다.

은장
Butterfly keys

은장은 나뭇결이 접합면의 길이와 평행을 이루도록 만들어야 한다. 엇결로 설정하면 길이를 설계할 때 고려해야 할 사소한 치수 충돌이 생기기 때문이다. 은장의 두께는 재료가 되는 목재와 은장을 집어넣는 목재에 따라 달라진다.

리세스[recesses. 우묵한 부분]를 남기기 위해서는 모양을 쉽게 톱질할 수 있도록 라우터 템플릿을 두 부분으로 나눈다. 중밀도 섬유판이나 MDF는 우수한 템플릿 소재가 된다. 플러시트림 오버베어링 비트는 템플릿 가이드 오프셋이 추정한 것을 제거해 템플릿이 지정된 은장의 크기대로 절단될 수 있도록 한다. 라우터는 둥근 모서리를 남기며 우묵한 부분을 끌로 제거하거나 키 모서리를 대신 둥글게 만들 수 있다.

—
은장은 일반적인 연귀접합이나 맞대기 이음을 강화하고 외관을 매력적으로 보이게 하는 보강재이다.

리세스 부분

은장

작업 순서

1 주먹장 딴혀의 길이를 설정한 다음, 은장을 목재 두께의 약 1/3 두께로 빵 조각처럼 자른다. 절단한 조각을 박고 접착한 후에 대패 플러시 작업을 추가한다.

2 은장을 이음매 전체에 걸쳐 제 자리에 고정하거나 클램프로 조인다. 칼의 손잡이를 은장에서 멀게 기울여서 끝이 처지도록 하고 주변을 긋는다.

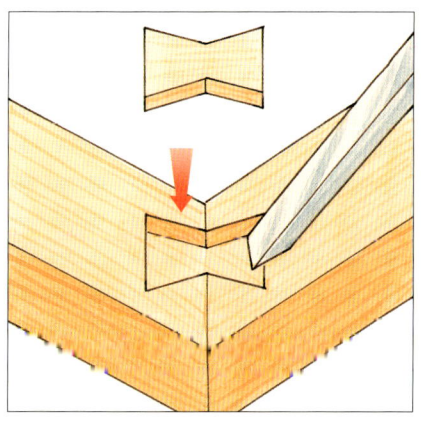

3 각 부분마다 윤곽을 더 깊게 자르고 끌의 경사면을 아래로 하여 지렛대처럼 제거할 부분을 들이 파낸다. 은장에 접착제를 바르고, 필요하다면 입구를 기울여 건조시킨 후 대패로 매끈하게 다듬는다.

변형 방법

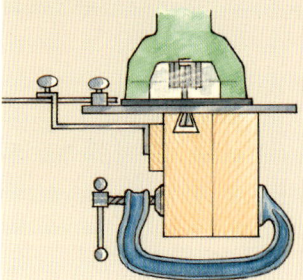

라우터 지지하기

라우터를 지지하기 위해 부재를 클램프로 조이고 절단면을 라우터 에지 가이드와 정렬한다. 가장자리 및 끝단에서 주먹장 하우징 또는 평평한 촉을 라우팅한다. 절단 작업은 반드시 거쳐야 하는데, 주먹장에 라우터 비트를 삽입하는 것이 불가능하므로 라우터 절삭 깊이 설정을 고정한다. 이때 정지를 설정하면 하우징이 한쪽 끝에서 '고정'된다.

주먹장 딴혀
Dovetail splines

일반적인 주먹장 딴혀는 기계식 슬라이딩 주먹장처럼 쉽게 (또는 어렵게) 맞출 수 있다. 하우징은 간단하지만 거기에 주먹장을 넣으려면 목재 조각으로 많이 테스트를 해봐야 한다. 일단 라우터나 테이블 톱의 기계 설정을 세밀하게 잘해놓으면 딴혀 작업을 쉽게 할 수 있다. 다른 딴혀와 마찬가지로 주먹장 너비와 엇결로 진행하는 것이 강도를 좋게 한다. 테이블 톱으로 절단하는 경우 딴혀 중앙에 생긴 V모양의 홈을 끌이나 라벳 대패로 정리할 필요가 있다.

슬라이딩 주먹장의 널빤지는 테이블 상단이나 문과 같은 접착된 슬래브의 한쪽 끝에 있는 주먹장 하우징에 들어맞게끔 면적이 넓고 비접착용으로 만들어진다. 이러한 널빤지는 목재가 움직이는 것은 허용하지만 조립은 평평하게 유지해 준다.

'V' 모양의 홈

주먹장 하우징

주먹장 딴혀

두 판재의 마구리면을 딴혀를 이용해 결합하는 것은 마구리 면끼리 접착하면 생기는 문제를 해결한다.

작업 순서

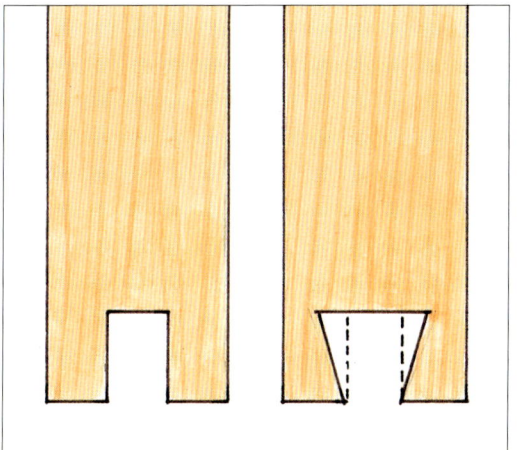

1 라우터 테이블 또는 테이블 톱에서 홈을 만들어 부재의 일부를 제거한 다음, 주먹장 비트로 라우트해서 하우징을 형성한다.

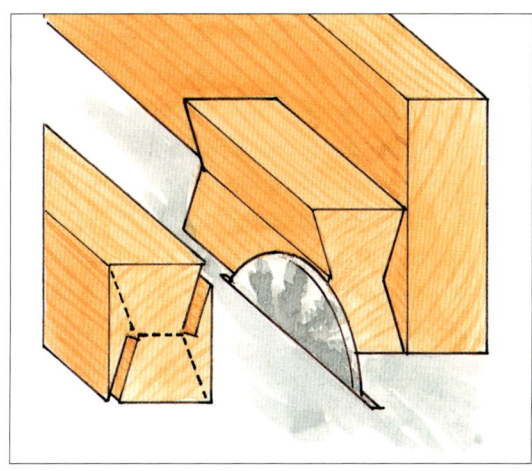

2 하우징에 맞게 판재의 가장자리에 주먹장을 배치하고 톱날 각도와 깊이를 조절한다. 처음 두 각도를 자르고 톱날의 끝을 회전시켜 다른 각도를 자른다.

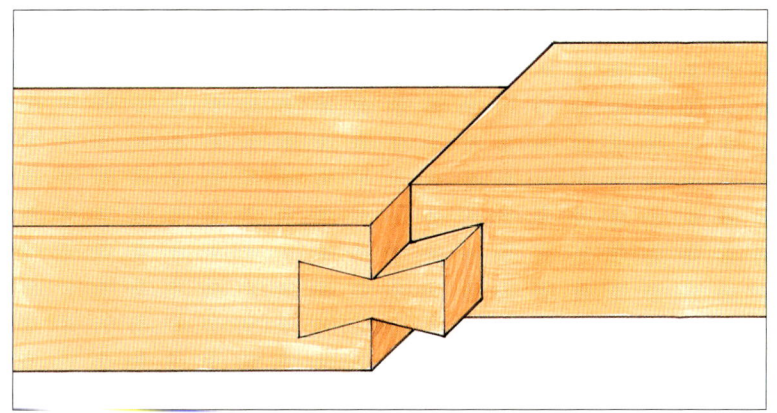

3 따위기 후에 잘 맞는지 테스트하고, 너무 빡빡한 경우 라벳 대패나 샌딩 블록으로 약간 얇게 만든 다음 부재를 끝이 두드리거나 클램프로 조인다.

장인의 한마디

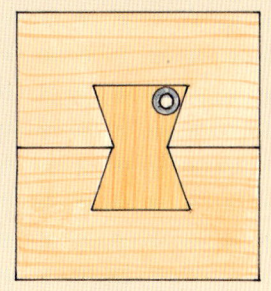

리세스 절단하기

두 조각의 템플릿 재료를 맞대고 은장의 윤곽을 표시한 후, 내부 각도를 톱질할 수 있도록 분리하여 접착한다. 플러시트림 오버베어링 비트를 유도하여 리세스를 라우트한다.

목심과 비스킷:
간단하게 부재를 보강하기

8

목심에 대하여
About dowels

목심[dowel. 접합용으로 나무·플라스틱·금속을 못같이 만든 것], 즉 목심핀은 여유를 두고 재단된 장부처럼 두 개의 나무 부재에 뚫린 정렬 구멍에 접착될 때 접합부를 형성하는 원통형의 나무 조각이다. 짜맞춤에서 목심의 기본 기능은 장부와 촉을 대체하거나 접합부를 강화 및 정렬하는 것이다.

상업용 자작나무 또는 단풍나무로 만들어진 목심은 표준 직경이 $1/4$인치(0.6cm)에서 $1/2$인치(1.27cm)까지이며 여러 길이로도 나온다. 또는 막대 길이로 상점에서 다양한 목심이 만들어질 수 있다. 경사지게 깎은 목심의 끝은 삽입을 용이하게 하고 목재를 두드릴 때 갈라지지 않게 한다. 목심으로 목재를 두드리면 구멍에 있는 공기가 접착제를 압축하면서 피스톤 효과가 발생할 수 있다. 이러한 유압이 조립을 어렵게 하고 부재를 쪼갠다. 압력을 완화하기 위해 목심에 나선형이나 직선형 홈을 절단한다. 또한 목심을 사용할 때 지름은 부재 두께의 $1/3$에서 $1/2$이어야 한다. 각 부분의 구멍은 지름의 최소 1.5배 깊이까지 뚫어야 하며, 삐져나오는 접착제를 수용할 수 있도록 구멍의 위쪽을 넓혀야 한다. 상업용 목심은 습기로 부풀어 오르지 않도록 건조한 상태를 유지해야 하며 또한 부풀어 오른 목심은 사용하기 전에 말린다.

목심 만들기

상점에서 만든 목심은 목심 판, 적당한 크기의 구멍이 뚫린 연강 조각, 구멍의 위쪽이 넓은 카운터싱크를 이용해 막대에서 잘라낸다. 삽입이 잘되도

목심을 이용하는 것은 가벼운 모서리 맞대기 이음을 보강하는 간단하고 경제적인 방법이다.

록 막대에 세로홈을 새길 수 있으며, 막대는 알맞은 길이로 절단한다.

목심을 이용한 접합 구조의 내구성

목심을 이용한 접합 구조의 내구성은 널리 논의되어왔다. 이 방식이 추가 설계의 유연성을 가진 주먹장 짜임을 대체할 수는 없지만 벽걸이 캐비닛에 결합하면 접착 본드를 사용하는 경우와 같이 목재의 수축과 팽창의 압력을 견딜 수 있는 저항력이 생긴다. 목심은 목재로 만들어졌기 때문에 다른 부재와 동일하게 길이와 너비에 대한 수축과 팽창의 영향을 받는다. 또한 접착에 대한 세로결 접촉이 거의 없으며 마찰이 많고, 장력 및 접착 전단력에 약하다. 하지만 목심을 이용한 접합 구조는 결 방향에 순행하기 때문에 강하고 치수 충돌이 없다.

목심에 세로홈을 만들기 위한 도구들

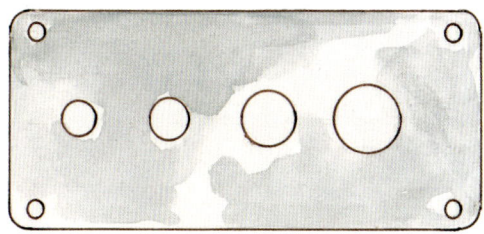

목심 막대는 강철 목심 판의 구멍을 통해 크기가 정해진다. 상업용 판의 경우 때때로 동시에 절단되는 목심의 홈을 위해 내부에 톱니가 있기도 하다.

막대에서 잘라낸 목심에 홈을 추가하는 또 다른 방법은 톱날을 따라 한두 개의 접착제 수용 부위를 만드는 것이다.

값싸고 효과적인 플루터[fluter. 홈 파는 기구]는 목심 막대에 맞는 구멍이 있는 부재를 만들 수 있다. 구멍 안으로 돌출된 나사나 못의 끝이 목심에 세로홈을 새긴다.

몇몇 목공인은 톱을 대각선으로 쥐고 목심을 굴려 접착제를 잘 고정하는 톱니 자국을 만들기도 하는데, 이것이 역학적으로 접착력을 강화한다고 한다.

목심의 종류

나선형 홈이 있는 상업용 목심은 여분의 접착제와 공기가 구멍을 통해 빠져나가도록 해서 조립 시 발생하는 유압을 피한다. 직선형 홈이 있는 목심은 구멍의 측면에 붙어 있는 접착제를 모두 긁지 않고도 쉽게 삽입할 수 있지만 그만큼 구하기가 어렵다.

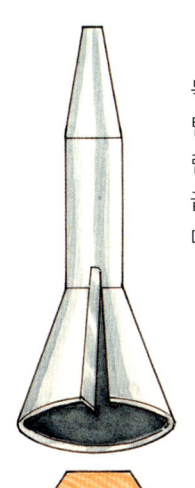

목심 포인터는 드릴 또는 버팀대에 끼우고 연필깎이처럼 작동시킨다. 이때 목심의 끝을 경사지게 깎거나 벨트 디스크 샌더에 대고 돌린다.

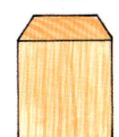

목심과 비스킷: 간단하게 부재를 보강하기

정밀한 목심 만들기

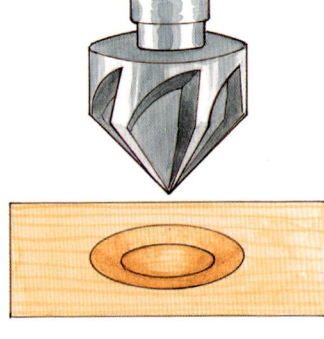

카운터싱크는 목심 구멍을 확대하는데, 이것은 목재 표면으로 접착제가 유출될 수 있는 상황에 대비하여 공간을 만드는 것이다.

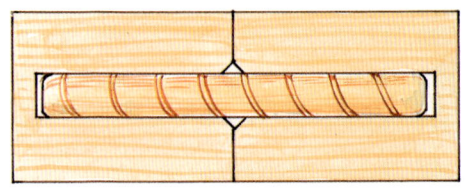

목심 구멍은 각 부재 지름의 최소 1.5배 이상 드릴로 뚫어야 하며, 바닥과 카운터싱크 가장자리에 약간의 접착제가 들어갈 공간이 있어야 한다.

목심과 목재의 수축·팽창

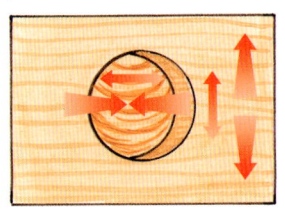

최악의 결 방향에서 목심은 구멍에 있는 대부분의 접착면에서 수축하는데, 이로 인해 접합부가 뒤틀린다.

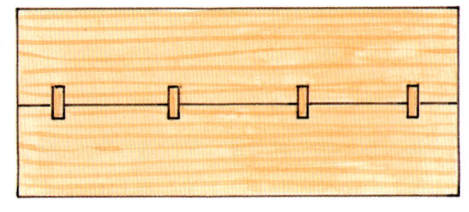

너비이음에서 목심의 세로결은 이동 시 치수 충돌을 유발한다. 목심이 이런 상황에서 정렬을 위해 사용되는 경우, 짧게 자르고 넓게 간격을 두어야 한다.

목심의 세로결은 길이이음에서 부재의 결과 평행하므로 충돌이 없다.

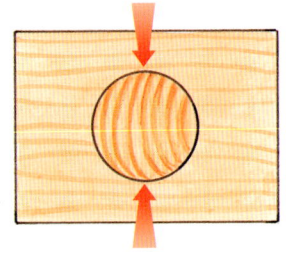

목심이 부재와 같은 방향으로 움직이는 최적의 방향으로 삽입되었더라도, 목심은 구멍에 세로결 접촉 지점이 두 곳뿐이다.

특정한 모서리에 사용한 목심은 핀으로 고정된 장붓구멍과 장부 사이에서 치수 충돌을 일으킨다. 그러나 다른 모서리에서는 충돌이 생기지 않으며 다른 접합으로는 불가능한 디자인을 가능케 한다.

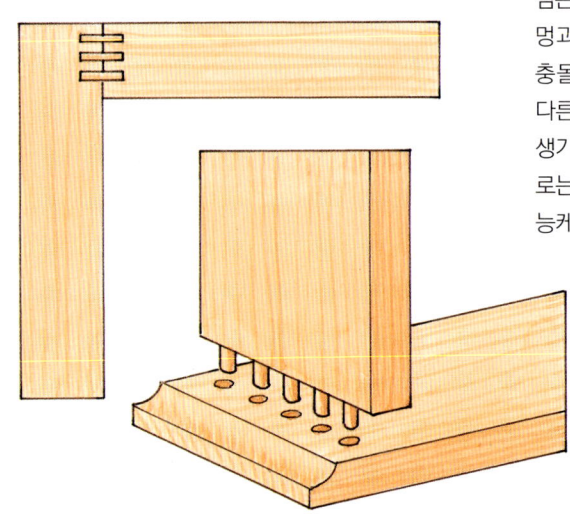

목심 사용하기
Using dowels

디자인적인 특징이 없고 접합부의 장력이 목심과 맞지 않을 때도 목심을 이용하는 방법은 타당하다. 목심이 있는 부재는 대개 서로 맞닿아 있기 때문에, 장부를 연장하기 위한 계산 없이 부재 길이를 단순하게 늘릴 수 있다. 목심을 사용하려면 부재들이 반드시 직각으로 만나고 구멍이 직선으로 곧아야 한다. 또한 구멍의 배치는 몇 장의 종이 두께 이내로 정확해야 한다.

시중에 판매되는 다수의 목심 지그는 정확한 드릴 작업에 도움을 준다. 특징과 성능은 다양하지만 목심 지그의 주된 기능은 드릴 비트에 맞는 부싱[bushing. 베어링의 일종, 축받이 통]을 운반해 목재 표면에 90도로 안내하는 것이다. 이때 목심 지그는 보통 선을 따라 구멍을 낸다.

판재의 가장자리나 끝을 따라 목심 구멍이 한 줄로 배치된다. 상업용 지그는 자동으로 중앙을 맞추거나 판재의 한 접합면에서부터 참조하면서 구멍을 배치한다. 판재의 측면이나 가장자리를 기준으로 구멍의 위치를 조절하고 설정한다.

지그는 길이를 따라 표시된 구멍 위치에 부싱 중심을 설정해 색인화 표시를 한다. 짝을 이루는 구멍의 위치는 가장자리를 가로지르는 직각 표시나 마커에 의해 배치되는 도중 접합 부재에 표시한다. 일부 지그는 부싱을 배치하여 첫 번째 구멍에 삽입된 목심에서 색인화하여 결합할 구멍을 뚫는다. 다른 지그는 짝을 이루는 구멍을 뚫기 위해 정렬된 부재를 고정한다. 판재의 접합면에 구멍을 뚫거나 한 번에 한두 개 이상의 구멍을 뚫을 수 있는 상업용 지그는 거의 없으며, 상점에서 제작된 지그들은 뼈대이음에 더 적합하고 효율적이다.

수작업할 때 목심을 이용하면 고정된 상태에서도 두 부재에 자유롭게 구멍을 뚫어 접합할 수 있다. 표면에 보이는 목심 끝단은 커프될 수 있고, 쐐기를 박거나, 플러그를 꽂거나, 틀을 만들 수도 있다. 드릴 프레스에서 일부 목심을 만드는 것이 가능하지만, 정밀하게 작업해서 촘촘한 나무 블록에 구멍을 뚫어 일회용 지그가 휴대용 드릴을 안내하는 것이 더 쉬운 경우가 많다.

결합 강도

문틀에 사용되는 목심은 전단 가공에 강하지만, 이것에 맞물려 장력에 의해 당겨지는 서랍의 접합면에는 좋은 선택이 아니다.

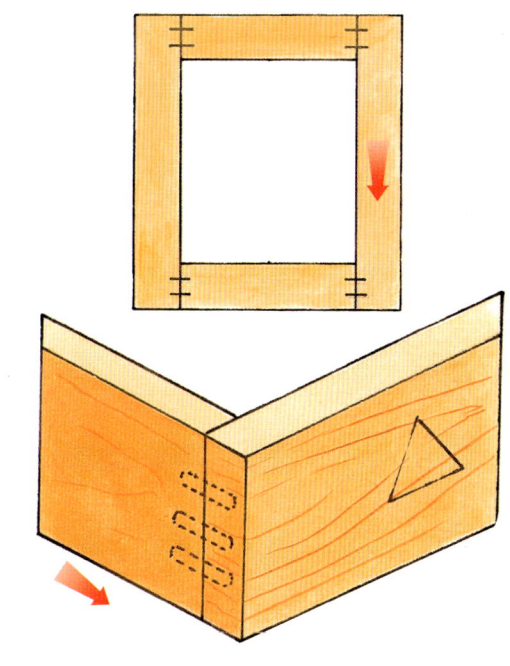

목심 구멍의 배치와 이동

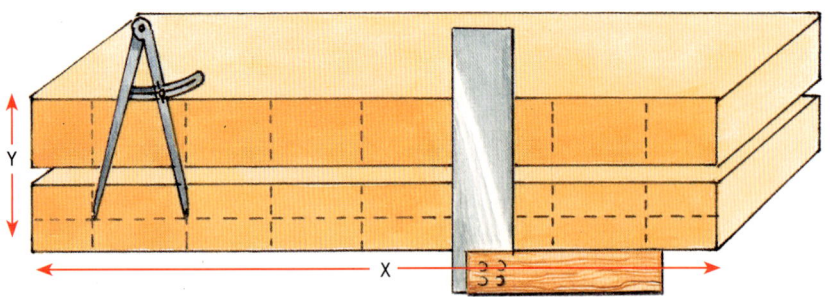

구멍 간격은 x 평면을 따라 표시되고 지그 또는 기계가 y 위치를 반복하도록 설정되어 있는 동안 짝을 이루는 부분을 가로질러 제곱한다.

첫 번째 구멍(위)에 삽입된 목심은 짝을 이루는 구멍을 색인화하는 지그도 있고, 동시에 (아래) 짝을 이루는 구멍을 뚫기 위해 부재를 안내하는 지그도 있다.

목심 중앙의 구멍 크기는 다양하며, 부재를 제자리에 배치하기 위해 임시 프레임을 사용하면 접합 부재의 구멍을 뚫는 위치를 표시하는 데 효과적이다.

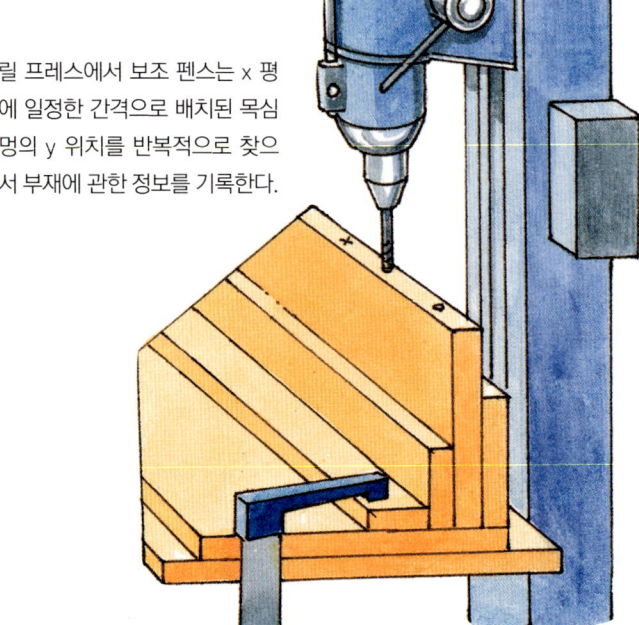

드릴 프레스에서 보조 펜스는 x 평면에 일정한 간격으로 배치된 목심 구멍의 y 위치를 반복적으로 찾으면서 부재에 관한 정보를 기록한다.

목심 구멍의 정확도

90도가 아닌 구멍

맞은편으로부터 우연히 참조된 구멍

두 개의 목심 구멍을 나무 표면에 90도로 뚫어서 목심이 자리를 잘 잡도록 해야 한다. 잘 배치하기 위해 접합면이나 가운데를 기준으로 해야 한다.

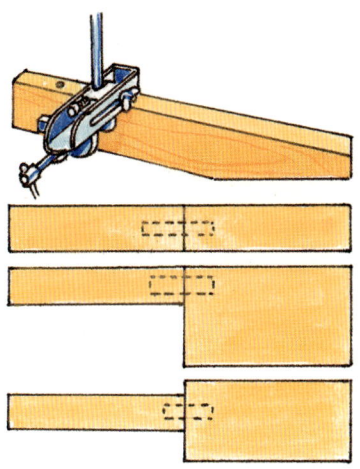

교체 가능한 부싱 레지스터를 양쪽 부재의 동일한 면으로부터 운반하며, 단일 구멍의 가장자리를 색인화하는 지그는 오프셋을 생성하기 위해 레지스터를 재조절한다.

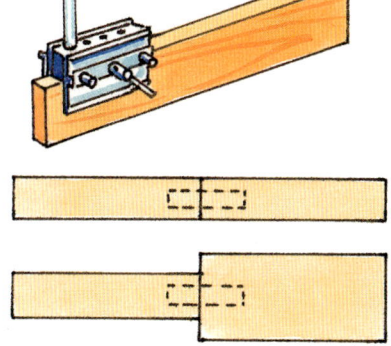

일체형 부싱이 있는 셀프 센터링 [self-centering. 자동으로 중심으로 되돌아가는] 지그는 판재의 가장자리 중앙에만 구멍을 뚫고 크기가 다른 부재 접합면은 정렬하지 않는다.

상업용 목심 지그

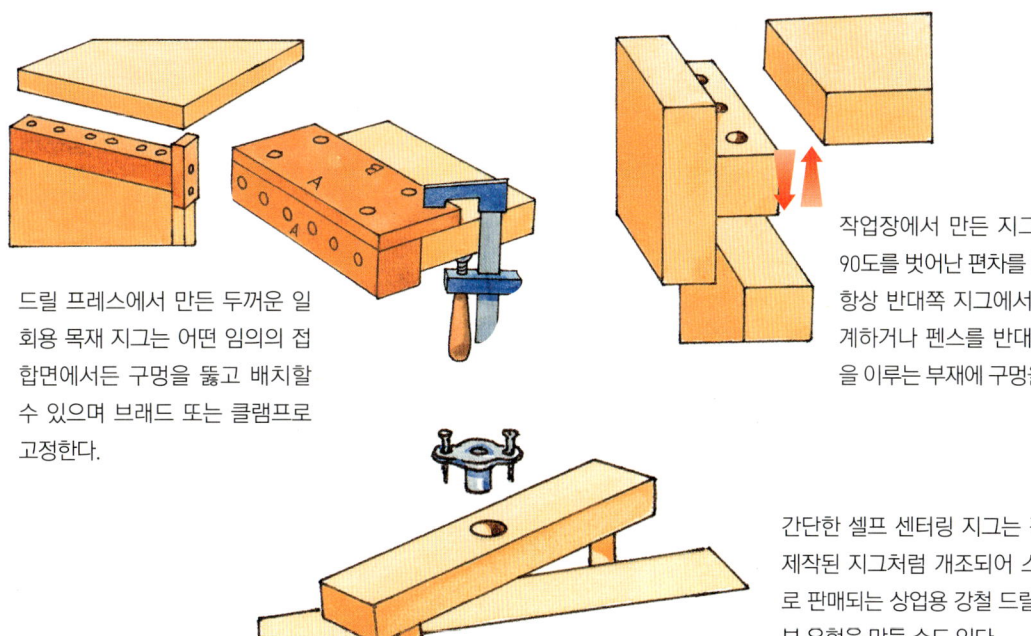

드릴 프레스에서 만든 두꺼운 일회용 목재 지그는 어떤 임의의 접합면에서든 구멍을 뚫고 배치할 수 있으며 브래드 또는 클램프로 고정한다.

작업장에서 만든 지그 구멍에서 90도를 벗어난 편차를 보정하려면 항상 반대쪽 지그에서 지그를 설계하거나 펜스를 반대로 하여 짝을 이루는 부재에 구멍을 뚫는다.

간단한 셀프 센터링 지그는 작업장에서 제작된 지그처럼 개조되어 스페어 형태로 판매되는 상업용 강철 드릴 부싱의 일부 유형을 만들 수도 있다.

목심을 이용해 연귀접합 보강하기
Reinforced width miter

목심을 만드는 기본 과정은 사용하는 도구와 관계없이 동일하다. 목재 두께의 1/3에서 1/2까지 목심의 지름과 이에 맞는 드릴 비트를 선택한다. 크기에 맞게 목재를 자르고 한 부재의 두께인 y 평면에 중심 또는 단차가 있는 구멍의 위치를 표시한다. 작업장에서 만든 지그의 경우, 부재와 일치하는 재목에 이러한 레이아웃을 적용한다.

표시된 y 지점에서 x 평면과 평행한 선을 연장하고 이 선을 따라 한 줄로 구멍들을 배치한다. 장붓구멍과 장부의 정렬이나 보강 또는 대체하는 목적에 따라 목심의 간격을 설정한다. 정렬용 목심은 아주 작다. 장부의 벽이 약해지지 않도록 최소한 지름 하나의 간격을 두고 배치해야 한다.

상점에서 만든 목심을 사용할 때는 양호한 이음매를 위해 충분한 길이를 제공할 수 있도록 접합면을 기준으로 충분히 뒤에 배치하도록 한다.

연귀 절단한 마구리면

목심

작업 순서

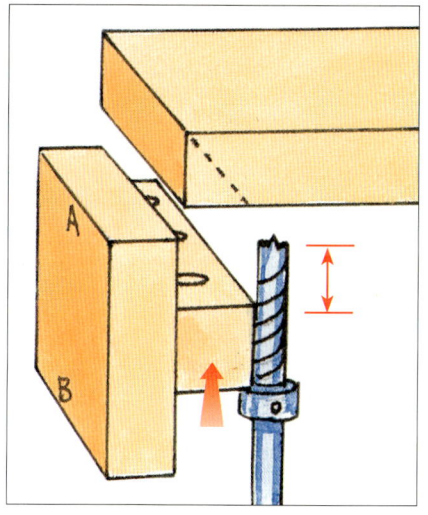

1 부재를 최종 길이로 자르고, 연귀접합된 내부에 구멍을 뚫을 지그를 만든다. 선택한 깊이를 뚫기 위해 정지점을 설정한 후 지그를 브래드로 두드린다.

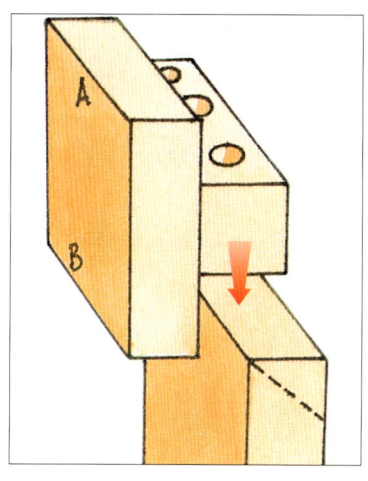

2 지그의 반대쪽에서 두 번째 부재에 짝을 이루는 구멍을 뚫은 후 길이를 제거하지 않고 모든 부재를 가로질러 연귀접합한 부위를 톱질한다.

3 구멍과 목심 위에 접착제를 붓질하고 한 부재에 넣는다. 클램프가 목심을 아래로 조이는 동안 블록을 사용해 연귀접합한 부위의 가장자리를 다듬는다.

장인의 한마디

드릴 비트와 정지 비트

비트를 사용할 때는 확실하게 위치를 찾고 마구리면과 접합면 양쪽에서 작업을 끝까지 유지할 수 있어야 한다. 또한 전면 나뭇결의 찢어짐을 방지하고 측정하기 쉬운 평평한 바닥에 구멍을 남겨야 한다. 비트는 나뭇조각을 가장자리에서 떼어내는데 이는 열의 축적을 줄이는 데 매우 중요하다. 이러한 기준을 충족하는 드릴 비트에는 브래드 포인트와 포스너 비트가 있다.

브래드 포인트

포스너 비트

장식된 마감에 목심을 이용해 뼈대이음 만들기
Moulded-edge carcass joint

목심을 이용하는 방식은 먼저 부재에 구멍이 필요한 위치를 파악하고 정확하게 구멍을 뚫는 공구를 선택한다. 판재 가장자리는 드릴 프레스로 뚫기 쉽지만, 긴 캐비닛의 측면은 휴대용 드릴과 지그를 사용하는 것이 더 적합하다.

구멍 위치를 접합할 부재에 표시하는 방법은 매우 다양하다. 단일 구멍의 목심 지그 또는 드릴 프레스를 부재의 표시와 맞춘다. 이때 직각을 이루어야 한다. 삽입된 목심을 색인화하는 지그와 구멍을 뚫기 위해 접합부를 정렬하는 지그의 경우, 목심 중심부에 첫 번째 구멍만 표시한다. 또한 작업장에서 만든 지그는 전체 레이아웃을 표시할 수 있고, 표시를 제거할 수도 있다.

상점에서 만든 목심에는 접착제가 자유롭게 통과하는 홈이 있는데, 이를 잘라내면 휘어지는 경향을 최소화할 수 있다.

작업 순서

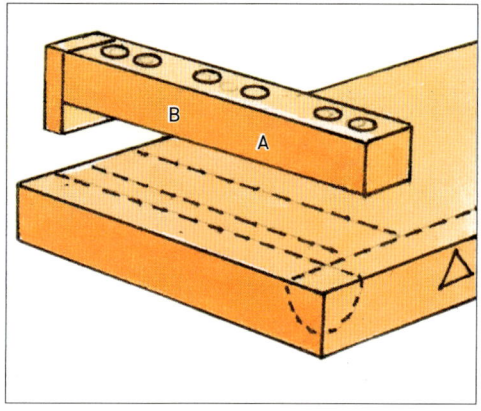

1 장식 마감할 부재를 길이와 너비대로 자른 후 마감과 측면 배치를 계획해서 지그를 만든다. 구멍의 간격은 양쪽 끝의 가장자리 부근에 가깝게 한다.

2 뼈대가 될 부재를 드릴로 뚫은 후 같은 접합면에서 지그를 색인화한다. 펜스를 거꾸로 돌려 지그 반대쪽에서 접합할 부재를 드릴로 뚫는다.

3 장식된 마감을 자른 후 구멍에 접착제를 붓질하고 목심을 두드린다. 이때 높이 블록을 사용하여 접착제가 들어갈 공간이 바닥 근처를 막는다.

장인의 한마디

드릴 프레스에는 멀티스퍼 비트가, 브레이스에는 제닝스 또는 어윈 패턴 비트가 사용된다. 트위스트 드릴은 목심 작업에 사용될 수 있지만 비트가 접합면의 결을 찢어 쉽게 중심을 잡지 못할 수 있다. 작업 시 움푹 들어간 흔적은 시작점을 안내해 준다.

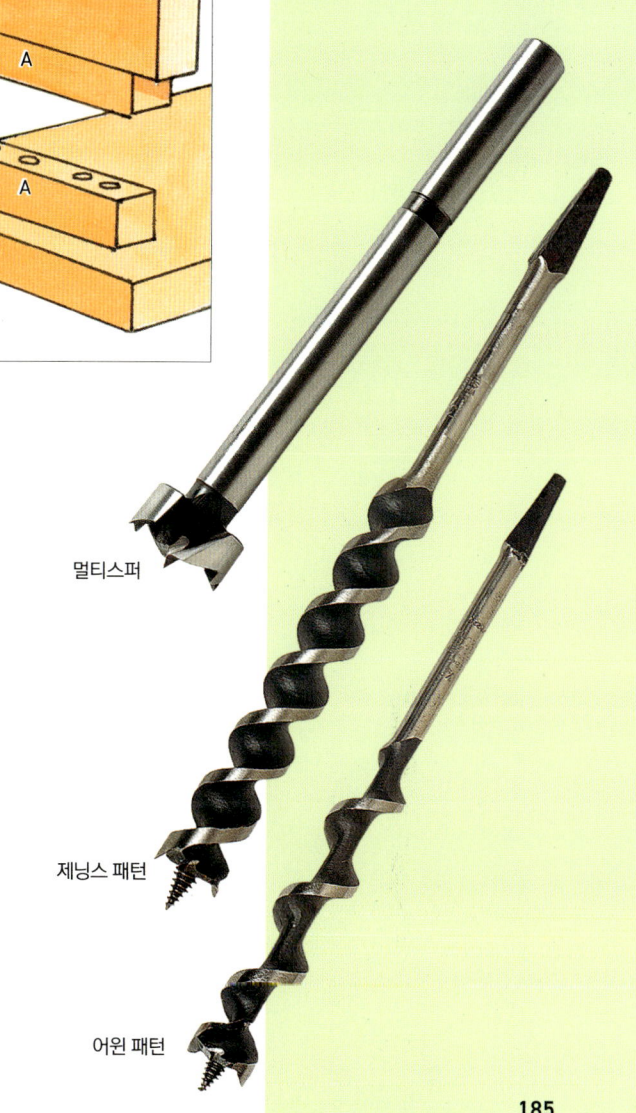

멀티스퍼

제닝스 패턴

어윈 패턴

목심을 이용해 틀이음 뼈대 만들기
Doweled framing joint

장부로 사용되는 목심은 지름의 최소 1.5배 깊이까지 각 결합 부재에 들어가야 한다. 이때 정렬되는 목심은 더 짧을 수 있다. 비트의 깊이 스톱 또는 드릴 프레스 스톱을 설정하여 목심과 접착제가 들어갈 수 있는 충분한 깊이의 구멍을 뚫는다.

드릴 프레스를 사용하거나 지그를 색인화하여 구멍을 뚫는다. 드릴 작업을 시작하기 전에 비트를 지그 구멍이나 부싱에 넣는다. 때로는 실행 중인 드릴 비트를 구멍 밖으로 부분적으로 밀어 세로홈을 제거한다. 이때 멈추어야 할 지점에 가까워지면 비트의 몸체가 미끄러질 수 있으니 세게 밀지 않는다.

세로홈이 새겨진 목심

세로홈이 새겨진 목심은 접착제를 효과적으로 분배할 수 있다.

작업 순서

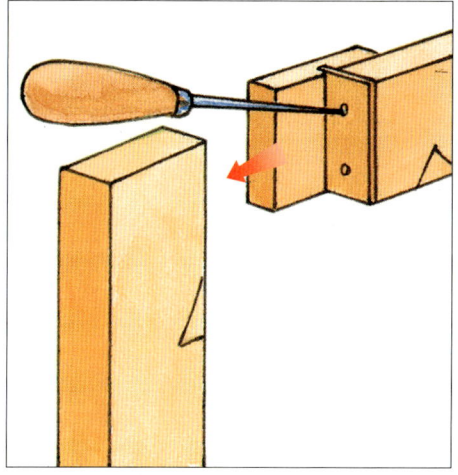

1 장붓구멍과 장부 위치에서 목심과 구멍을 대체하는 레이아웃 템플릿을 만든 다음, 레일 및 스타일에 목심 구멍 위치를 송곳으로 표시한다.

2 드릴로 구멍을 뚫으려면 표시된 부분에 목심 지그를 색인화하고 필요할 경우 접합면에 끼움쇠를 삽입하여 y 평면의 중심에서 벗어난 구멍들을 조절한다.

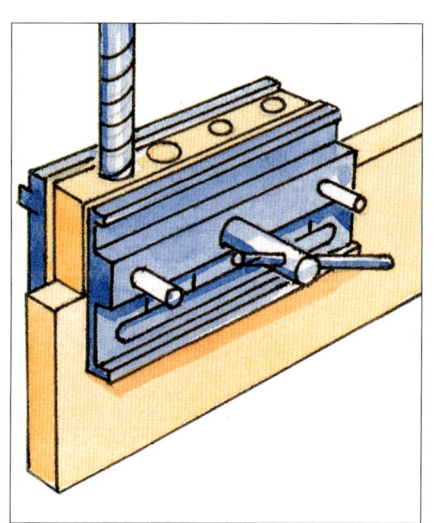

3 홈이나 은촉, 가공된 틀, 보강용 어깨 등 남아 있는 모든 밀링 작업을 완료한다. 그다음 목심에 접착제를 도포하고 조립한다.

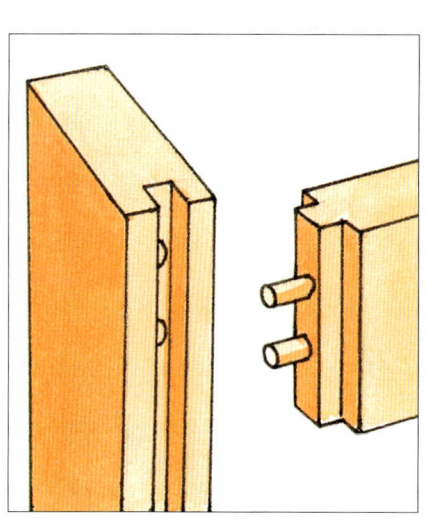

장인의 한마디

휴대용 드릴 또는 브레이스를 이용해 목심 구멍 깊이를 알맞게 측정하려면 비트에 깊이 스톱을 장착한다. 드릴이 올바른 깊이에 도달했을 때 접합면을 쓸어주는 확장 탭이 있는 마스킹 테이프 조각부터 나사로 고정된 강철 칼라까지 스톱 장치는 다양하다. 풀러 카운터싱크와 드릴 프레스에 있는 스톱 장치는 작업 한 번으로 접착제가 들어갈 적절한 깊이의 구멍을 뚫는다.

나무 스톱 칼라

풀러 카운터싱크와 스톱 칼라

비스킷 결합에 대하여
About biscuit joinery

비스킷 또는 판 결합(plate joiner)은 목재를 접합하는 비교적 최신 방법이다. 합판이나 파티클보드[particleboard. 자디잔 나뭇조각을 합성수지 따위로 굳혀 만든 탄력성이 있으며 부드러운 건축용 합판]와 같은 재료를 결합하기 위해 개발되었으나 단단한 목재를 결합하는 데도 인기가 있다.

비스킷은 얇고 축구공 모양으로 압축된 너도밤나무 조각으로 여유를 두고 재단된 장부, 목심 또는 딴혀와 같은 방식으로 부재들을 결합한다. 대부분의 비스킷 결합은 휴대용 전동 공구에 의해 만들어진다. 이 공구는 카바이드 톱날을 가진 작은 그라인더처럼 보인다. 기계의 주요 기능은 블레이드를 보정된 깊이로 짝을 이루는 부재에 넣는 것이다. 블레이드가 부재에 남긴 각각의 반원형 자국은 비스킷의 절반을 둘러싸고 있다.

비스킷 자체가 압축된 너도밤나무를 잘라 만든 것이기 때문에 힘을 얻기 위해서는 나뭇결이 비스킷을 가로질러야 한다. 모든 기계에 사용되는 비스킷의 표준 크기는 세 가지이며, 특정 기계는 비표준 블레이드를 사용하여 작고 얇은 비스킷에 더 큰 비스킷을 사용하거나 커프 작업을 할 수 있다. 라우터 또는 래미네이트 트리머에 사용되는 딴혀 커터는 특수 원형 비스킷을 위해 커프를 라우팅할 수 있다.

비스킷에는 지방성 합성수지와 같은 수성 접착제가 필요하다. 수분은 약간 압축된 비스킷을 부풀려 커프에서 조여주는 역할을 한다.

시중에는 많은 판 결합이 있어서 목공인들이 가격뿐만 아니라 다양한 특색을 고려하여 선택할 수 있다. 여기서 가장 중요한 고려사항은 펜스 조절의 용이성과 범위, 펜스 각도의 범위, 연귀접합의 색인화 방법이다.

대부분의 비스킷 결합은 기계의 펜스를 접합면이나 끝부분에 배치하고 커프한다. 이때 칼날과 펜스 사이의 거리를 어느 정도 조절한다. 다용도 블레이드의 높이 조절은 일반적인 목재 두께를 고려할 때 위치를 많이 조절할 필요가 없지만 펜스를 위아래로 이동시키기 위해서는 랙크피니언[톱니바퀴와 톱니막대가 맞물려 돌아가는 방식]을 사용한다.

모든 기계에서 펜스는 90도에서 표면을 커프하여 대부분의 평행, T 또는 L방향 이음을 만들고 45도를 기준으로 마구리면 연귀접합 또는 가장자리 연귀접합을 한다. 또한 일부 펜스는 베벨 작업을 결합할 때 중간 각도의 평평한 받침대를 참조한다.

―
비스킷 결합은 전용 수동 전동 공구에 의해 빠르게 만들어진다.

비스킷의 크기

접이식 스프링이 장착된 판 결합의 베이스는 목재에 다양한 깊이 설정으로 끼워진 작은 원형 톱날을 둘러싸고 있으며, 비스킷에 맞는 아치형 커프를 만든다.

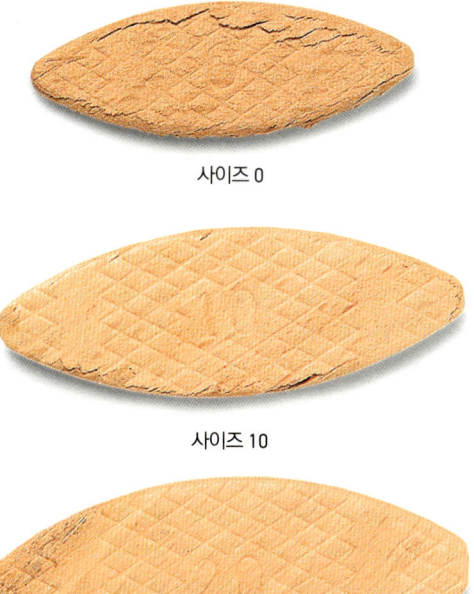

사이즈 0

사이즈 10

사이즈 20

모든 판 결합은 이 세 가지 기본 비스킷 크기에 맞게 커프를 자른다. 다른 크기, 모양 및 유형은 특정 브랜드 또는 라우터 컷 슬롯을 위한 것이다.

판 결합에 사용하는 펜스의 유형

판 결합 펜스(이 경우는 고정 각도 펜스)는 인접한 접합면에 있는 비스킷의 커프를 절단하기 위해 한 면을 참조하면서 목재에 표시된 부분을 따라 색인화한다.

고정 각도 펜스는 45도 및 90도의 측면을 가지고 있으며, 펜스 각도가 블레이드를 기준으로 위로 올라가면 내부 접합면을 정렬하면서 연귀접합된 부위를 자르기 위해 뒤집는다.

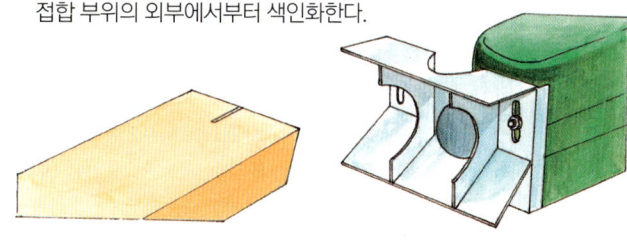

블레이드 위로 각도가 조절되는 고정 각도 펜스는 외부 표면이 정렬되도록 연귀접합 부위의 외부에서부터 색인화한다.

가변 각도 펜스를 이용해 45도 또는 90도가 아닌 베벨 조인트의 비스킷을 절단할 수 있다.

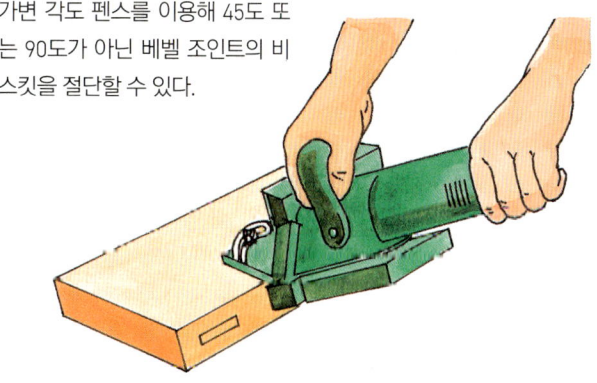

수평을 이루는 틀이음
Flush framing joint

비스킷 결합은 매우 간단하기 때문에 인기가 많다. 또한 레이아웃도 정밀할 필요가 없고 기계 설정이 간단하며 매우 안전하다. 받침대나 목재가 항상 날을 둘러싸고 있으며, 받침대의 접을 수 있는 핀이나 고무 점들은 커핑 작업 중에 미끄러지는 것을 방지한다.

기본적인 접합 절차는 유형에 관계없이 동일하다. 부재를 크기에 맞게 자르고 클램프로 고정하거나 조립 위치에 고정하여 목재 전체에 걸쳐 있는 각 비스킷의 위치를 부드러운 연필로 표시한다. 비스킷은 접착 중 접합부를 조절하기 위해 커프에 측면 대 측면 작업을 하기 때문에 표시가 정확할 필요는 없다.

사이즈 20 비스킷

컷 슬롯

—
수평을 이루는 틀이음은 사실상 가장 빨리 만들 수 있는 방식이다. 건조된 비스킷을 슬롯에 넣을 때는 두께에 잘 맞아야 한다.

작업 순서

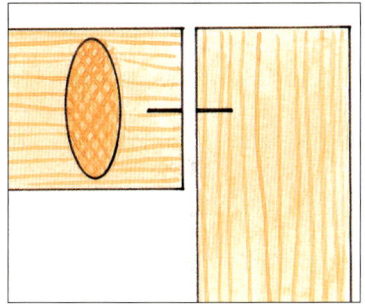

1 부재들을 길이대로 자르고 조립 위치에 놓는다. 목재에 맞는 가장 큰 비스킷을 선택하고 부드러운 연필로 부재 전체의 중심을 표시한다.

2 90도 펜스를 위 아래로 조절하여 블레이드를 목재의 중앙에 배치한다. 기계를 비스킷 크기에 맞게 설정하고, 표시를 색인화하여 블레이드에 넣는다.

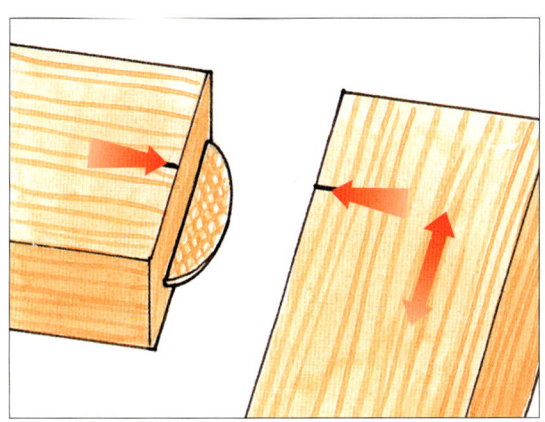

3 비스킷을 제외한 커프와 주변에 접착제를 바른다. 비스킷을 넣은 후 커프에 있는 플레이를 사용해서 부재들을 정렬해 조립한다.

장인의 한마디

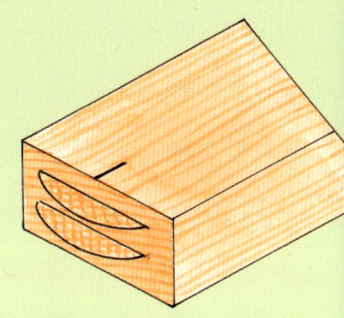

이중 비스킷
강도가 높거나 두꺼운 목재의 경우 양쪽에 표시를 하고 펜스를 설정한다. 그다음 측면에서 두께를 약간 잘라낸 후 이중 비스킷을 사용한다.

참고 표시
너비의 이음매를 보강하고 정렬하는 데 비스킷 결합은 필요하지 않다. 벤치톱 또는 90도 펜스를 사용하여 표시하는 데 참조한다.

비스킷을 이용한 T방향 결합 방식
Biscuited T orientation

커핑할 부재를 고정하거나, 블레이드를 목재로 밀어 넣을 때 뒤로 미끄러지지 않도록 백스톱을 설치한다. 분진은 보통 오른쪽으로 배출되므로, 기계에 먼지가 쌓이지 않은 경우에는 표면을 깨끗하게 유지하기 위해 오른쪽에서 시작하여 왼쪽으로 작업한다.

커프 부위에 접착제를 바르기 위해 고가의 특수 접착제를 사용할 수 있지만 간단한 플럭스 브러시로도 충분하다. 접착제는 비스킷을 부풀게 하기 때문에 비스킷이 아닌 결합할 부분에만 바르고 클램프를 준비한다. 일단 비스킷이 삽입되면 빠르게 움직여라.

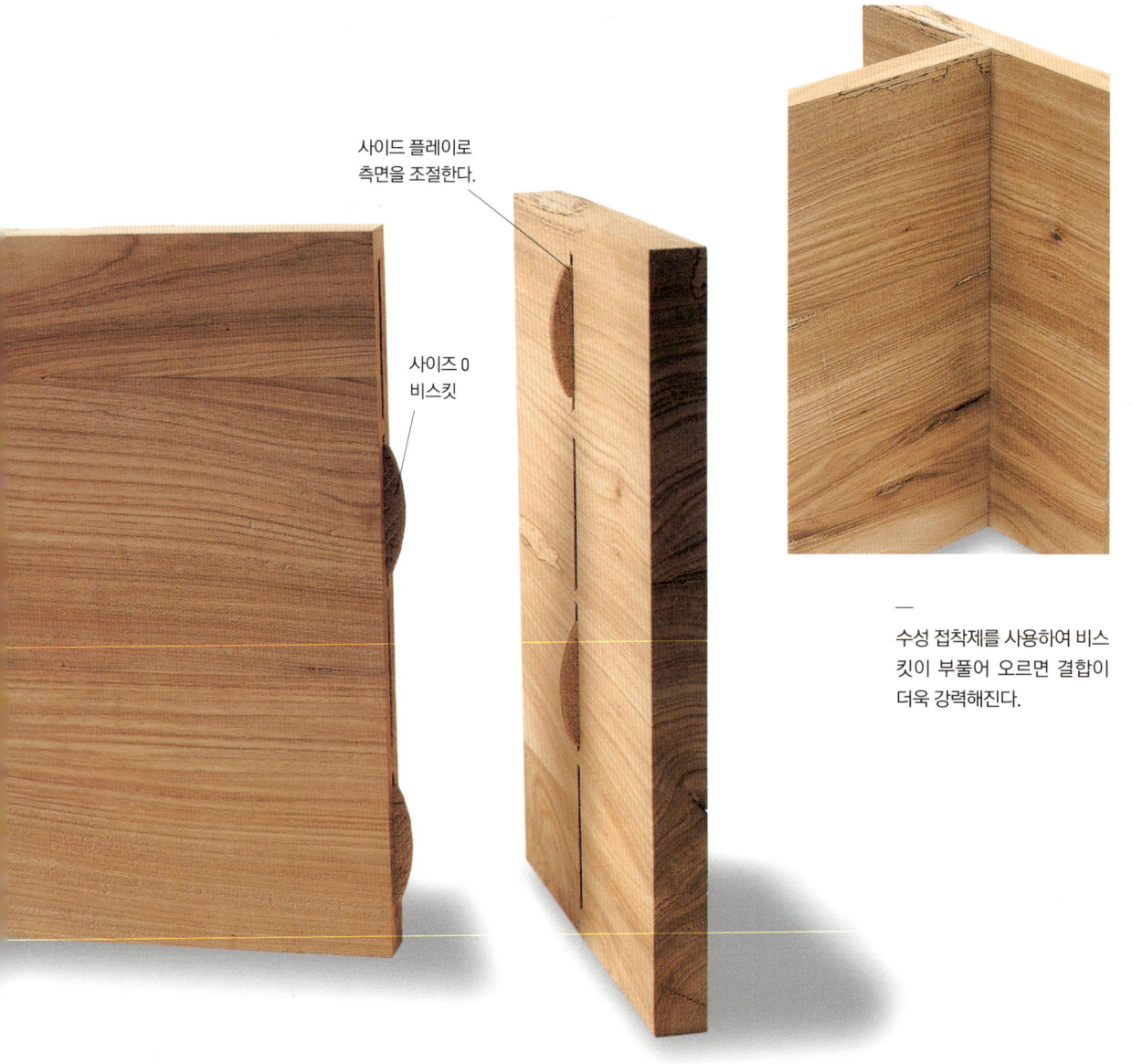

사이드 플레이로 측면을 조절한다.

사이즈 0 비스킷

수성 접착제를 사용하여 비스킷이 부풀어 오르면 결합이 더욱 강력해진다.

작업 순서

1 부재에 가이드를 고정하고 비스킷을 한 줄로 배치해서 양쪽에 표시할 수 있도록 다른 부재를 제자리에 정렬한다.

2 펜스를 설정하거나 제거하여 노즈가 직각이 되도록 한다. 결합할 부재의 아웃라인을 유지하면서 베이스를 직선 가이드와 커프에 대해 수직으로 표시한 부분에 맞춘다.

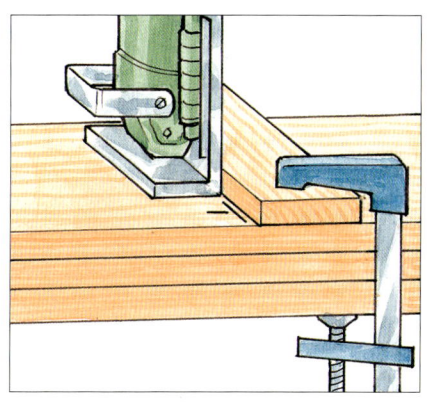

3 두 번째 부재를 눌러 고정하고 벤치 상판을 사용하여 색인화 작업된 목재의 두께에 맞는 커프를 참고한다. 그런 다음 접착제를 바르고 비스킷을 삽입한 후 조립하고 클램프로 고정한다.

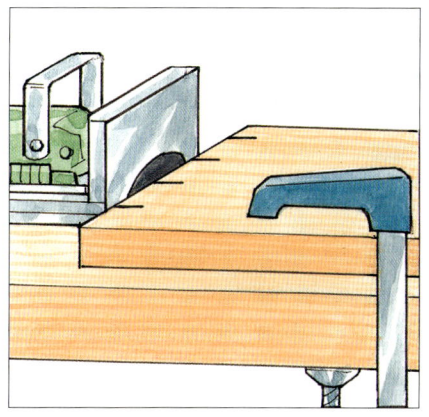

장인의 한마디

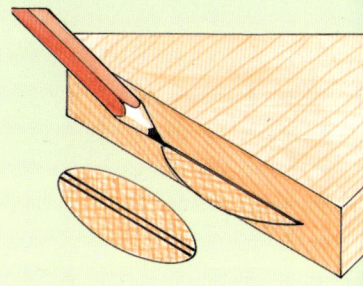

커프
커프 깊이를 미세하게 조절하려면 비스킷에 표시하고 뒤집어 다시 표시한다. 비스킷을 다시 넣을 때 첫 번째 선이 보이지 않도록 기계를 조절하고, 그 선 사이에 작은 간격이 생기도록 한다.

비스킷의 크기
레이아웃의 간격과 비스킷 크기는 목재의 치수와 접합의 목적에 따라 달라진다. 목재의 두께는 커프가 접합면 안으로 들어갈 수 있도록 비스킷 너비의 절반 이상이어야 한다. 그렇지 않으면 날이 뒤쪽 접합면을 통해 들어오게 될 것이다. 비스킷이 많거나 크면 더 많은 접착 표면이 생기고 결합 강도가 높아지지만 비스킷의 정렬만을 위해서라면 이는 필요하지 않다.

단차를 둔 L형 이음
Offset L joint

접합부가 내부 또는 외부에 나타나는지의 여부는 짜맞춤의 유형과 사용하는 참고 방법(직선 또는 앵글 펜스 또는 기계 베이스)에 따라 다르다. 작업 초반에 해둔 표시는 둘레에 제곱하거나 연장할 수 있으므로 커핑 중에 기계의 색인화 표시를 쉽게 정렬할 수 있다.

접합부 아래에 패킹 조각을 사용하면 서로 다른 두께의 부재를 사용할 때 어느 높이에서든 비스킷을 삽입할 수 있다.

목재 중심에 있는 슬롯 컷

사이즈 10 비스킷

작업 순서

1 비스킷이 들어갈 부분을 표시하고 얇은 부분에 단차 두께의 끼움쇠를 놓는다. 얇은 목재의 중앙에 절단 작업을 위한 펜스를 설정한다.

2 펜스 아래에 있는 얇은 목재에 끼움쇠를 놓아 색인화 표시된 부분과 짝을 이루는 커프를 자른다.

3 블레이드의 높이 설정을 변경하지 않고 색인화 표시된 부분에서 두꺼운 부재를 커프한다. 그런 다음 접착제를 바르고 조립한 후 클램프로 고정한다.

나사 기반의 고정 장치, 하드웨어 및 고하중 보강재:

무거운 부재를 견디는 현대 작업 방식

9

나무 나사 사용하기
Using wood screws

나사로 짜맞춤을 만드는 것이 목공의 일반적인 철학은 아니다. 하지만 나사는 맞대기 이음이나 겹침이음을 만들 수 있고 기존의 접합부를 보강하거나 핀으로 고정한다. 나사로 접합한 부분은 분해할 수 있으며, 클램프 없이도 잘 접착된다.

평평하거나 타원형 또는 둥근 머리를 가진 전통적인 목공용 나사는 경화된 강철 생산 나사로 결합된다. 이러한 나사는 파티클 보드용으로 설계된 경우 머리가 납작하다. 또한 건축업에서 목공까지 광범위하게 쓰이는 석고보드 나사와 같이 부드러운 나무에 박기 위해 설계된 경우에는 나사 자체에 가라앉는 '나팔' 모양의 머리가 있다.

나사의 유형

강철 나사는 드릴과 드라이버의 동력 구동을 위해 단단히 고정되며 나무 나사의 전형적인 슬롯 드라이브를 사용하지 않고 필립스, 스퀘어 또는 콤비네이션 드라이브의 뛰어난 그립력을 활용한다. 경화는 나사를 부서지기 쉽게 만들고 특히 파일럿 구멍이 없으면 단단한 나무에서도 부서지기 쉽다. 이러한 문제를 해결하기 위해 황동 나무 나사는 미리 강철 나무 나사로 구멍을 고정한 다음 다시 황동 나무 나사로 교체하는 방법을 사용한다.

나무 나사의 나사산은 경화된 나사의 나사산보다 낮은 각도로 나사를 감싸고 있다. 리드 각이 높을수록 경화된 나사를 더 빨리 잡아당겨 회전수가 줄어든다. 특히 파티클 보드용 나사에서 경화된 나사의 깊은 나사산은 나무에서 벗겨질 가능성이 가장 적다.

나무 나사는 검게 그을린 강철보다도 황동, 청동 또는 스테인리스 스틸의 광택이 주는 아름다움이 있으며, 항상 머리 근처에 나사산이 없는 맨 부분이 있다. 이런 구조는 나무 앵커 부분에서 나사가 회전하면서 나사산이 앞부분을 단단히 잡아당길 수 있도록 한다. 나사산이 양쪽 부재와 결합할 때 부재 사이의 공간은 막히지 않는다. 이때 나사를 제거하고 결합을 위해 함께 고정해야 한다.

나사못

일반적으로 사용하는 나사 드라이브 및 드라이버 유형은 직선 슬롯, 십자형 필립스, 사각 드라이브, 콤비와 레제스 또는 스퀘어x라고 불리는 하이브리드형이다.

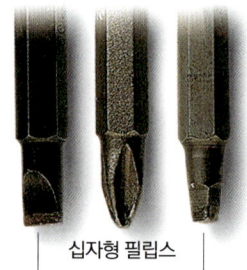

직선 슬롯   십자형 필립스   사각 드라이브

나사 머리

일반적인 나무 나사는 연강이나 황동이며, 나사 머리는 평평하거나 둥글다. 아니면 타원형이다.

경화된 강철 나사의 세 가지 기본 머리 스타일은 평평하거나, 나팔 모양이다. 또는 마무리 작업을 위한 트림형이다.

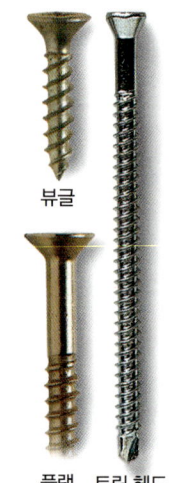

뷰글   플랫   트림 헤드

낮은 팬 헤드, 와셔 헤드, 큰 사이즈의 와셔 헤드는 평평하고 점점 커지는 표면이 나무에 고정된다.

와셔 헤드

목공용 나사

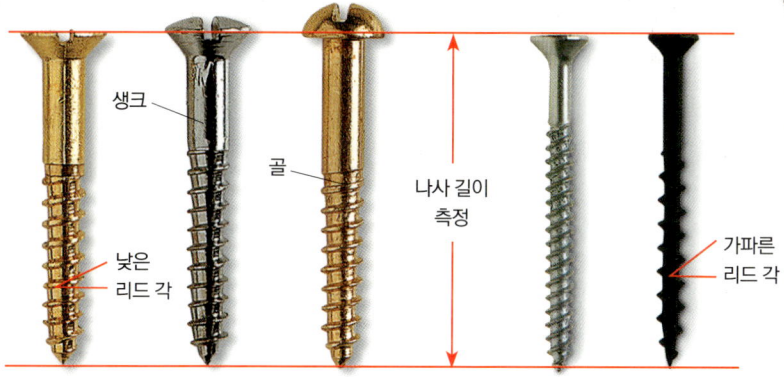

컨퍼멧(confirmat)은 합판이나 파티클 보드의 캐비닛을 고정하는 조립 나사이며, 특수한 3단계 드릴 비트로 만들어진 파일럿 구멍이 필요하다.

나무 나사의 머리 부분은 평평하거나 튀어 올라와 있다. 섕크는 길고 매끈하며, 나사산은 낮은 각도로 나사골을 타고 오른다. 골은 끝으로 갈수록 뾰족하다.

대량 생산되는 나사는 목재 표면 바로 아래나 같은 높이에 위치하며, 거의 직선에 가깝다. 대부분이 높은 곳에서 이중 또는 단일 나사산이 시작된다.

시간을 절약하기 위해 일부 생산용 나사에는 머리 아래에 오거 포인트나 니브가 있다. 이 덕분에 나사를 구동하는 동안 자체적으로 파일럿 구멍을 뚫거나 목재에 나사를 박는 작업이 수월하다.

파일럿 구멍과 카운터싱크

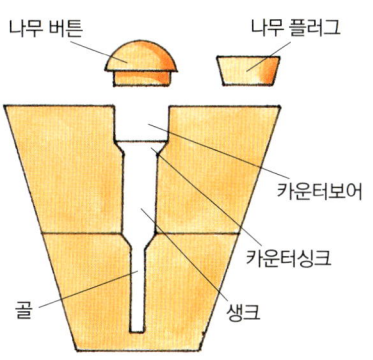

계단식 나무 나사 파일럿 구멍의 섕크 부분은 한 조각을 통해 확장되어야 하므로 나사산이 다른 조각을 잡아당겨 부재를 조여야 한다.

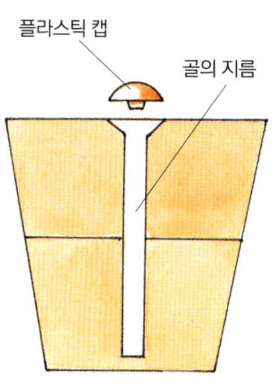

경화강 나사의 파일럿 구멍은 나사골의 지름과 같거나 두꺼운 목재의 간극 구멍만큼 약간 더 커야 한다.

사이즈 8의 나무 나사 드릴 비트와 카운터싱크

나무 나사 카운터싱크는 단일 나사 크기와 일치하거나 테이퍼 비트 및 이동식 칼라를 사용하여 다양한 크기로 조절할 수 있다.

경첩 하드웨어에 구멍을 뚫을 때 세 가지 크기의 빅스 비트는 스프링 장착 노즈로 둘러싸인 드릴 비트가 있어 파일럿 구멍을 중앙에 배치하는 데 도움이 된다.

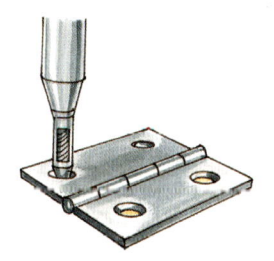

황동, 검은색 또는 니켈판으로 마감 처리된 와셔는 구멍을 숨기고 베어링 면적을 늘려 목재 표면 위에 나사 머리를 위한 카운터싱크를 만든다.

나사 기반의 고정 장치, 하드웨어 및 고하중 보강재 : 무거운 부재를 견디는 현대 작업 방식

조립 고정 장치와 보강재
Assembly fasteners and reinforcements

가구를 강화하거나 형태를 유지하기 위해 여러 장치, 즉 하드웨어를 사용하는 것은 오래된 기술이다. 오늘날 가정용 목공을 위한 하드웨어는 오래된 띠쇠(목재 접합용의 띠 모양 강판)보다 정교하고 다양하며 경제적이다.

조립식 하드웨어와 결합하는 것은 구멍의 위치를 확인해 부합하는 하드웨어를 삽입하고, 스크루 드라이버나 렌치를 사용해 조절하기만 하면 된다. '박스' 스타일 구조로 결합된 합판이나 래미네이트 보드 캐비닛은 때때로 부재를 결합하기 위해 표면에 노출되었거나 부분적으로 은폐된 연결기를 사용한다. 조립이 용이한 하드웨어는 캐비닛과 조리대를 구간별로 쉽게 옮겨 현장에서 다시 서로 결합한다.

조립식 구조재를 사용하는 것은 굳이 정성들이지 않아도 되는 작업에서 시간을 절약해 준다. 작업자는 단순히 목재를 고정하고 조립하는 용도에 따라 필요한 하드웨어를 이용하여 제작하기만 하면 된다.

나사산 인서트

원통형 인서트는 여러 크기의 황동과 강철로 구성되어 있으며, 파일럿 구멍에 나사로 고정되는 외부 목재 나사산과 일반적인 크기의 내부 기계 나사산이 있다. 인서트는 기존의 너트 기술을 개선한 버전으로, 목재에 너트를 끼워 넣으면서 금속 나사산을 추가해 조립 하드웨어를 잡아당기는 기술이다.

나사산 인서트[Threaded inserts. 나사산을 낸 얇은 강철제(製)의 덧입힌 쇠로 약한 재료에 낸 나사산을 보강하거나, 닳아버린 나사산을 대신함]

너비와 길이이음에 활용하기

산업용 고정 장치 또는 '개뼈'(오른쪽 그림)[감수자 주. 208쪽 참고]는 래미네이트 처리된 조리대를 아랫면에서부터 결합하도록 설계되었지만, 다른 길이 및 너비를 연결하는 방식에도 유용하거나 클램프를 대신하기도 한다.

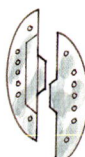

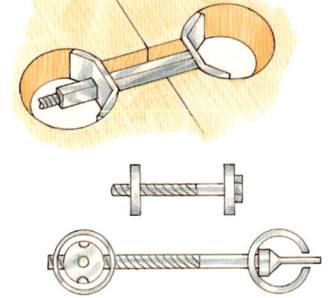

또 다른 제품은 비스킷 결합 슬롯에 에폭시를 가공하거나(가운데 그림) 비스킷 결합 슬롯을 붙잡도록 (왼쪽 그림) 설계된 것으로 현장에서 조립하는 하드웨어다.

드릴로 뚫은 구멍에 특수 '키홀' 라우터 비트를 삽입하면 T 슬롯 키홀을 절단하거나 T 슬롯(상단 아래 그림)을 라우팅하여 분해할 수 있는 둥근 나사 머리가 장착된다.

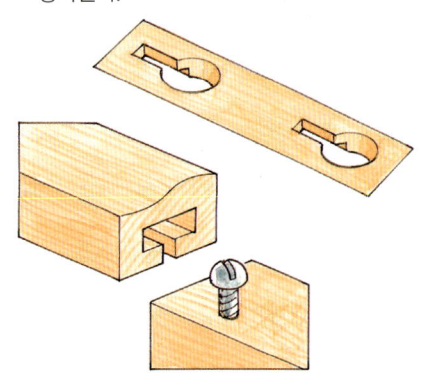

표면에 설치된 하드웨어

위 그림과 같이 설치된 하드웨어는 쓰임새는 많지만 특별히 매력적이지는 않다. 대부분의 모서리 T방향 또는 L방향 이음에 사용된다.

일부 접합 하드웨어는 유럽 캐비닛 제작 시스템을 기반으로 중앙에 32mm의 구멍을 여러 개 뚫거나 나사를 사용하여 조립하는 표면 장착 방식이다.

부분적으로 은폐된 커넥터

많은 시스템은 접합부를 홈으로 당기기 위해 조여진 편심 너트에 특수 나사의 돌출 머리 부분을 잡아당겨서 장붓구멍과 장부의 동작을 모방한다.

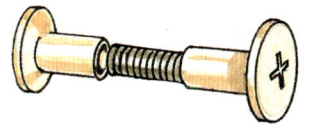

십자형 목심은 특수 나사산 너트가 있는데, 아래에서 부재에 삽입되어 나사산이 구멍과 맞물리며 조인트를 팽팽하게 당길 수 있도록 조절한다.

십자형 목심과 비슷하게 두 부분으로 된 커넥터 볼트는 서로 다른 길이로 제공되며, 인접한 캐비닛 내부에서 나사산으로 고정되어 있다.

목심은 32mm의 구멍 시스템을 사용하여 나사산을 부재에 끼우고 맞춤형 하우징 너트와 일렬로 정렬한 후 단단히 조인다.

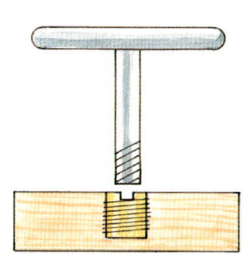

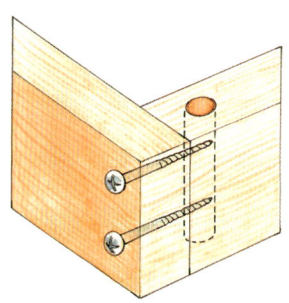

T-공구 또는 강철 소재의 이중 너트 볼트 및 황동 인서트 나사산을 부재 안에 삽입하면 결합력을 높일 수 있다.

일반 나무 나사를 판재 끝에 설치한 조인트는 깨지기 쉬운 마구리면을 목심의 세로결로 대체해서 나사를 고정하는 것보다 접합부를 더 잘 지탱한다.

탁상용 고정 장치

상점에서 구입하거나 직접 만든 테이블 상판 고정 장치는 상단 아래에 나사를 조이고, 단단한 나무로 확장한 에이프런에 있는 홈에 미끄러져 들어간다. 둥근 책상의 고정 장치는 합판에 가장 적합하다.(오른쪽 끝 그림)

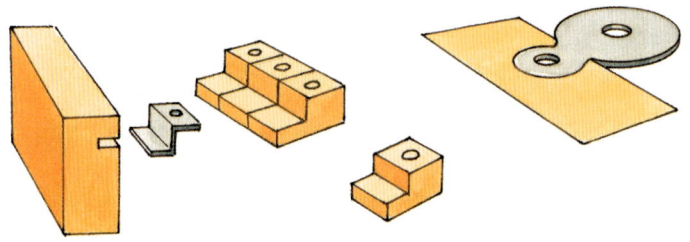

캐비닛 걸이

가벼운 벽 캐비닛은 벽의 손상을 최소화하기 위해 나사 머리 위에 맞물리는 강철 하드웨어나 황동 키홀을 장착할 수 있다. 더 무거운 캐비닛의 경우 목재나 금속으로 된 걸이 레일을 사용한다.

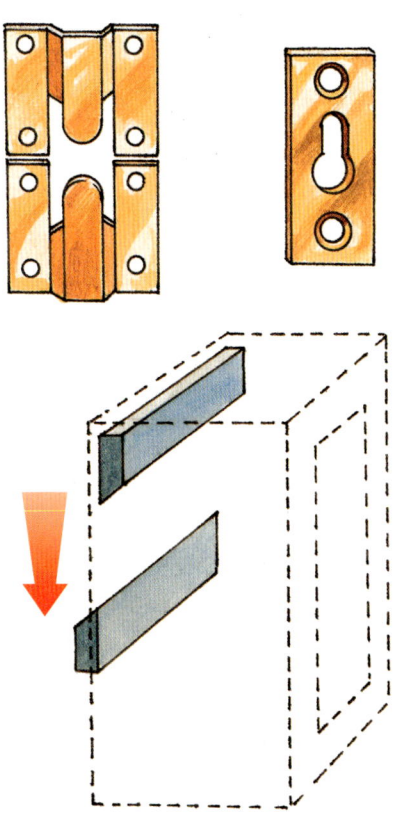

침대 난간 고정 장치

전통적인 작업 방식은 사각 머리 볼트를 침대 안쪽에 이용한다. 볼트가 금속 캡으로 덮여 있어 나사가 들어간 구멍을 감추고 장식 효과도 준다.

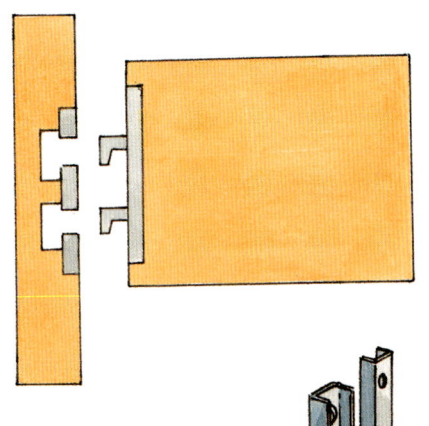

테이퍼형 슬라이딩 또는 후크형 침대 난간 걸이는 침대 난간 끝에 구멍을 뚫어 보이지 않게 할 때 가장 멋지다. 또한 무거운 캐비닛을 걸 수도 있다.

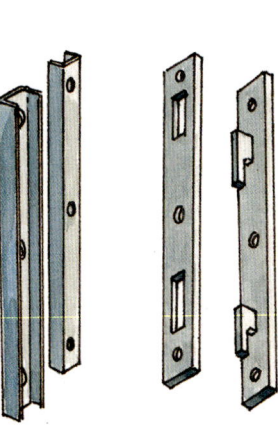

모서리 보강재

모든 짜맞춤 유형의 모서리 결합을 강화하는 플라스틱, 강철 또는 황동 보강재는 대부분 철물점에서 쉽게 구할 수 있다.

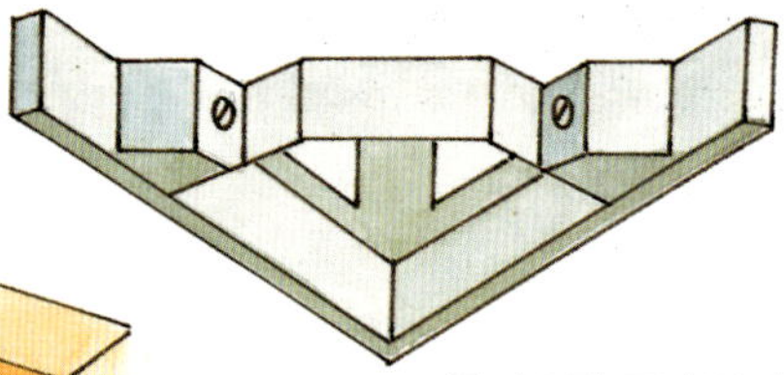

플라스틱 코너 보강재

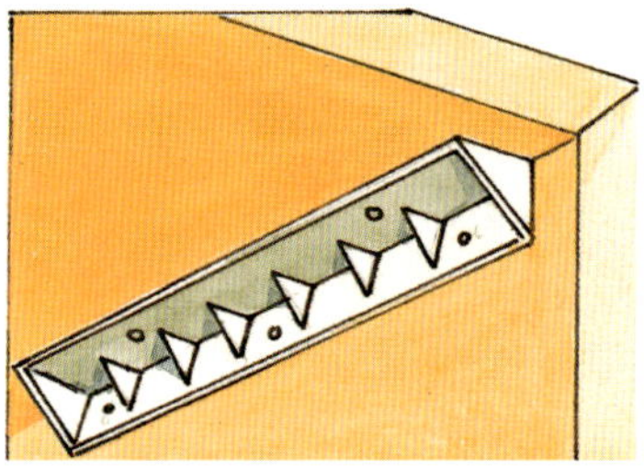

플라스틱 코너 보강재

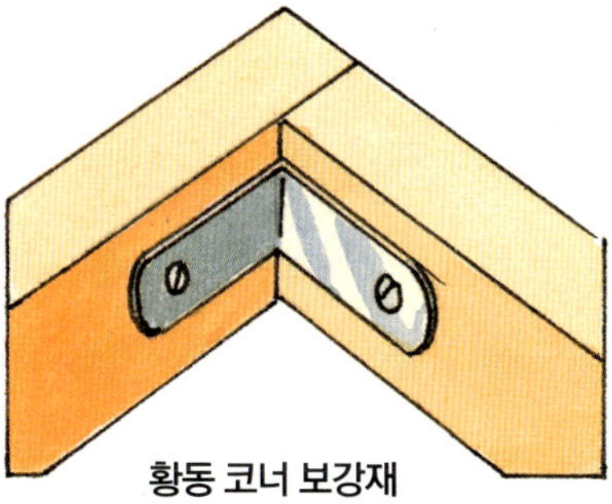

황동 코너 보강재

강철 T 스트랩 보강재

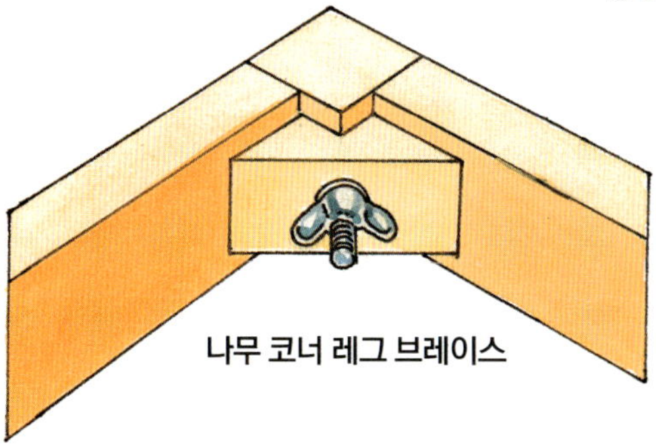

강철 플랫 코너 보강재

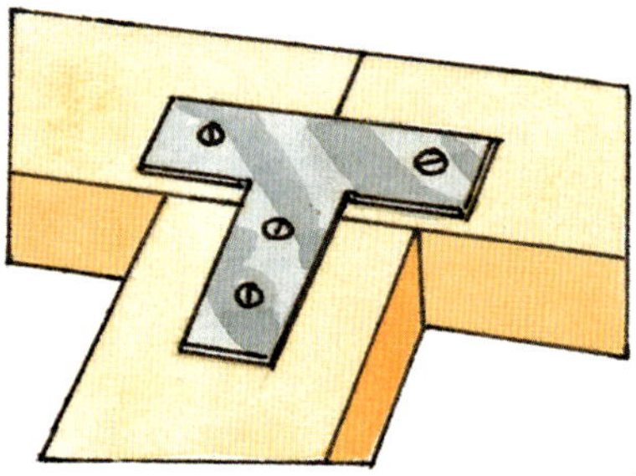

나무 코너 레그 브레이스

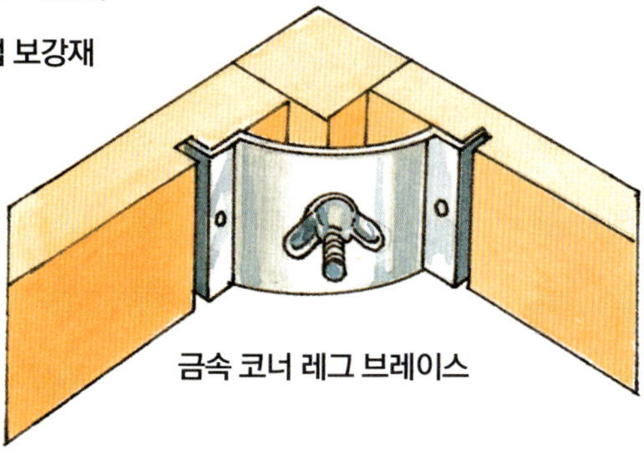

금속 코너 레그 브레이스

행거 볼트의 기계 나사산에 이중 너트를 사용하여 나무 나사산 끝을 래칫한 다음, 나비너트를 나무 또는 금속 코너 레그 브레이스에 조인다.

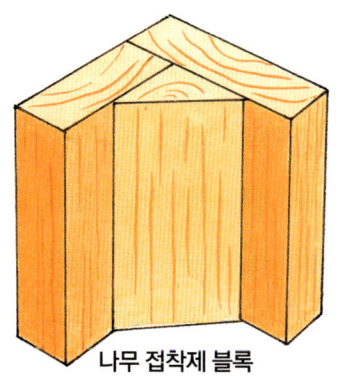

나무 접착제 블록

전통적인 방식으로 목재를 강화하는 방법은 나무 블록에 접착제를 이용하는 것이다. 나무 블록은 모든 모서리에 맞도록 만들 수 있다. 이때 강하하는 부재의 결과 블록의 결이 평행하도록 절단하는 것이 가장 좋다.

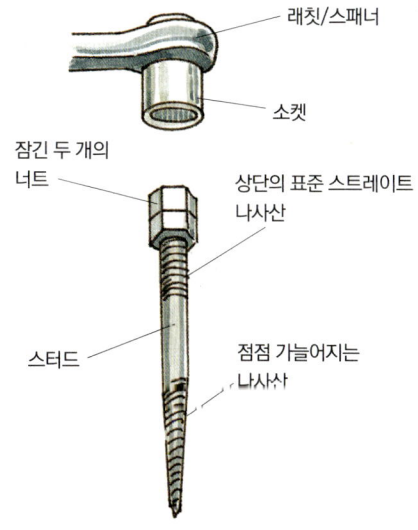

래칫/스패너
소켓
잠긴 두 개의 너트
상단의 표준 스트레이트 나사산
스터드
점점 가늘어지는 나사산

나사 기반의 고정 장치, 하드웨어 및 고하중 보강재: 무거운 부재를 견디는 현대 작업 방식

메뚜기 장부
Keyed tenon

여러 부재로 분해되는 가구에는 로마군이 이용하던 운동용 가구와 여행용 중세 가대식 탁자 등이 포함된다. 더 작고 가벼운 부재로 분해되는 가구를 만드는 목공들은 오늘날에도 접착제 없이 작업하는 넉다운 결합 방식이 유용하다는 것을 알고 있다.

메뚜기 장부는 래킹에 잘 견디지만, 전체적인 설계 구도와 통합되어야 견고하고 육안으로도 확인 가능하다. 슬라이딩 주먹장은 기계적으로 맞물리며 눈에 보이지 않게 구조물을 고정한다. 특히 왁스 처리된 경우에는 쉽게 재조립할 수 있다.

중세부터 리펙토리 테이블(튼튼하고 묵직한 다리가 있는 길쭉한 사각형 식탁)에 사용된 메뚜기 장부의 변형 방식은 접착제가 필요 없다.

산지

장붓구멍

장부

산지가 들어갈 장붓구멍

작업 순서

1 긴 관통 장부를 만들어 장붓구멍을 만들 수 있는 부재를 연장한다. 장부를 삽입한 다음 장붓구멍에서 나오는 접합면에 표시선을 긋는다.

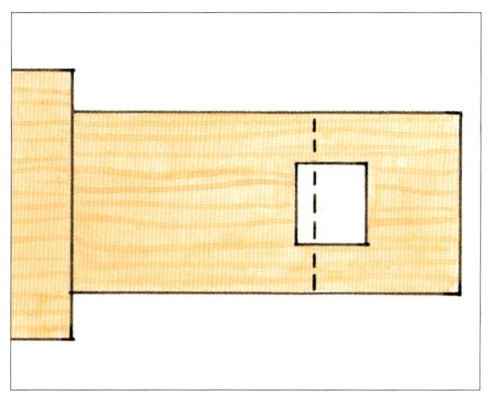

2 장부 접합면 안쪽에서 시작하여 장붓구멍을 절단한다. 이때 짧은결을 방지할 수 있도록 부재를 충분히 남기고 장부에 장붓구멍을 배치한다.

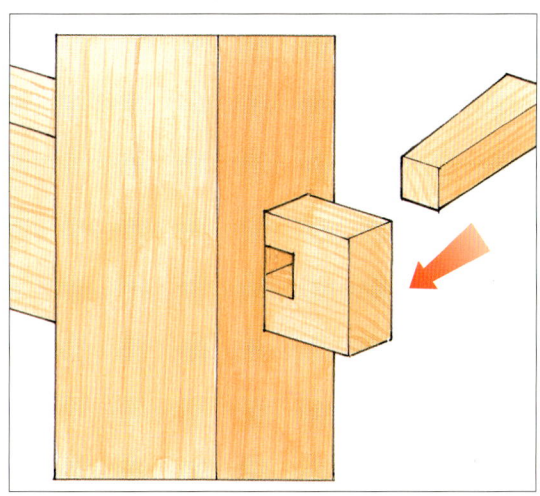

3 바깥쪽 접합면이 약간 가늘어지는 모양의 산지를 만들어 장부에 있는 장붓구멍에 삽입한다. 산지가 들리지 않도록 단단히 끼운 후 장부를 팽팽하게 당긴다.

장인의 한마디

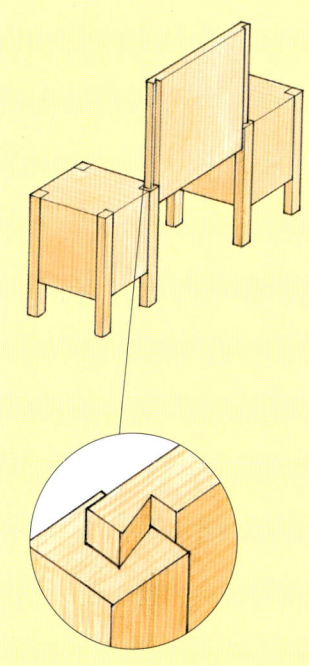

이동과 보관이 쉬운 슬라이딩 주먹장 만들기
접착제를 사용하지 않은 슬라이딩 주먹장의 상판과 하부 구조를 분리하여 결합하면 이동과 보관이 더욱 쉽다.

쐐기가 있는 주먹장부
Half-dovetail tenon

쉽게 분해하고 재조립할 수 있는 구조를 만드는 경우, 주먹장부는 여러 용도로 쓸 수 있다.(207쪽의 변형 방법 참고) 장부는 전통적인 방식으로 절단되지만, 주먹장이 표시되기 전 측면 어깨만 (항상 하중의 가장자리에 있음) 절단한다. 장붓구멍은 장부의 전체 너비로 절단한 후 바깥쪽 끝에서 주먹장의 각도로 열린다. 마지막으로 쐐기를 박았을 때, 사용된 목재가 비교적 넓고 장붓구멍에 장부가 잘 밀착되어 있다면, 접합부의 결합력은 매우 강해진다.

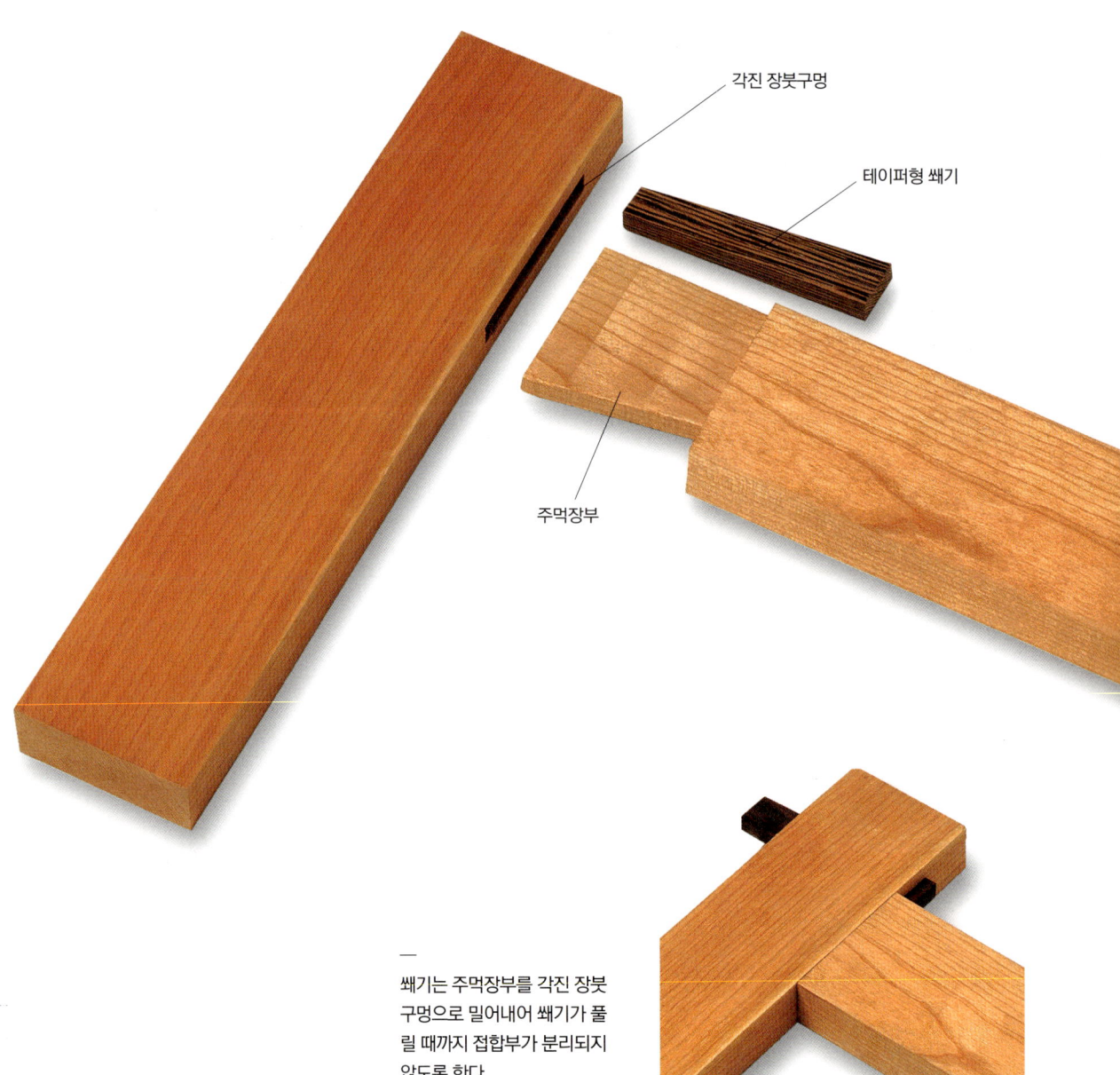

각진 장붓구멍

테이퍼형 쐐기

주먹장부

쐐기는 주먹장부를 각진 장붓구멍으로 밀어내어 쐐기가 풀릴 때까지 접합부가 분리되지 않도록 한다.

작업 순서

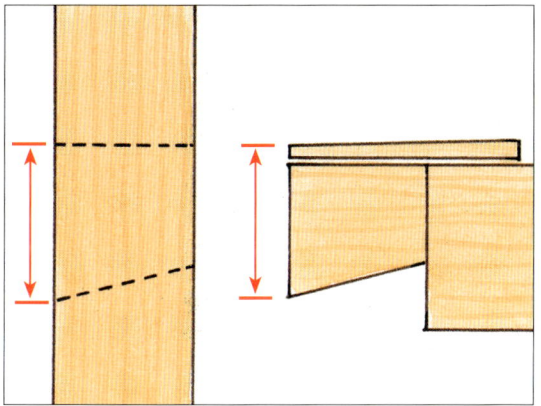

1 주먹장부를 위한 관통 장붓구멍을 배치하여 하단 끝부분이 주먹장 각도에 도달하게 한다. 이 때 바깥쪽이 쐐기의 두께를 포함할 수 있을 정도로 충분히 길어야 한다.

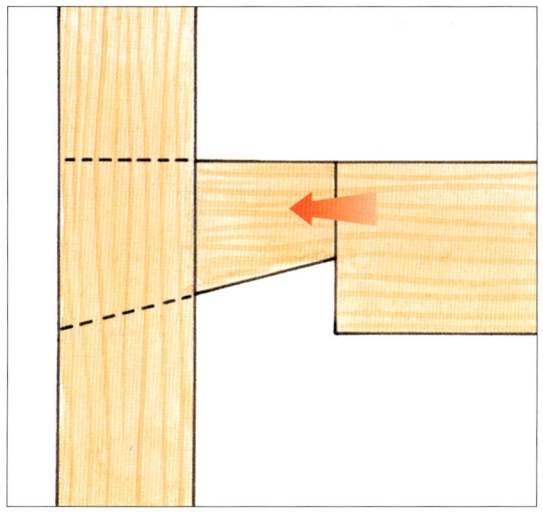

2 장부의 상단 가장자리가 장붓구멍의 상단 끝과 정렬되었을 때 장부가 장붓구멍에 들어갈 수 있는지 확인한다.

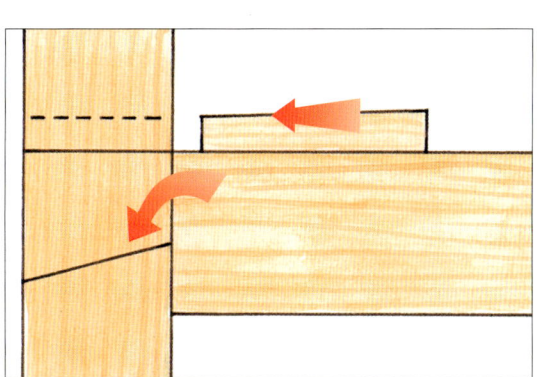

3 징부를 삽입하고 각도에 맞게 이레로 떨어뜨린 다음, 테이퍼형 쐐기를 밀어 장부의 끝과 같은 높이로 멈출 때까지 조금씩 더 깎아준다.

변형 방법

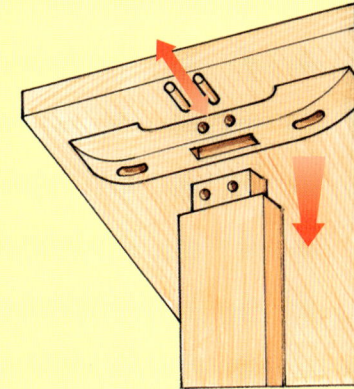

핀이 있는 숨은 장부
숨은 장부의 탈착식 핀은 단단히 고정해야 하지만, 가구의 분해를 위해 다루기 쉽게 고정한다.

쐐기로 고정한 메뚜기 장부
레일이 충분히 두껍다면, 수직 쐐기로 장부를 메뚜기 산지로 고정한다.

관련 공구 일람표

T-베벨과 자유 각도자

현재 두 단어로 지칭되는 이 장비들은 현재는 거의 같은 의미로 사용된다. 베벨 게이지라고도 하는 슬라이딩 T-베벨은 각도를 설정하고 전달하기 위한 조절 가능 게이지다. 형태가 고정되어 오로지 90도 각도만 설정할 수 있는 트라이 스퀘어(Try Square)와는 달리 슬라이딩 T-베벨은 필요에 따라 원하는 각도를 설정하여 사용할 수 있다.

베벨 게이지는 나비나사 또는 날개 너트와 연결된 두 개의 요소로 구성되며, 블레이드가 회전하고 이를 원하는 각도에서 고정할 수 있다. 손잡이는 보통 나무나 플라스틱으로 만들어지고 회전부는 금속으로 만들어진다. 베벨 게이지는 기존 각도를 복제하는 데 사용하거나, 다른 측정 도구와 함께 사용하여 원하는 각도로 설정할 수 있다.

* 유사도구 – T-Bevel / Sliding Bevel / Bevel Square

T-스퀘어 펜스

국내 목공 용어로 '조기대'라고 부르며 표준국어 표기는 '규준대/기준대'로 표기한다. 주요 기능은 테이블 톱에서 절단이나 홈 파기 작업 시 정확한 직각을 유지하기 위해 사용된다.

개뼈

업계에서 일반적으로 '개뼈'라고 불리는 짜맞춤 고정 장치이다. 정식 명칭은 Tight-joint fasteners이며 상판과 프레임 혹은 상판의 목재와 목재를 당겨서 고정하기 위해 일반적으로 사용된다.

띠톱

길고 날카로운 톱날을 가진 전동톱으로, 자재를 절단하기 위해 두 개 이상의 바퀴 사이에 원형 밴드 모양으로 톱날을 설치한 기계이다. 띠톱은 주로 목공과 금속 가공 작업에 사용되지만, 톱날에 따라 다양한 재료들을 자를 수 있다.

라우터

라우터는 모터의 강력한 힘을 이용해 콜렛으로 연결된 비트로 목재의 표면이나 에지를 원하는 모양으로 가공하거나 홈 파기 등을 수행할 수 있는 공구이다. 라우터는 크게 두 가지로 나누어진다.

고정형(Fixed-Base Router)과 가변형(Plunge Router)로 나누어진다. 두 모델 모두 가공 깊이를 조절할 수 있지만, 고정형은 사전에 설정한 깊이로만 가공할 수 있다. 가변형이라면 가공 중에도 원하는 높이로 가변해 사용할 수 있는데, 미리 설정된 스피링의 깊이 범위 내에서만 가능하다. 고정형 라우터(좌)와 가변형 플런지 라우터(우)는 쉽게 구분할 수 있다. 아래 사진에서 보듯 스프링이나 쇼바를 이용해서 움직이는 상하 이동축이 있는지 확인하면 된다.

레디얼 암쏘

레디얼 암쏘는 슬라이딩이 가능한 수평 암에 장착된 원형 톱으로 구성된 절단 기계이다. 레이먼드 드월트가 1922년에 발명했으며, 1970년대에 전동 재단기가 도입되기 전까지 긴 나무 부재를 자르는 데 사용한 주요 도구였다.

레디얼 암쏘에 다도 날을 장착하여 다도, 라베팅 또는 하프 랩 조인트를 위한 절단면을 만들 수 있다. 또한 일부 레디얼 암쏘는 톱날이 뒤쪽 펜스와 평행하게 회전할 수 있도록 세팅하여 리프 컷 작업도 할 수 있다.

현재는 안전과 크기 문제로 인해 많이 사용되지 않고 있으며 대형 각도절단기 등이 그 기능을 대신하고 있다.

턱대패
이 대패는 불노우즈 대패와 비슷하지만 더 크고 길이가 8인치(20.3cm) 정도 되는 제품까지 있다. 크고 넓은 목재의 라베팅 작업에서 편평도를 유지하는 데 많은 도움을 줄 수 있다.

불노우즈 대패
이 대패는 크기가 작은 편으로, 보통 3인치(7.6cm)에서 4.5인치(11.4cm) 사이이다. 몸체는 얇고 칼날은 약간 넓다. 이 대패를 사용하여 라베팅 작업을 마무리하고 세부 작업에도 이용한다. 낮은 각도의 칼날은 나뭇결을 가로질러 자르기에 매우 알맞도록 날카롭게 가공되어 있다.

테이퍼 컷
일반적으로 사선 절단의 일종이나 삼각형 형태의 부재를 얻기 위한 절단은 아니다. 테이블 다리와 같이 한쪽을 직각으로 유지한 채 다른 한쪽을 경사진 구조의 부재로 가공하는 방식을 테이퍼 컷이라 하며 통상 안전을 위해 전용 지그를 제작하여 작업한다.

포스너 비트
일반 드릴 비트가 만드는 구멍보다 큰 구멍을 가공할 때 사용하는 목공 전용 비트이다.

스트레이트 비트(일자 비트)
라우터용 비트 중 하나로 목재의 에지 가공이나 홈 가공 등에 사용된다.

인셋, 오프셋
테이블 톱이나 라우터 등을 사용하여 부재의 면을 직각으로 가공할 때 날물(톱날, 라우터 날)의 두께만큼 단차가 발생하여 가공물이 틀어지거나 면이 매끄럽지 않게 가공되는 것을 방지하기 위해 날물 바로 뒤에 날물의 두께만큼 단차를 보강하는 것을 지칭한다.

홈대패
판재의 가장자리를 따라 은촉홈을 만드는 대패이다. 이 대패의 평면 길이는 보통 약 10인치(25.4cm) 정도이며 칼날은 직각면이 잘 나올 수 있도록 배치되었다.

주먹장 대패
주먹장 대패의 다양한 구성 요소는 다음과 같다. 몸체를 가로질러 15도로 기울어진 날이 있는 베벨 다운 형태로 구성된다. 대패의 아랫면은 각도가 주먹장과 같으며, 이때 약 10도인 1:6 비율로 설정되어 있다.

용어 사전

걸침턱 Edge lap
판재 너비의 반을 가로지르는 가장자리에 파낸 홈으로 부재를 포개어 끼워주면 걸침턱맞춤이 된다.

결 패턴 Grain pattern
나뭇결의 시각적인 모습. 결 패턴을 구분하는 말로는 납작한, 곧게 편, 동그랗게 말린, 누빈, 줄이 있는, 얼룩덜룩한, 가랑이 모양으로 갈라진, 성당, 벌의 날개, 새눈 등이 있다. 결에 대한 자세한 내용은 목재 전문 서적을 참조하라.

겹침이음 Lap joint
부재의 두께나 폭의 절반을 제거하고 그들을 서로 겹쳐 만든 유형이다.

곧은결 Quartersawn
판재 끝의 나이테가 수평으로 끝을 가로지르기 보다는 수직으로 흐르고, 넓은 면의 결이 곧게 보이는 안정적인 판재다. 곧은결 또는 리프트쏘운이라고도 불린다.

골 Root
나사 머리 아래 나선들이 있는 긴 부분을 말한다.

굽어짐 Bowing
건조로 인해 판재에 결함이 생기면 나무의 넓은 면이 로커(rocker. 흔들의자 밑부분에 대는 활 모양의

나무 막대)처럼 그 길이에 따라서 휘어 올라가는 상태가 되는 것을 말한다.

길이이음 Length joint
짧은 두 개의 목재를 끝과 끝끼리 결합하여 더 긴 목재를 만드는 유형이다.

끝면 겹침이음 End lap
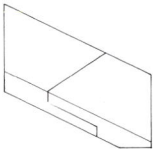
L 또는 T방향(마구리면 이음 또는 빗이음과 혼동하지 말 것)의 겹침 결합 방식의 절반을 형성하며 판재 끝부분을 가로질러 라벳하여 연결한다.

나무의 수축과 팽창 Wood movement
상대 습도의 변화에 따른 수분 함량의 변동에 따라 나뭇결이 팽창하고 수축한다. 지속적으로 발생하는 나무의 자연스러운 성질이다.

너비이음 Width joint
판재의 가장자리를 결합해서 전체 너비를 늘여 부재를 만드는 유형이다.

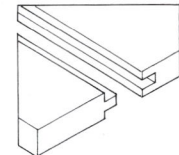

넉다운 결합 방식 Knockdown joint
접착제 없이 조립되며 필요한 경우 분해 및 재조립이 가능한 결합 방식이다.

노치 Notch
뽑으면 목재 너비의 중간까지 오는 걸침턱맞춤의 일부인 목재의 가장자리를 절단한 다도를 말한다.

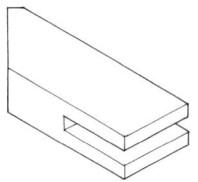

다도 Dado
바닥이 평평한 U자 모양의 밀링홈으로, 다양한 깊이와 폭이 있지만 항상 엇결로 작업한다.

더블 스퀘어 Double square
안쪽과 바깥쪽 모서리로 90도 각도를 확인하거나 알아낼 수 있는 직각자로서, 금속 빔 안에 날이 있는 경우에는 깊이 게이지나 마킹 게이지(먹줄)로 사용된다.

덧댄이음 Half lap
겹침이음의 다른 이름이다.

드레싱 Dressing
거친 목재를 평평한 면으로 만들고 이것과 평행한 가장자리를 매끄러운 판재로 만드는 과정이다.

딴혀 Spline
납작하고 얇은 나무판으로 이음매를 보강하기 위해 두 목재 사이의 홈에 끼워 둘을 연결한다.

래킹 Racking
직사각형이 평행사변형으로 변하는 것과 같이 접합부의 각도가 느슨해지고 변하는 경향을 말한다.

랩 Lap
겹침이음에 사용되는 마구리면 반턱, 중앙 반턱 또는 걸침턱의 절단 유형으로 일반적인 반턱을 말한다.

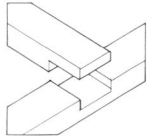

레이커 톱니 Raker tooth
톱날을 가로질러 평평하게 만드는 톱니 유형으로, 반복적으로 작업해도 바닥의 홈이나 필요 없는 부분을 충분히 평평하게 만든다.

레일 Rail
문 또는 다른 프레임의 수평 부분을 통칭한다.

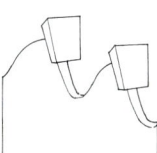

립 Lip
접착제로 붙이거나 돌출된 목재의 테두리를 말한다.

마구리면 End grain
가로로 자른 판재 끝부분의 나뭇결. 판재를 통나무에서 어떻게 잘라냈는지에 따라 판재의 면에 다양한 각도의 나이테가 나타난다. 가로로 어긋나게 자른 어긋결과 세로로 네 조각으로 자른 곧은결도 참고하라.

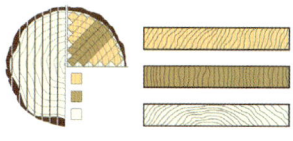

마이터 게이지 Miter gauge
테이블 톱 슬롯에서 여러 각도의 절단을 용이하게 하기 위해 테이블 톱 또는 띠톱의 날을 회전하는 각도기 헤드 및 펜스와 평행하게 배치되도록 판재를 밀어주는 장치이다.

마킹 게이지 Marking gauge
목재의 가장자리와 평행하게 단일 레이아웃 선을 표시하는 강철 핀이나 나이프가 있는 조절 가능한 장치나.

맞대기 이음 Butt joint
맞대기 이음은 두 부재를 서로 맞닿는 방식으로 접합하는 기술이다. 'Butt joint'라는 이름은 두 개의 목재를 결합하는 방식에서 유래되었다. 맞대기 이음은 만들기 가장 간단한 연결법이지만 보강재를 추가적으로 사용하지 않는 한 접착제나 용접만으로는 접합부의 고정력이 약하다는 단점이 있다.

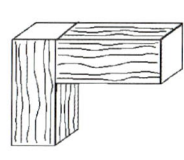

메뚜기 구멍 Draw-boring
주먹장의 암수장부 결합 시, 두 부재에 뚫는 구멍의 위치를 달리해서 못이나 핀이 박혀 들어갈 때 더 깊이 파고들게 한다.

목심 구멍 지그 Doweling jig
목심 구멍을 배치해서 드릴 작업을 원활하게 하기 위해 쓰는 도구이다. 판매 사이트나 상점에서 구매할 수 있다.

목심 핀 Dowel pin
이음매를 만들거나 강화하기 위해 접합부 사이에 끼워주는 둥근 나무 봉이다.

밀링 Milling
원하는 양각이나 음각을 목재에 남기기 위해 재료를 제거하는 과정이다.

반턱 Halving
겹침이음에서 나무 표면 절반에 자리한 넓은 은촉이나 다도 또는 가장자리의 노치를 이르는 일반적인 용어이다. 겹침이음의 다른 명칭이기도 하다.

방향 Orientation
부재 간의 위치 관계를 말한다. 평행 방향이나 마구리면에서 마구리면 방향 또는 I방향, 교차 방향, L방향, T방향, 각이 있는 방향 등이 있다.

베벨 Bevel

베벨은 나무판의 전체 측면을 따라 비스듬히 자르거나, 각목의 끝에서 각도에 맞게 자를 수 있다. 옆의 그림은 목재의 끝을 잘라 만든 베벨의 예이다. 또한 마이터(Mitre)는 90도 절단을 제외한 모든 사선 절단을 의미한다.

벤딩 Bending

목재가 구부러지는 경향 또는 이음새 부분들이 가상의 지렛대 받침점의 반대쪽에서 힘을 받아 서로 잡아당기는 경향을 말한다.

보강용 어깨 Haunch

장부의 가장자리를 자르고 들어간 부분.

복합 마이터 Compound miter

칼날 경로가 목재의 끝이나 가장자리에 수직이 아니게 진행되어 목재의 넓은 면이 90도가 아닌 각도로 잘려진 것을 말한다.

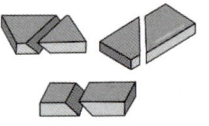

비스킷 Biscuit

나무 부재 둘을 연결하기 위해 삽입하는 보형물로 모양은 평형하고 얇은 타원형이다. 주로 압축된 너도밤나무로 제작한다.

비틀림 Twisting

판재의 양쪽 끝에 있는 면이 서로 다른 방향으로 비틀어지는 건조 결함이다.

빔 Beam

스퀘어 또는 마이터 스퀘어의 날이 아닌 '손잡이' 부위 또는 마킹 게이지의 포인트를 잡는 부분이다.

빗이음 Scarf joint

두 나무 부재의 끝단을 접합해서 접합면이나 가장자리에 긴 베벨을 붙여서 목재의 전체 길이를 연장하는 방법이다.

사개맞춤 Box joint

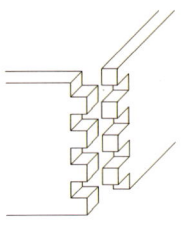

사개맞춤은 두 부재를 연결할 때 상호 보완적인 구조를 가질 수 있도록 만든 짜맞춤이다. 접착된 사개맞춤은 핑거 조인트와 유사한 원리로 강하게 결합한다. 주먹장 접합부만큼의 결합력은 아니지만 제작이 훨씬 간단하고 대량 생산이 상당히 용이하다.

사개짜임 Fingerlap

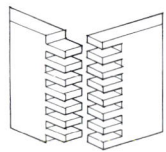

직선으로 곧게 교차된 손가락 모양을 가진 특정 접합 방식으로 사개맞춤이라고도 불린다.

삼각형 표시 Triangle marking

프로젝트 부재를 분류하기 위해 나무에 간단한 삼각형 모양을 표시할 때 사용하는 표시 시스템이다.

색인화 Index

절단이나 비트의 위치를 잡는 데 사용되는 접합면에 표시나 정렬 또는 펜스 작업하는 것을 말한다.

생크 Shank

나사 머리 아래 나선들이 없는 긴 부분을 말한다.

석장 장부 Bridle joint

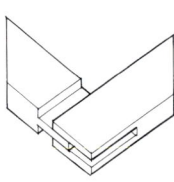

반턱맞춤과 암·수장부의 특징을 모두 결합한 이음이다. 판재 끝에는 U자 모양의 장붓구멍이 있다.

세로 나뭇결 Straight grain

나무가 곧은결이 되었을 때 생기는 결의 패턴이다.

세로결 Long grain

나무의 평행한 섬유들이 판재의 길이와 평행하게 뻗어 있는 나뭇결을 말한다.

센터 랩 Center lap

넓은 다도가 부재 두께의 반 정도를 잘라 절반을 프레임 겹침 이음으로 만든 것이다.

소프트우드 Softwood
밀도에 상관없이 침엽의 상록수에서 나온 목재를 말한다.

송곳 Awl
레이아웃 선을 표시하는 데 사용하는 뾰족한 선 긋기 도구. 결의 모양대로 그으면 선명한 선을 얻을 수 있지만, 결에 거슬리면 선 모양이 지저분해지는 경향이 있다. 송곳의 뾰족한 부분은 둥근 단면과 사각 단면으로 나누어진다. 필요에 따라 마킹하는 부재에 맞춰 선택하여 사용한다.

숫장부 Pin
주먹장 짜임의 연결 부분으로 판재 끝에 있는 주먹장 모양이 암장부 사이에 끼워진다. 이 부분을 보강하는 도구로는 나사나 목심이 있다.

스퀘어 드라이브 Square drive

드라이버를 나사 머리의 사각형 구멍에 결합하여 나사를 조이는 캐나다식 나사 구동 시스템이다.

스크라이브 Scribe
칼이나 송곳으로 레이아웃 선 또는 색인화 표시를 만드는 방법이다.

스타일 Stile
문 또는 다른 프레임의 수직이 되는 부분을 이르는 말이다.

스텝 칼라 Step collar

드릴 비트에 있는 장치로 나무나 금속으로 만든다. 구멍 깊이를 측정하는 데 쓴다. 국내에서는 드릴스토퍼라 불린다.

스토리 폴 Story pole

실제 크기의 프로젝트를 단면 뷰에 고정하는 레이아웃 스틱이다.

스프렁 조인트 Sprung joint
판재의 양끝이 수분 손실로 인해 수축되어 접합부가 헐거워질 수 있는 상황을 상쇄하기 위해 약간 속이 비도록 계획된 가장자리나 너비이음을 말한다.

스플릿 Split
목재가 결을 따라 쪼개진 현상이다. 210쪽의 체크를 참고하기 바란다.

슬롯 드라이브 Slot drive
나사 머리를 가로질러 직선으로 파인 홈에 드라이버를 끼워 맞추는 나사 구동 시스템이다.

슬롯 장붓구멍 Slot mortise
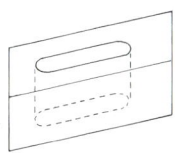
기계 비트에 의해 만들어지는 장붓구멍 유형으로, 끝이 둥근 경우가 많다.(끝이 사각형일 수도 있다)

십자드라이브 Phillips drive
나사 머리에 있는 십자형의 우묵한 부분을 고려해 나사 머리와 맞는 드라이버와 결합하는 방법이다.

쐐기 Wedge

보통 얇은 나뭇조각이 관통하는 장부의 끝에 있는 커프에 들러붙어 있고, 가끔 키와 교환되기도 한다.

암장부 Tail
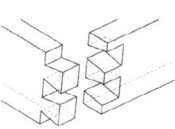
주먹장 짜임에서 숫장부를 감싸는 부분이다.

압축 Compression
목재에 힘을 가해 섬유 조직들을 단단히 뭉치거나 접합부 자체에 가하는 힘이다.

어긋결 Flatsawn
나이테가 주로 판재의 끝을 가로지르도록 절단하는 가장 일반적인 목재 컷 또는 그러한 특징의 결 패턴이다.

어깨 Shoulder
층계의 수직으로 잘린 면을 말하며, 이 음매를 안정시키는 접합 부위를 지탱하는 은촉 역할도 한다.

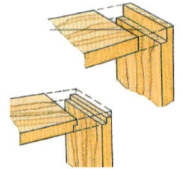

엔지니어 스퀘어 Engineer's square
고정된 날로 90도 각도를 정밀하게 확인할 수 있는 직각자이다.

연귀 Miter
주로 넓은 면의 결을 가로지르는 앵글 컷 또는 명확하게 45도 각도로 넓은 면이나 단면(마구리면)을 가로지르거나 또는 결을 따라 절단하는 것을 통칭한다. 210쪽의 베벨을 참고하기 바란다.

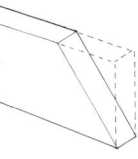

옆면 Cheek
장부의 접합면, 센터 랩, 엔드 랩, 장붓구멍의 세로결 벽 또는 주먹장의 핀이나 사개맞춤 핑거의 세로결로 접한 표면이다.

오버베어링 Over-bearing Bit
커터 위로 베어링을 배치하는 라우터 비트의 한 유형이다. 플러시트림 오버베어링은 견본이 공작물 위에 배치될 수 있고, 비트가 견본의 정확한 크기를 절단하기 때문에 견본 작업에 특히 유용하다.

*베어링[회전축을 지지하고 축에 작용하는 하중을 받아서 축을 매끄럽게 회전시키는 기계요소]

오픈 슬롯 장붓구멍 Open slot mortise
판재의 끝에 만들어진 장붓구멍 유형으로, 석장 장부에 사용된다.

와인딩 스틱 Winding sticks
직선으로 재단된 두 개의 막대기이다. 이 둘을 판재의 양쪽 끝에 놓고 목재가 평평한지를 가늠한다.

요소 Element
다도, 라벳, 홈, 포켓, 스퀘어나 앵글 컷 등 짜맞춤을 구성하는 기본 형상 또는 이들 부분들의 조합이나 수정을 말한다.

은촉홈 Rabbet
목재의 결 방향과 직교하고, 접합을 위해 움푹 들어간 형태로 목재의 양끝단에 있는 절단면이다. 이와 달리 목재의 중간 부분의 직교된 홈은 다도(가로홈)라고 불린다.

자유직각자 Sliding bevel
블레이드와 빔 사이의 각도를 변경할 수 있는 도구로 칼날의 길이도 조절할 수 있다.

장력 Tension
짜맞춤이 나무를 반대 방향으로 당기는 힘이다.

장부 Tenon
암수장부가 있으며, 일반적으로 직사각형 또는 둥근 모양이지만 모양에 제한은 없다.

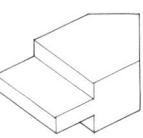

장붓구멍 Mortise
일반적으로 직사각형이나 둥근 형태의 포켓으로, 상응하는 장부가 그 안으로 삽입된다. 장붓구멍은 한쪽 끝이 막히거나(목재 안에서 중단된 경우) 뚫려 있다.

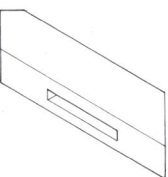

장붓구멍 마킹 게이지 Mortise marking gauge
목재 가장자리와 평행하게 레이아웃 선을 표시하는 두 개의 강철 핀이 있는 장치이다.

전단 Shear
접착 부위를 당기거나 밀고, 과부하된 부재를 떨어뜨리는 힘을 말한다.

접합면 Face
결을 가로질러 측정된 판재의 가장 넓은 부분이다.

주먹장 짜임 Dovetail joint
이름처럼 비둘기 꼬리 모양으로 맞물린 형태가 특징인 전통 짜맞춤 기법이다. 특히 장력에 대한 저항력이 뛰어나다.

지그 Jig
목재 또는 공구를 배치하고 고정하는 데 도움이 되는 모든 도구를 말한다.

짧은결 Short grain
목재의 섬유질들이 가로로 잘려 너무 짧게 남겨지면 쪼개지기 쉽다. 이를 피하기 위해 서로 잘 붙지 않게 된 곧은결을 말한다.

체크 Check
판재의 표면 또는 끝부분이 건조되어 섬유들이 분리되어 생기는 목재의 균열이나 갈라짐을 말한다.

치수 충돌 Dimensional conflict
결합 부위의 수평 결이 접착되거나 수직으로 고정되어 엇결의 목재 치수에서 자연스러운 변화가 제한되는 상황이다.

카운터보어 Counterbore
볼트나 작은 나사 머리가 들어앉을 큰 구멍을 만들거나 구멍을 넓게 도려내는 연장이다.

카운터싱크 Countersink
경사각이 일자 나사 머리의 밑면과 일치하여 나무 표면과 같은 높이를 이루도록 파낸 원뿔 모양의 구멍 또는 이러한 구멍을 만드는 도구이다.

카커스 Carcass
고급 목공 가구의 전체 뼈대 또는 프레임이다.

커팅 게이지 Cutting gauge
가장자리와 평행하게 레이아웃 선을 깊게 넣는 스코링어 작업을 할 때 사용하며, 베니어판을 가늘고 길게 자를 수 있는 작은 칼이 들어 있다.

커프 Kerf
톱날로 자른 목재에 남겨진 가시적인 흔적이다.

커핑 Cupping
판재의 한쪽 면이 다른 쪽보다 결의 반대 방향으로 더 많이 수축되어 판재가 말구유처럼 저절로 말려 들어가는 건조 결함이다.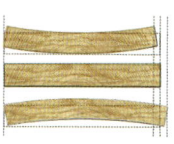

컨퍼멧 Confirmat
합성 시트 상품의 캐비닛에 사용되는 조립 나사다.

코핑 Coping
주로 몰딩의 양각된 부위에 맞추어 음각을 톱질해 파내는 작업이다.

콤비 드라이브 Combi drive
여러 개의 다른 드라이버에 의해 구동될 수 있도록 나사 헤드에 한 종류 이상의 드라이버 절흔이 통합된 전동 나사 구동 시스템이다.

콤비네이션 스퀘어 Combination square
90도와 45도 각도를 측정하거나 알아내는 엔지니어 스타일의 순금속 직각자. 직각자의 날이 빔 안에서 앞뒤로 미끄러지며 센터링 헤드나 각도기와 같은 부착물들을 수용할 수 있다.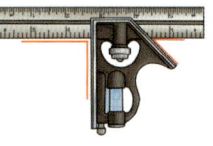

크룩킹 Crooking
판재의 휘어짐을 유발하는 목재 건조 결함이다.

클램핑 블록 Clamping blocks
짜맞춤의 접착 표면에 클램프(죔쇠) 압력을 분배하는 데 도움이 되는 알맞은 크기의 목재 블록이다.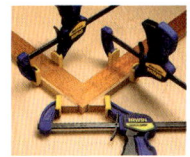

키 Key
삽입된 잠금 장치로 대개 나무로 만들어진다.

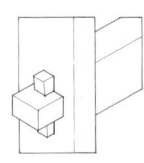

키홀 비트 Keyhole bit
목재 겹 안에 압출된 T 경로를 절단하는 특별한 T자형 라우터 비트로, 나사 머리가 목재 안으로 들어가 있고 목재 표면을 깨뜨리는 홈을 따라 미끄러지는 형태다.

테이퍼 Taper
판재의 결이 가장자리와 평행하게 흐르지 않고 가장자리를 따라 점차 비스듬히 기울어지도록 절단하는 방법이다.

트라이 마이터 Try miter
45도 각도를 잴 때 사용되는 목세공인의 측정 도구다.

트라이 스퀘어 Try square
90도 각도를 잴 때 사용되는 목세공인의 측정 도구로 내부 모서리가 정사각형이어야 하는 사양을 따를 때도 있다.

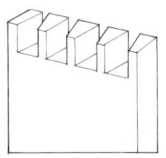

파일럿 홀 Pilot hole
부재에 미리 뚫어놓는 작은 구멍이다. 나사를 삽입할 때 정확한 위치를 지정해 주고 압력을 완화하는 데 사용되거나 카운터싱킹 및 카운터보링과 같이 추가로 구멍 뚫는 작업을 할 때 위치를 정확히 잡아주기 위해 사용한다.

판 결합 Plate joiner
비스킷이나 판을 결합할 때 비스킷을 끼워 넣을 수 있도록 둥근 활 모양으로 슬롯이나 커프를 만드는 전동 공구이다. 국내에서는 비스킷 조이너라고 불린다.

포켓 Pocket
이음 부위에 맞는 다양한 모양의 구멍 또는 소켓이다.

하드우드 Hardwood
밀도와는 상관없이 [발사 나무(balsa. 특히 모형 물체를 만드는 데 쓰이는 가벼운 열대 아메리카산 나무)는 하드우드임], 낙엽성의 활엽수에서 얻은 목재다.

하우스드 Housed
한 부분이 다른 부분 또는 특정한 조인트에 의해 전체적으로 혹은 부분적으로 감싸여 있는 상황을 말한다.

하우징 Housing
대체적으로 은촉이나 다도나 홈 그리고 가끔은 포켓과 같은 밀링된 절단 부분이 접합 조각의 전부나 일부를 감싸고 있는 것이다.

하프 핀 Half pin
주먹장 짜임에서 줄의 바깥쪽에 있는 두 개의 핀을 나타낸다. 이들이 다른 쪽 폭의 절반이기 때문이 아니라 한쪽 면에만 각이 져 있기 때문에 붙여진 이름이다.

홈 Groove
바닥이 평평한 U자 모양의 밀링홈으로, 깊이와 폭은 다양하지만 항상 결의 흐름에 순행한다.

찾아보기

ㄱ

각진 장부 9, 23, 102, 109, 110, 123
결 방향 8, 41, 43, 142, 176, 178, 214
겹침이음 8, 9, 56~59, 63, 66, 155, 210, 212, 213
관통 장부 87, 91, 93, 100, 111, 205
관통 주먹장 10, 30, 152, 153, 156, 159, 160
관통 하우징 75, 76, 80, 82
끌 52, 53, 58, 62, 64, 65, 68, 77, 79, 94, 95, 97, 99, 101, 102, 112, 136, 158, 159, 161, 165, 170~172
끌 가이드 122, 123
끼움쇠 187, 195

ㄴ

나무 나사 198, 199, 201, 203
나비나사 15, 102, 208
나비너트 17, 39, 203
나사산 인서트 200
넉다운 결합 방식 204, 213
노치 24, 25, 56, 59, 60, 69, 70~73, 79, 106, 212, 214

ㄷ

다도 22, 24, 25, 51, 56, 57, 59, 67, 70, 72, 73, 75~79, 81, 83, 141, 165, 208, 210, 211~214
다도 컷 25, 79, 87, 139
다도 헤드 45, 64, 103, 110
다도홈 24, 79
드레싱 157, 158, 212
드릴 프레스 99, 102, 103, 112, 113, 179, 180, 181, 184~187
딴혀 23, 43, 44, 47, 50, 126, 134, 139, 140, 144, 152, 154, 168, 172, 173, 188, 215

ㄹ

라벳 10, 74, 80, 81, 83, 144, 162, 212,
라우터 8, 24, 41, 44, 46, 59, 61, 63, 64, 66, 74, 75, 80~83, 96, 97, 103, 110, 166, 170, 171, 188, 208
라우터 비트 59, 70, 209, 213, 214
라우터 테이블 39, 41, 60, 63, 69, 112, 113, 117, 139, 144, 167, 173
래킹 31, 70, 74, 76, 80, 81, 86, 86, 90, 114, 138, 204, 215
래킹 저항력 74, 80, 88, 91, 155

레디얼 암쏘 9, 67, 68, 98, 110, 129, 134, 135, 146, 208

ㅁ

마구리면 8, 22, 26, 27, 29, 33, 40, 47, 48, 50, 52, 62, 65, 69, 77, 81, 83, 86, 91, 96, 101, 114, 115, 126, 132, 133, 138, 140, 152, 154, 158, 159, 160, 161, 163, 165, 172, 182, 183, 188, 201, 212~214
마이터 게이지 53, 60, 67, 70, 79, 110, 126, 128~131, 147, 214
마이터 게이지 슬롯 60, 103, 128, 130
마이터 상자 65
마킹 게이지 14~17, 96, 157, 158, 161, 210, 211, 213
메뚜기 장부 31, 90, 108, 204,
목심 9, 11, 28, 30, 47, 51, 70, 73, 90, 107, 108, 112, 138, 139, 176~188, 201, 214,
몰딩 122, 149, 211

ㅂ

반턱맞춤 8, 22, 23, 33, 61, 64, 66, 70, 74, 89, 103, 136, 152, 210
베벨 16, 17, 210, 213, 215
베벨 게이지 68, 208
베벨 조인트 23, 130, 142, 189
보강 8, 10, 11, 43, 50, 51, 56, 63, 70, 90, 107, 111, 114, 126, 132, 134, 138, 139, 140, 152, 154, 164, 166, 168, 182, 191, 198, 200, 208, 214
보강용 어깨 9, 91, 92, 114~119, 121~123, 213
부싱 179, 181, 186
비스킷 11, 23, 51, 132, 133, 144, 188~195, 210, 214
비스킷 결합 188, 190, 191, 200

ㅅ

사선접합 10, 62, 93, 119, 126, 127, 128, 130, 131, 134, 138, 139, 142, 144, 146, 148, 149, 159, 162, 163
삼각법 130, 131
새들 지그 75, 83, 165
색인화 70, 72, 179, 180, 181, 184, 186~189, 191, 194, 195, 213, 215
샌딩 34, 76, 106, 135, 149, 157, 158, 169
센터 랩 23, 98, 210
숨은 수먹장 10, 152, 153, 160, 161, 162, 163

숫장부 10, 33, 152, 153, 156~159, 161~163, 214
스코어링 15, 77, 96
스톱 블록 59, 63, 103, 113, 135, 139, 141
스트레이트 비트 63, 66, 80, 81, 112, 113, 209
스틸 포인트 14, 15
슬라이딩 주먹장 11, 23, 28, 152, 155, 164, 166, 172, 204, 205
슬라이딩 지그 64, 99, 110, 131, 136
슬라이딩 펜스 지그 137, 169

ㅇ
암장부 10, 14, 15, 152, 153, 156~163, 214, 216
에이프런 19, 31, 49, 74, 90, 93, 202
엔지니어 콤비네이션 스퀘어 16
연귀 10, 65, 122, 123, 129, 130, 133, 134, 137, 141, 144~148, 153, 160, 162, 163, 213
연귀접합 10, 11, 24, 31, 62, 126~128, 130, 136, 138~140, 154, 163, 168, 170, 182, 183, 188, 189
연귀촉 10, 138
워터폴 조인트 10, 142,
은장 11, 152, 154, 168, 170, 171, 173
은촉홈 22, 24, 25, 56, 120~123, 214,

ㅈ
자유각도자 16, 17, 48, 49, 59, 102, 104
장부 9, 10, 28, 30, 31, 33, 70, 86~98, 100~123, 152, 155, 164, 176, 178, 179, 182, 186, 187, 201, 204, 205, 206, 207, 210, 213, 214, 216
장붓구멍 9, 28, 33, 70, 86~109, 111~113, 115~123, 187, 201, 204~207, 210, 214, 215
정목 제재 26, 27, 29
주먹장 10, 11, 22, 30, 33, 63, 66, 71, 74, 77, 81, 105, 152, 153, 155~157, 159, 160, 164, 165, 167~169, 171~173, 206, 207, 209, 210, 212, 214, 216
주먹장 딴혀 11, 152, 154, 171, 172
주먹장 키 11, 152, 154, 168, 169
지그 8, 39, 51, 59~62, 64, 67, 69, 71, 72, 82, 98, 99, 101, 103, 106, 110, 112, 126, 128, 130, 157, 158, 179~186, 213,
직각도 16, 17, 18, 19, 68

ㅊ
체킹 22

ㅋ
카운터싱크 176, 178, 187, 199, 211
커팅 게이지 14, 15, 211
커프 62, 67, 68, 71, 97, 103, 112, 113, 117, 135~137, 139, 141, 145, 161, 179, 188, 189, 191~193, 195, 213, 214, 216
커핑 22, 38, 47, 110, 145, 149, 156, 190, 192, 194, 211
쿠퍼링 143
클램프 18, 32, 33, 38, 39, 41, 44, 49, 51, 62, 68, 70, 75, 77, 106, 112, 113, 126, 133, 141, 144, 147, 149, 158, 165, 166, 171, 173, 181, 190, 192, 193, 195, 198, 200, 211
클램핑 블록 18, 19, 144, 145, 211

ㅌ
테이블 톱 8, 39, 45, 46, 53, 58, 60, 62, 67, 69, 70, 78, 98, 103, 106, 110, 128, 129, 130, 131, 136, 139, 140, 146, 157, 169, 172, 208, 209, 214

ㅍ
파티클 보드 188, 198, 199
판목 제재 26, 27, 29
퍼지 라인 14
핑거 조인트 71, 210

옮긴이 **이은경**
광운대학교 영문학과를 졸업했으며, 저작권에이전시에서 에이전트로 근무했다. 현재 번역에이전시 엔터스코리아에서 출판 기획 및 전문 번역가로 활동하고 있다.
옮긴 책으로는 《멘사퍼즐 추론게임》《멘사퍼즐 아이큐게임》《멘사 지식 퀴즈 1000》《멘사퍼즐 두뇌게임》 외 다수가 있다.

목공 짜맞춤 설계 교과서
이음부터 장부맞춤·연귀맞춤·주먹장까지 목공 명장도 탐내는 70가지 우드 조인트

1판 1쇄 펴낸 날 2022년 7월 15일
1판 2쇄 펴낸 날 2023년 1월 10일

지은이 테리 놀
감수 이동석, 정철태
옮긴이 이은경

펴낸이 박윤태
펴낸곳 보누스
등록 2001년 8월 17일 제313-2002-179호
주소 서울시 마포구 동교로12안길 31 보누스 4층
전화 02-333-3114
팩스 02-3143-3254
이메일 bonus@bonusbook.co.kr

ISBN 978-89-6494-562-9 03630

• 책값은 뒤표지에 있습니다.

지적생활자를 위한 교과서 시리즈

"지식은 현장에 있다!"

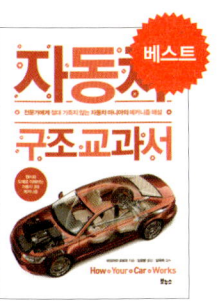
자동차 구조 교과서
아오야마 모토오 지음 | 224면

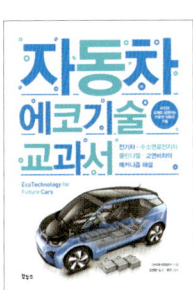
자동차 에코기술 교과서
다카네 히데유키 지음 | 200면

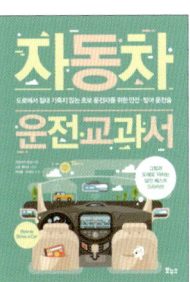
자동차 운전 교과서
가와사키 준코 지음 | 208면

자동차 정비 교과서
와키모리 히로시 지음 | 216면

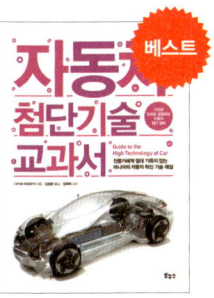
자동차 첨단기술 교과서
다카네 히데유키 지음 | 208면

전기차 첨단기술 교과서
톰 덴튼 지음 | 384면

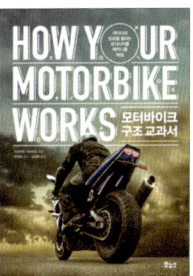
모터바이크 구조 교과서
이치카와 가쓰히코 지음 | 216면

비행기 구조 교과서
나카무라 간지 지음 | 232면

비행기 엔진 교과서
나카무라 간지 지음 | 232면

비행기 역학 교과서
고바야시 아키오 지음 | 256면

비행기 조종 교과서
나카무라 간지 지음 | 232면

비행기 조종 기술 교과서
나카무라 간지 지음 | 224면

기상 예측 교과서
후루카와 다케히코 외 지음 | 272면

악기 구조 교과서
야나기다 마스조 외 지음 | 228면

권총의 과학
가노 요시노리 지음 | 240면

총의 과학
가노 요시노리 지음 | 236면

낚시 매듭 교과서
다자와 아키라 지음 | 128면

농촌생활 교과서
성미당출판 지음 | 272면

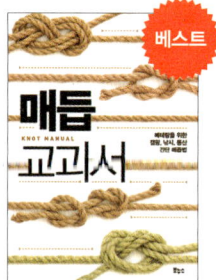

매듭 교과서
니혼분게이샤 지음 | 224면

무비료 텃밭농사 교과서
오카모토 요리타카 지음 | 264면

부시크래프트 캠핑 교과서
가와구치 타쿠 지음 | 264면

산속생활 교과서
오우치 마사노부 지음 | 224면

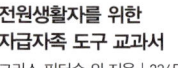

전원생활자를 위한 자급자족 도구 교과서
크리스 피터슨 외 지음 | 236면

집수리 셀프 교과서
맷 웨버 지음 | 240면

태양광 메이커 교과서
정해원 지음 | 192면

태양광 발전기 교과서
나카무라 마사히로 지음 | 184면

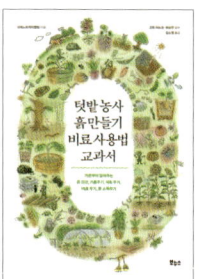

텃밭 농사 흙 만들기 비료 사용법 교과서
이에노히카리협회 지음 | 152면

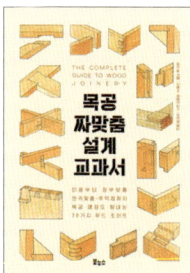

목공 짜맞춤 설계 교과서
테리 놀 지음 | 220면